신(新)사사시대에 읽는 사사기 **II**

신(新)사사시대에 읽는 사사기 II
— 사사기 13-21장

2024년 7월 30일 처음 펴냄

지은이 | 이강덕
펴낸이 | 김영호
펴낸곳 | 도서출판 동연
등 록 | 제1-1383호(1992년 6월 12일)
주 소 | 서울시 마포구 월드컵로 163-3
전 화 | (02) 335-2630
팩 스 | (02) 335-2640
이메일 | yh4321@gmail.com
S N S | https://www.instagram.com/dongyeon_press

ISBN 978-89-6447-016-9 04230
ISBN 978-89-6447-861-5 04230(이강덕 목사 사사기 시리즈)

신 (新) 사 사 시 대 에 읽 는

사사기

II

사사기 13-21장

J U D G E S

| 이강덕 지음 |

동연

목회라는 직을 실천하며 사랑하고, 받게 해 준
제천세인교회 교우들께 이 책을 헌정합니다.

추 천 의 글

이 책을 읽으며 느꼈던 첫 번째 감정은 당혹감이었습니다. 제가 지금까지 접해 보았던 어떤 글이나 책과는 다른 새로운 장르의 글이었기 때문입니다.

어떨 때는 전문적이고 학문적인 논의를 펼칩니다. 그러나 학문적인 논의는 어느새 우리의 내면을 내밀히, 섬세하고 정교하게 그리고 예리하게 들여다보는 성찰로 바뀌어 있습니다. 성경 본문에 대한 성실한 주해와 그에 토대한 성찰로 우리의 내면을 들여다보게 한 저자는 또 어느새, 인문학의 글들을 통해, 하나님이 아름답게 창조하신 온 세상에서 자신의 형상으로 만드신 사람들에게 보여 준 지혜와 아름다움에 우리의 시각을 돌리게 합니다. 저자는 독자의 시선을 나에게서 돌려 세상을 향하게 하더니, 이제는 교회를 향한 사랑으로 우리를 초청합니다. 그리고 그 사랑이 깊을수록 아픈 현실을 직시하게 합니다. 사사기에 대한 여러 글을 읽었지만, 이런 장르의 글은 없었습니다.

그러나 새로운 장르를 접한 당혹감은 호기심으로 그리고 그 호기심은 어느덧 놀라움으로 변하는 것을 경험했습니다. 이런 놀라움 앞에 새로운 장르에 대한 낯섦과 본문 해석에 대한 저와는 다른 견해들에 대해 저자에게 드리고 싶은 질문들은 작은 문제가 될 뿐이었습니다.

제가 이 책을 읽으며 경험한 놀라움의 근원은 무엇일까를 질문해야 했습니다. 그것은 저자 스스로 표현하듯이 "교회라는 현장에서 어언 40년을 부대끼며 목회자라는 직을 갖고 살아온 필자"의 삶이라 생각하게 되었습니다. 지금 여기서 이루어지는 하나님의 역사를 목도하며 목회자로 살아온 저자의 한결같은 삶에 뿌리를 둔 통찰은 지나간 하나님의 역사를 배경으로 성경 본문을 살피는 학자에게는 어렵고 낯설지만 놀라운 것이었고, 놀라운 만큼 종종 부러운 것이었습니다. 더욱이 본문 자체에 집중하느라 더 넓은 성경 전체 이야기와 사람이 살아가는 삶의 이야기에는 시간을 쓰기 어려워하는 제가 은희경의 『새의 선물』, 박완서의 『세상에 예쁜 것들』, 정호승의 『새벽 편지』, 나희덕의 『유리병 편지』와 같은 글을 사사기와 버무려 읽는 것은 평소 상상하기 힘든 맛이었습니다. 사실 여전히 그 맛들이 마냥 맛있기만 하지는 않지만, 저자만이 창조해 낼 수 있는 맛은 시간이 지날수록 제 입맛을 바꿀 것 같습니다.

저자는 이 책 『신(新)사사시대에 읽는 사사기 II』를 쓴 것을 "그리스도인이라는 이름을 갖고 사는 모든 이들이 영적 분별력을 잃지 말고 살자는 의도"라고 말합니다. 제목이 웅변하는 대로 사사시대는 지나간 시대가 결코 아니라, 지금 우리가 살아가는 현실이기에 저자가 의도한 대로 이 책을 읽으시는 모든 독자가 영적 분별력을 잃지 않을 뿐 아니라 오히려 더 깊은 분별력을 함양케 되기를 바랍니다.

당혹감으로 시작했지만 놀라움과 부러움으로 이어진 저의 경험을 다른 독자분들도 경험해 보시기를 권합니다. 단순한 성경 해석서나 신앙 서적을 넘어, 우리 신앙의 깊이와 넓이를 확장시키는 고민스럽지만 특별한 여정으로 초청합니다. 저자의 40년 간의 목회 경험과 인문학적 통찰이 어우러진 이 책은 우리가 '신-사사시대'의 황폐함

속에서도 하나님 손길의 흔적을 발견하고, 그분의 지혜와 아름다움을 새롭게 알아보는 안내서가 될 것입니다. 그 안내를 잘 따라갈 때 "내 소견"이 아닌 한 분 "주군의 뜻"만을 구하며 살아가는, 힘들지만 묵직하고, 어렵지만 도전이 되는 삶을 사는 그리스도인이 될 수 있을 것입니다.

전성민
(밴쿠버기독교세계관대학원 원장, 『사사기 어떻게 읽을 것인가』 저자)

추 천 의 글

기독교 신앙은 경계인의 삶을 요청한다. 인간 감각의 범주 너머에
있는 하나님의 신비를 일상의 역사적 순간에서 포착하는 구성 방식
그리고 과거 가르침을 현재 및 미래의 신앙 지침으로 승화하는 내용을
기본 요소로 포함하기 때문이다. 그런 이유로 성서가 신자 인생의
근원적 기준과 토대라는 명제 자체에는 이견이 없더라도, 실제 적용
과정에서 발생하는 혼돈과 논쟁은 비일비재한 현상이다. 결국 성서는
하나님에 관한 이야기로부터 시작하면서도 그 전개 과정에 다양한
관점이 내포되며 결말을 단정할 수 없는 미지의 양면성을 내포하는
셈이다.

저자는 성서와 인류 실존이 지닌 그와 같은 특성을 두 가지 양태로
파악하면서 독자들에게 새로운 차원의 성서 이해를 개방한다.

먼저 저자는 특정 시점에 고정될 수 없는 성서 독해의 입체성을
잔잔하면서도 진지한 목소리로 낭송하면서 성서의 형식을 자유롭게
분석한다. 잘 알려진 대로 성서는 고대 근동이라는 다소 모호한 시공을
배경으로 탄생한 과거 문서다. 현대사회가 고고학이나 성서비평학의
힘을 빌려 고도화된 지성의 작업을 적용하더라도, 성서 기록에 대한
해석의 지평은 근본 한계를 지니며 이는 부정확한 설명과 오류의
배경으로 작용한다. 그러나 이런 구조적 모순은 성서 해석에 기계적
제한을 강요하지 않는 자율과 진보의 근거로 기능하기도 한다. 성경

구절에 대한 명확한 답이 부재한 사실은 시대와 문화 변화에 따른 본문의 창조적 재구성 작업에 동기를 부여하는 까닭이다. 사실 성서 줄거리가 모든 이에게 획일적이고 보편적 대상으로 인식된다면, 수많은 경험과 환경을 지닌 독자들은 성서로부터 활력과 생기의 근거를 확보하기 어렵다. 전체 민낯이 공개되지 않은 성서의 신비가 오히려 상상력과 창의력의 근거로 자리매김하면서 모두에게 서로 다른 얼굴로 다가가는 해석의 잠재력이 비로소 균형 잡힌 영적 교두보를 구성한다.

이런 측면에서 글쓴이는 성서 해석 과정에 나타나는 초월적 영감과 문학적 역동성을 수용하는 방식을 통해 사사기를 고대에 묶어두지 않는 지혜를 발휘한다. 즉, 분명 과거 어느 순간에 일어난 특정 집단의 사건을 마치 지금 살아가는 현대인의 일상인 듯, 시공의 간격을 의식할 필요 없는 편안함으로 재단하며 하나님과 독자 사이의 대화 자리로 본문을 안착시킨다. 이 절차를 거치면서 저자는 독자가 사사기를 자신과 무관한 일로 여기지 않도록 자연스러운 경청과 공감으로 이끄는 한편, 앞으로 당면할 미래지향적 과제로 사고의 너비를 노련하게 확장한다. 이는 짧은 기간과 단순한 방식으로 절대 숙련할 수 없는 역량이다. 여러 자료의 인용과 참고가 다반사로 일어나는 저술 세계에서 산만하게 분산된 정보를 창의적으로 녹이는 신기는 어지간한 독서와 성찰로 도달할 수 없는 고수의 영역에 속하는 탓이다.

겉으로 드러난 작문의 훌륭함에 더하여 사사기를 향한 내용 해설과 신학적 촌평은 성서가 지닌 양면성을 극대화한 저자의 두 번째 재능을 상징한다. 인쇄된 사사기 본문은 사실 누구에게나 똑같은 문서일 뿐이다. 따라서 성서를 문자의 조합으로만 인식하는 독자라면, 내용의 차이 가능성 자체를 무의미한 일로 간주할 수 있다. 그러나 이런 제한적 측면을 전혀 다른 양상으로 상승시키는 역할이 바로 학술적 연구와 선지자적 선포가 합체하는 지점이다. 지은이는 이 점을 깊이 인지하여 수많은 외부 정보를 사사기와 결합한 후, 현대사회를 위한 선언과 교회를 위한 외침으로 전환한다. 이런 특성으로 인해 본 저술의 집필 의도가 과거 본문의 분석에만 머물지 않은 사실이 명약관화하게 드러난다. 마치 투명한 거울처럼, 저자의 손길을 거친 사사기의 혼란과 무질서는 오늘을 살아가는 21세기 그리스도인의 실존을 반영하고, 그에 대한 신학 해설은 타인과 자아를 새로운 윤리 관계로 재정립한다. 그리고 저자는 거기에 자기 객관화의 냉정한 방식을 더하여 독자들에게 메시지의 완성을 위한 공동 책임의 필요성을 설파한다. 글이 후반부로 향할수록 저자와 독자가 먼저 일체를 경험하며, 종국에는 사사기 속 주인공들이 그들 안에 내재화하는 단계까지 발달하는 결과는 이와 같은 저자의 혜안에 기인한다.

글을 읽은 사람은 사사기 속 등장인물을 향해 거친 비난의 언사를 내뱉을지 모른다. 그러나 실상 그들의 부족하고 연약한 불신앙 그리고 세속화와 다원주의에 물든 자화상은 현재를 살아가는 우리와 별반 다르지 않다. 경험과 이성을 토대로 인과론적 기재를 활용하는 현대 문명과 과학기술은 인간 사회에 많은 변화를 일으킨 원동력이지만, 다른 한편으로는 하나님을 부정하고 인류의 존재 목적을 상실하도록 유혹하는 현대판 우상이기 때문이다. 굳이 별도 해명을 첨가하지 않더라도, 가장 지혜로운 지성적 세계관이 오히려 사회 혼란의 근본 원인으로 고착된 반전은 매우 익숙한 그림이다. 따라서 하나님을 의도적으로 배제한 인간의 오만이 인류 파괴와 직결될 거라는 선지자적 전망에 긍정하는 현대인이라면, 저자의 논리 전개를 순순히 뒤따르며 자연스럽게 그의 결론에 동의할 것이라는 명제 역시 자명하다.

아마 저자는 목회와 삶을 구분하지 않는 인생 여정을 통해 이런 현실을 날카롭게 조망했을 것이다. 누구나 비슷한 생활 환경에 처하지만, 그 안에 담긴 인생의 비밀을 눈치챌 안목은 현대 사조를 다채롭게 아우르는 훈련이 평소에 충분히 응축된 이에게만 허락된 영역이다. 저자의 필력을 흔한 현학적 문학으로 치부하여 무시할 것인지, 그렇지 않으면 생의 본질적 혁신을 추동할 성령의 현존으로 받아들일지에 관한 선택은 독자에게 귀속한다. 사소한 결정으로 비칠지 모르나, 그 종착지는 큰 파장을 일으키며 성도와 교회의 생존을 확정하는 필요충분조건으로 귀결될 것이다.

조성호
(서울신학대학교 실천신학과 교수)

들어가는 말

눈은 그럭저럭 버티겠는데 말이 꼬인다. 아내가 아주 냉정하게 말한다.

"이제는 제발 천천히 말하는 자세를 가져요."

나름 갖고 있었던 자존심을 와르르 무너지게 하는 바가지다. 가장 표준말에 가깝게 또박또박 발음하며 설교하는 자라고 자부했건만, 내상이 깊은 스크래치를 남기는 아내의 공격에 속수무책인 나를 보며 두려워진다. "아, 옛날이여"라고 외치는 꼰대질도 할 수 없다, 아내의 말이 사실이기에. 저항인지는 모르겠지만 오기가 생겼다. 말이 그렇다면 글이라도 남겨야지… 객기를 부려본다. 하지만 글마저도 아내의 평가는 인색하기 짝이 없다. 이젠 글도 그만 쓰라고 성화다. 까칠하고 읽기에 불편한 어려운 글을 어떤 독자가 읽으려 하겠냐고 핀잔을 주며 민폐 끼치지 말고, 남은 정년 목회나 열심히 하라고 다그친다.

평생 한 이불을 덮고 잔 이에게 독설에 가까운 비판을 받았지만, 무식하면 용감하다고 다섯 번째 책을 세상에 내놓는 이유는 두 가지다. 이것마저 안 하면 죽을 것 같아서다. 용기를 낸 이유다. "작가들의 팔자가 이렇다"는 글을 어느 책에서 본 적이 있는데 적지 않은 위로를 받았다. 또 하나는, 약속을 지켜야 한다는 최소한의 목사 양심 때문이다. 작년 초에 『신(新)사사시대에 읽는 사사기 I』이라는 제하로 현장 목회자가 치열하게 읽었던 사사기 독서 소회를 출간했다. 1-12장에 대한 독서 글감을 정글 같은 목회 현장에서 목회신학자라는 정체성을 갖고 진솔하게 나누었다. 그렇게 1년 반이라는 시간이 흘렀고, 졸저를 보고 긍정적 평가를 해 준 독자들에게 했던 2권 출간의 약속을 지켜야 한다는 부담감이 있었기에 조금은 늦었지만 1권에 대한 속편을 완성해 내놓게 되었다.

졸저는 사사기 13-21장에 대한 내레이션(narration)이다. I권에 이어 잇대면 제8부에 해당하는 13-16장에서는 최후 사사라고 지칭되는 삼손 이야기를 대단히 비평적 틀 안에서 살폈다. 필자는 삼손 내레이션을 "존재했음이 더 불행이었던 사사"라고 부제를 달았다. 말 그대로 삼손은 최악의 사사였다. 혹자들은 삼손을 미화하려는 무모한 시도까지 한다. 하지만 삼손은 결코 미화돼서는 안 되는 실패의 전형을 보여준 사사다. 그는 존재했음이 더 불행이었던 사사다.

제9부인 17-21장에 소개된 사사시대의 담론은 공교롭게 사사 후기 시대와 초기 시대의 영적 기상도를 공히 독자에게 알려주는 좋은 자료다. 물론 너무 아픈 보고이지만, 기실 2024년이라는 신-사사시대의 한복판을 살아가는 그대에게 더없이 좋은 반면교사로 삼을 만한 성서의 보고문이다. 필자는 17-21장에 "랜덤 클라이맥스"라는 부제를 달았다. 막살던 시대가 어디까지 망가질 수 있는가를 여지없이 보여 주는 단락이기에 이런 부제를 달기에 주저하지 않았다.

현장 목회자가 거침없이 비평, 성찰한 『신(新)사사시대에 읽는 사사기 II』를 출간하기 위해 1년 6개월이라는 시간, 필자는 오전 내내 서재에서 공부하며 씨름했다. 학술 학위가 없는 저자의 글은

"역시 허접해!"라는 수모를 받지 않기 위해 최선을 다했다. 고도 근시 시력을 갖고 있기는 하지만 아직은 책 읽기만큼은 견딜 만하기에 학문적 접근을 시도한 사사기 주석에서 손을 떼지 않았다.

뒤돌아보니 『신(新)사사시대에 읽는 사사기 I, II』를 집필하는 과정에서 필자에게 참 좋은 선생님들이 있었다. 벤쿠버기독교세계관대학원장인 전성민 교수가 집필한 『신앙의 이름으로 포장된 욕망의 시대 ― 사사기 어떻게 읽을 것인가』는 필자가 졸저를 이 땅에 내놓는 데 결정적으로 기여(其餘)했다. 그의 책은 마치 졸저의 집필 의도에 가장 결이 맞는 쌍둥이 모양새의 글들이었기에, 올바른 교회관 확립을 위해 세워졌던 교회 리서치 연구 기관 '바른교회아카데미'(유감스럽게 지금은 해체됨)를 통해 눈인사를 한 게 전부였던 필자에게는 감사한 일이었다.

왠지 모르게 사사기를 비평적으로 읽으면 불온한 목사로, 은혜롭지 못한 신앙인으로 해석되기 쉽다. 거대한 교회라는 하이라키 구조 안에 있는 것이 기독교 작가들의 현실이다. 사정이 이러니 전통적 해석에 대해서는 섣불리 저항하지 못하는 분위기인데, 전 교수의 글을 읽다가 손바닥을 쳤다. 진보성을 지닌 신학자이기에 다분히 냉소적이고 비평적인 관점에서 사사기를 다루었지만, 필자는 도리어 전 교수가 펼쳐 나간 사사기 연구 기록을 보면서 대단히 높은 신학적 지성을 토대로 분석한 사사기 연구를 만났다는 감동 때문에 독서 내내 행복했다. 신학자가 첫걸음을 떼었으니, 현장 목회자도 같은 신학적 정황을 갖고 사사기를 이해하는 동역자가 있음을 보여 주어야 한다는 거룩한 오기가 필자에게서 꿈틀댔다. 다 그런 것은 아니지만 상투적인 사사기 해석으로 인해 읽는 이들에게 식상함을 주는 많은 경우를 발견할 때마다 매우 실망스러웠는데, 이런 차원에서 졸저가 나오도록 수훈 갑의 역할을 해 준『사사기 어떻게 읽을 것인가』는 적어도 내겐 일등 공신이었다.

선생님들은 또 있었다. 송병현 교수의 주석서인『엑스포지멘터리 주석 ― 사사기』에서 보수적이기는 하지만 천박하지 않았던 사사기 신학을 다양하게 접할 수 있는 수준 높은 공부를 하게 된 것도 내게는 보석같이 임한 선물이었다. 주어진 텍스트를 파헤치기 위해 책을 펼 때마다 송 교수의 해박한 사사기 성서 해석에 혀를 내둘렀다. 성서 신학자는 탄생하는 것이 아니라, 피나는 과정 안에서 만들어지는 것임을 여실히 깨닫게 해 준『엑스포지멘터리 주석 ― 사사기』도 참 좋은 선생님이었다. J. 클린턴 맥켄의『사사기 주석 ― 현대성서주석』에서는 사사기 신학에 대한 통전적인 이해를 경험했다. J. 알베르토 소긴의『국제성서주석 ― 판관기』는 필자에게 사사기 안에 담겨 있는 히브리어 분석을 통해서 어원적인 사사기 이해라는 성과도 얻게 하였다. 트렌트 버틀러의『WBC ― 사사기 주석』에서는 텍스트와 콘텍스트 간의 이음줄을 공부하게 해 준 도움을 얻었다. 이런 사사기 신학서들은 졸저 탄생의 밑힘이 되었다.

필자는 해마다 약 100권 정도(꼭 맞추려는 것은 아님)의 독서를 한다. 꿰맞추려는 것은 아니지만 한 주에 두 권, 하루에 100페이지를 독서하는 것이 습관으로 굳어지다 보니 매년 이런 결과물을 얻는다. 내게 책 읽기는 취미가 아니다. 일이요 노동이요 공부다. 지인이 내 독서 목록을 보더니 이렇게 말한다.

"잡독쟁이구먼!"

난 이 말이 왠지 참 좋다. 물론 꼭 읽어야 하는 책을 선별하는 작업을 소홀히 하지 않는다. 하지만 책 읽기의 방법론은 거침없이 읽기다. 특히 관심의 대상인 인문학적인 책 읽기는 필자에게는 거룩한 욕심이자 행복한 노동이다. 『신(新)사사시대에 읽는 사사기 II』가 졸저인 것은 물론이지만, 그렇다고 그냥 그렇게 나온 책이 아님을 밝힌다. 치열한 책 읽기라는 산고를 겪은 뒤에 나온 결과물이기에 그렇다.

필자의 목회 철학 중에 빼놓을 수 없는 것이 균형 목회다. 많은 이들이 말장난이라고 비판할지 모르겠지만, 신학은 진보적이어야 하는 반면 목회는 보수적이어야 한다고 생각하며 지난 35년간 현장에서 부대꼈다. 나는 이 두 개의 패러다임이 공존할 수 없다는 틀을 깨기 위해 목회의 장에서 한시도 긴장을 놓은 적이 없다. 필자가 섬기고 있는 교회가 이런 균형의 현장이다. 그러기에 까칠하기 짝이 없고 융통성은 거의 제로인 담임목사와 함께 울고 웃으며 동고동락해 준 세인교회 공동체의 교우들은 이미 성자다. 담임목사의 다섯 번째 출간 도서인 본서는 세인교회 교우들께 헌정하는 게 당연하다. 이들이 있었기에 『신(新)사사시대에 읽는 사사기 II』도 나올 수 있었다. 신-사사시대 한복판에서 신실한 '크리스티아노스'로 경주하고 있는 세인교회 지체 모두에게 감사를 전한다.

황인찬 시인이 쓴 〈단 하나의 백자가 있는 방〉을 만났다. 시인은 이렇게 읊조렸다.*

조명도 없고, 울림도 없는

---

* 황인찬,『구관조 씻기』(민음사, 2022), 16.

방이었다
이곳에 단 하나의 백자가 있다는 것을
비로소 나는 알았다
그것은 하얗고
그것은 둥글다
빛나는 것처럼
아니 빛을 빨아들이는 것처럼 있었다

　과유불급의 적용이라고 말할 독자들이 있을지 모르겠지만, 지난 몇 년 사사기는 내게 '백자'였다. 사사기가 나를 빨아들였다. 어떤 때는 분노의 블랙홀로, 또 어떤 날은 희망을 노래할 수 있게 만들어 준 아덧줄로 필자를 빨아들였다. 세상에 내놓기 부끄럽기 짝이 없는 졸저임은 분명하지만, 두 번째로 세상에 내놓는 『신(新)사사시대에 읽는 사사기 II』가 현장 목회자들에게는 불편한 진실로 다가서기를 기대하며, 구약학자들에게 사사기 연구에 더 최선을 다해야겠다고 다짐하는 마중물이 되었으면 하는 마음이 간절하다. 사사기 연구에 최선을 다하는 구약성서 학자로 인해 행복해하며 감격해하는 현장 목회자가 한국교회에 아직은 존재하기에….

2024년 6월의 어느 날,
물이 맑고 깨끗해서 볼거리가 많은 제천에서
이강덕

차 례

8부 | 존재했음이 더 불행이었던 사사(13-16장)

9부 ㅣ 랜덤 클라이맥스(17-21장)

존재했음이
더 불행이었던 사사

(13-16장)

J U D G E S

엎드림을 잊은 시대에 서서

사사기 13:2-7

새길 말씀: 소라 땅에 단 지파의 가족 중에 마노아라 이름하는 자가 있더라 그의 아내가 임신하지 못하므로 출산하지 못하더니 여호와의 사자가 그 여인에게 나타나서 그에게 이르시되 보라 네가 본래 임신하지 못하므로 출산하지 못하였으나 이제 임신하여 아들을 낳으리니 그러므로 너는 삼가 포도주와 독주를 마시지 말며 어떤 부정한 것도 먹지 말지니라 보라 네가 임신하여 아들을 낳으리니 그의 머리 위에 삭도를 대지 말라 이 아이는 태에서 나옴으로부터 하나님께 바쳐진 나실인이 됨이라 그가 블레셋 사람의 손에서 이스라엘을 구원하기 시작하리라 하시니 이에 그 여인이 가서 그의 남편에게 말하여 이르되 하나님의 사람이 내게 오셨는데 그의 모습이 하나님의 사자의 용모 같아서 심히 두려우므로 어디서부터 왔는지를 내가 묻지 못하였고 그도 자기 이름을 내게 이르지 아니하였으며 그가 내게 이르기를 보라 네가 임신하여 아들을 낳으리니 이제 포도주와 독주를 마시지 말며 어떤 부정한 것도 먹지 말라 이 아이는 태에서부터 그가 죽는 날까지 하나님께 바쳐진 나실인이 됨이라 하더이다 하니라

예루살렘에서 서쪽으로 약 23km 떨어진 곳에 위치한 비옥한 땅 소라에 마노아라는 남자가 아내와 함께 살고 있었다. 추측하기로 그는 비옥한 땅에 살고 있었기에 경제적으로 궁핍함과 곤비함이 없는 삶을 살았을 가능성이 농후하다. 하지만 대부분의 인간사가 그렇듯이 이들에게 한 가지 아픈 일이 있었다. 바로 자녀가 없다는 아픔이다(2절). 사사시대는 물론, 구약 시대에는 자녀가 없는 것을 긍정적으로 여기지

않았던 시대였다. 그러기에 이들 부부에게 자녀가 없었던 것은 매우 실망스러운 일이었을 것이고, 이 점은 이들 부부에게는 상처로 작용했을 것이 분명하다. 이런 시대적 분위기에 살던 이들 부부에게 아픔과 상처를 일거에 해결할 수 있었던 놀라운 일이 벌어졌다. 임신하지 못하고 있는 마노아의 아내에게 야훼의 사자가 찾아온 것이다. 찾아온 사자는 그녀에게 임신하여 아들을 낳게 될 것을 알려준다. 마치 마리아에게 예수 탄생을 알린 가브리엘 천사가 찾아와 수태고지를 해 준 것처럼 말이다. 이것도 극적인 사건인데, 천사는 여인이 낳은 아들이 나실인이 될 것까지 알려주었다. 당연히 태어날 아들에 대한 앞으로 양육 방법까지 자세하게 일러 준다. 머리에 삭도를 대지 말고, 포도주와 독주를 마시게 하지 말며, 부정한 것을 만지게 하지 말라는 등등이었다. 이렇게 나실인으로 태어날 아들은 블레셋에서 이스라엘을 구원하는 사역자가 될 것이라고 천사는 거침없이 알린다.

삼손 탄생에 얽힌 서론적 이야기를 이해하는 것은 목사로서 그리 어려운 일이 아니다. 다만 삼손에 대한 줄거리를 여는 프롤로그에서 필자는 왠지 모를 찝찝함을 맛본다. 구약성경에 등장하는 여인 중에는 마노아의 아내처럼 태가 열리지 않아 마음고생한 비슷한 여인이 등장한다. 라헬과 한나가 대표적인 동질 인물일 것이다. 이 여인들의 태가 열리지 않아 자녀가 없었다는 점은 마노아의 아내와 공통분모일 수 있다. 하지만 이 두 여인과 마노아의 아내는 아주 다른 면이 있다. 라헬이나 한나는 자식이 없음을 한탄하고 간절히 열망했거나 기도했던 반면, 마노아의 아내는 전혀 자기의 태가 열리지 않음에 대하여 원통해하거나 안타까워하지 않았다. 이해를 돕기 위해 한나의 그 유명한 격정의 기도를 표준새번역 성경으로 살펴보자.

한나가 대답하였다. "제사장님, 저는 술에 취한 것이 아닙니다. 포도주나 독한 술을 마신 것이 아닙니다. 다만 슬픈 마음을 가눌 길이 없어서, 저의 마음을 주님 앞에 쏟아 놓았을 뿐입니다."(삼상 1:15)

유진 피터슨도『메시지 구약 ― 역사서』에서 이렇게 번역했다.

그저 제 마음을 하나님께 쏟아 놓았을 뿐입니다. 저를 나쁜 여자로 여기지 마십시오. 너무나 불행하고 고통스러워 이제껏 이러고 있었습니다.*

한나는 야훼만이 자기의 태를 여실 수 있는 분임을 믿었기에 그분께 자신의 소원을 쏟아 놓았다. 너무 당연한 기도이며 외침이자 엎드림이었다. 이에 반해 마노아의 아내는 야훼께 이런 몸부림이나 엎드림을 행했다는 기록이 전혀 등장하지 않는다. 주님께 태를 열어달라고 쏟아놓지 않았다는 말이다. 왜 엎드리지 않았을까?

※ 하나님을 찾지 않았던 것이 상식이었던 시대였기 때문이다.

삼손이 태어날 당시의 사사시대는 하나님을 잊은 시대였다. 하나님을 잊은 자들이 하나님께 기도하지 않는 것은 당연한 일이다. 하나님의 은혜를 잊고 살았던 이 시대의 이들 부부는 그냥 전적인 은혜로 아들 삼손의 탄생을 맞게 되는 얼떨결의 주인공이 된 셈이다.

---

* 유진 피터슨/김순현 외 2인 공역,『메시지 구약 ― 역사서』(복 있는 사람, 2012), 181.

입산, 엘론, 압돈 등 소사사 25년의 사사시대가 끝난 뒤에 이스라엘 신앙 공동체는 기다렸다는 듯이 집단적인 우상 숭배에 빠졌다. 하나님은 진노하셨고 이스라엘을 블레셋에게 넘기셨다. 사사기 역사를 통해 가장 최장 기간인 40년 동안이나 고통을 받게 하셨다. 적어도 이 정도가 되면 공동체는 하나님께 구원을 요청하는 것이 정상이다. 그러나 소사사시대를 접고 삼손의 시대로 넘어가는 기간에 이스라엘은 구원의 요청을 하지 않았다. 영적인 흑암이 짙게 드리워진 시대였기 때문이다. 지난 몇 년간 코로나라는 전무(全無)했던 물리적 광풍이 교회를 몰아쳤다. 이 공격에 무방비로 노출된 교회의 절망은 교회 문이 닫히고 예배는 비대면으로 드리는 경험해 보지 못한 고난으로 인해 자연적으로 약 30%의 궐석(闕席) 신자들이 생긴 비극이 아니다. 팬데믹 시기, 교회를 거의 그로기 상태로 몰고 간 절망은 엎드림을 잃어버리게 한 무감각이다.

"우리가 하나님께 기도하는 것은 그분의 주권을 인정하는 행동이며, 그분의 다스림에 우리를 맡기는 행동이다."*

김영봉 목사가 말한 엎드림의 이유다. 필자가 본서를 시작하며 인용하며 동의한 이유는 기도하지 않는다는 것은 내 삶의 주권을 내어드린 분을 인정하지 않는다는 김 목사의 역설에 대해 지지했기 때문이다. '코로나19' 바이러스의 공격이 짙게 드리웠던 그 시기, 필자는 과연 그리스도인들은 무엇을 다시 되새김질해야 하는가를

* 김영봉, 『가장 위험한 기도, 주기도』(IVP, 2013), 148.

치열하게 묻고 또 물었다. 그럴 때마다 계속 스멀대며 올라온 영적 오기가 있다. 바이러스를 이기는 방법론이 아니라, 모름지기 그리스도인이라면 양보하거나 타협하지 말아야 하는 원색적 사역의 곧추세우기였다.

※ 하나님께 다시 엎드리기.

하나님을 찾지 않았던 시대, 그것이 상식으로 자리매김했던 시대가 삼손 탄생의 서막을 알리던 시대였다. 두려운 것은 그때의 기도가 없던 그 절망이 내가 살고 있는 오늘과 너무 흡사하다는 점이다. 본회퍼는 기도를 이렇게 갈파했다.

"기도는 일종의 공로가 아니고, 일종의 훈련도 아니며, 일종의 경건한 자세도 아니다. 그것은 아버지 마음을 향한 어린아이의 호소다."[*]

왜 사사시대와 신-사사시대는 기도를 잊었을까? 아버지를 향한 어린아이의 순결함을 상실했기 때문이다. 이 점에서 삼손 탄생의 시기와 필자가 살고 있는 시대는 이란성 쌍둥이처럼 보인다. 기도가 사라진 시대이기에 기도해야 한다. 엎드림을 잊은 세대는 곧 절망이기에 더더욱 그렇다.

---

[*] 본회퍼/손규태·이신건 공역, 『나를 따르라』(대한기독교서회, 2010), 186.

영적 주도권(Spiritual Initiative)을 놓치지 말라

사사기 13:8-14

새길 말씀: 마노아가 여호와께 기도하여 이르되 주여 구하옵나니 주께서 보내셨던 하나님의 사람을 우리에게 다시 오게 하사 우리가 그 낳을 아이에게 어떻게 행할지를 우리에게 가르치게 하소서 하니 하나님이 마노아의 목소리를 들으시니라 여인이 밭에 앉았을 때에 하나님의 사자가 다시 그에게 임하였으나 그의 남편 마노아는 함께 있지 아니한지라 여인이 급히 달려가서 그의 남편에게 알리어 이르되 보소서 전일에 내게 오셨던 그 사람이 내게 나타났나이다 하매 마노아가 일어나 아내를 따라가서 그 사람에게 이르러 그에게 묻되 당신이 이 여인에게 말씀하신 그 사람이니이까 하니 이르되 내가 그로다 하니라 마노아가 이르되 이제 당신의 말씀대로 되기를 원하나이다 이 아이를 어떻게 기르며 우리가 그에게 어떻게 행하리이까 여호와의 사자가 마노아에게 이르되 내가 여인에게 말한 것들을 그가 다 삼가서 포도나무의 소산을 먹지 말며 포도주와 독주를 마시지 말며 어떤 부정한 것도 먹지 말고 내가 그에게 명령한 것은 다 지킬 것이니라 하니라

아내로부터 득남 고지를 전해 받은 남편 마노아가 마음이 급해졌다. 그 증거가 그동안 까마득하게 잊고 있었던 하나님께 기도하기 시작했다는 것이다.

마노아가 여호와께 기도하여 이르되 주여 구하옵나니 주께서 보내셨던 하나님의 사람을 우리에게 다시 오게 하사 우리가 그 낳을 아이에게 어떻게 행할지를

우리에게 가르치게 하소서 하니(8절)

마노아는 왜 이렇게 기도했을까? 송병현의 주석을 참고해 보자.*

① 아내를 의심했다는 해석, ② 천사가 아내에게 나타난 것에 대하여 시기했다는 해석, ③ 여자를 통한 계시는 신뢰할 수 없다는 교만으로 해석.

눈여겨볼 것은 마노아가 기도하게 된 이유야 어떻든 하나님께서 그의 기도를 들으셨다는 것을 저자가 증언한다는 점이다.

하나님이 마노아의 목소리를 들으시니라 여인이 밭에 앉았을 때에 하나님의 사자 가 다시 그에게 임하였으나 그의 남편 마노아는 함께 있지 아니한지라(9절)

이 구절에서 고개를 갸우뚱하게 하는 대목이 있다. 기도는 마노아가 했는데 하나님께서 응답하신 것이 그의 아내였다는 점이다. 두 번째 현현한 야훼의 사자는 첫 번째처럼 마노아가 자리에 없었을 때 그의 아내에게 임한 것이다. 마노아의 아내는 남편의 권위를 세워주기 위해 급히 그에게로 가서 이전에 자기에게 임하여 득남 고지를 했던 그 야훼의 사자가 또 왔다는 이야기를 전해 준다. 아내의 전언을 받은 마노아의 반응을 확인해 보자.

---

* 송병현, 『엑스포지멘터리 주석 ― 사사기』(국제제자훈련원, 2010), 317.

마노아가 일어나 아내를 따라가서 그 사람에게 이르러 그에게 묻되 당신이 이 여인에게 말씀하신 그 사람이니이까 하니 이르되 내가 그로라 하니라(11절)

마노아는 아내를 따라 아내에게 두 번씩이나 나타난 그 야훼의 사자가 있는 곳으로 갔다. 드디어 그곳에서 아내가 만났던 야훼의 사자와의 첫 대면이 이루어진다. 사자를 만난 마노아는 그곳에서 아주 뻘쭘하게도 태어날 아들에 대한 메시지를 재확인받고 양육의 방법까지 전해 듣는다. 이 대목에서 긴장하며 성찰해야 하는 해석이 있다. 왜 하나님의 사자는 한 번도 아니고 두 번에 걸쳐서 마노아가 아닌 그의 아내에게 임했는가에 대해 질문해야 한다. 그의 아내는 졸지에 하나님이 보내신 사자를 만났고, 아들을 낳을 것이라는 고지를 받았음을 살폈다. 동시에 낳을 아들은 나실인이 될 것이라는 파격의 소식까지 전해 받았음도 인지했다. 이 여인은 곧바로 남편에게 와서 이 사실을 차분하게 전했다. 내가 하나님의 사람을 만났다는 전언인 셈이다. 주지했다시피 여인이 살고 있었던 시대는 하나님을 잊은 시대였다. 이스라엘 신앙 공동체가 가나안 족속들이 섬기고 있었던 각양의 우상들을 섬기고 있었던 만신적(萬神的) 우상 숭배가 횡행하던 패역의 시대였다. 한발 더 나아가 블레셋 통치가 활발했던 40년 세월의 시대라는 것을 전제할 때 블레셋의 신이었던 다곤 신이 전반적으로 소라 지역을 강타하여 종교적으로 휩쓸고 있었던 바로 그 시대였음은 충분히 짐작할 만하다. 마땅히 하나님이 사라졌던 시기였음이 분명한 데도 그녀는 곧바로 남편에게 보고하는 전언에서 자기에게 나타난 대상을 이렇게 표현했다.

하나님의 사람(8절)

'하나님의 사람'이라고 번역된 '이시 엘로힘'(אִישׁ אֱלֹהִים)이라는 단어에서 느끼는 소회가 있다. 하나님을 완전히 잊은 시대였지만, 그녀는 이스라엘의 하나님을 잊지 않고 있었다는 소회다. 이런 영성을 갖고 있었던 여인은 하나님의 사자로부터 잉태한 아들이 나실인이 될 것이라는 고지를 받았다. 사자가 말했던 '태에서 나옴으로부터'(5절)라는 이야기를 남편에게 보고할 때는 '태에서부터 죽는 날까지'(7절)라고 바꾸어 표현함으로써 그녀의 심리적 상태가 매우 영적으로 기뻤던 상태였음을 엿보게 해 준다. 마노아 아내의 이런 영적인 영성을 아름답게 본 클린턴 맥켄(J. Clinton MaCann)은 다음과 같이 해석했다.

삼손 시대의 유일한 영웅은 삼손이 아니라 삼손의 어머니였다.[*]

같은 맥락에서 구약학자인 알터(Alter)도 이렇게 그녀를 칭찬했다.

왜 삼손의 어머니는 무명인 것일까? 삼손 어머니의 이름이 없는 것은 더욱 편안하다. 왜냐하면 그녀의 무능한 남편보다 훨씬 나은 모습을 보여 주었기 때문이다. 그녀는 하나님의 계시에 대해 주의 깊고도 신실하게 응답하였고, 그것을 영광스럽게 받아들였기 때문이다. 마노아의 아내는 매우 차분하고 침착하며 자신에게 벌어지고 있는 일들이 어떤 의미를 갖고 있는 것인지를 잘 깨닫고 있는 현명한 여인이었다.[**]

---

[*] J. Clinton MaCann/오택현 역,『현대성서주석 ― 사사기』(한국장로회출판사, 2012), 168.

이에 반하여 마노아의 상태는 어떠했나? 두 번째 아내에게 하나님의 사자가 임했다는 이야기를 전해 듣고 그 사자가 있는 곳으로 가서 그를 만나서 이렇게 묻는다.

그에게 묻되 당신이 이 여인에게 말씀하신 그 사람이니이까(11절f)

왠지 모르게 이 질문이 서글프다. 마노아는 '아내를 따라가서' 본인이 아닌 아내에게 임한 하나님의 사자를 보았다. 본인이 기도했음에도 불구하고 하나님의 사자는 마노아에게 임하지 않았다. 그의 아내에게 임했다. 기도의 당사자가 아닌 제삼자에게 기도의 응답이 임했다면 어떤 모양새든 무조건 응답이 이루어졌기에 기뻐해야 할 일이 아니다. 왜 내가 아니라 저 사람인가에 대해 세밀하게 짚어보아야 한다. 아내가 전해 준 말을 듣고 사자가 있는 곳까지 아내를 따라가는 마노아를 보면서 한 가지 아쉬움이 느껴진다. 바로 영적인 주도권을 빼앗긴 자의 초라함이다.

※ 영적인 주도권을 빼앗기지 말자.

사사기 4장 9절을 복기해 보자.

이르되 내가 반드시 너와 함께 가리라 그러나 네가 이번에 가는 길에서는 영광을 얻지 못하리니 이는 여호와께서 시스라를 여인의 손에 파실 것임이니라 하고 드보

** 위의 책, 같은 페이지.

드보라는 동역자였던 바락에게 하나님이 영광을 받으실 내용에 대한 기회를 주었건만 우유부단함과 믿음의 연약함 때문에 그 영광을 차지하지 못했던 바락을 기억한다. 영적인 주도권을 상실한 자의 초라함을 보여 준 사사기 4장의 역사처럼, 마노아도 오십보백보다. 도긴개긴이다. 영적인 주도권을 빼앗긴 자는 초라하다. 씁쓸하다. 그리고 심지어 불쌍하다. 전성민이 이렇게 영적 주도권을 빼앗긴 마노아를 평가한다.

마노아가 바란 것은 여인의 주도권 아래에서만 이루어질 뿐이었다.*

초라해 보이는 마노아를 통해 반면교사를 삼아보자. 주군을 느끼고 기억하는 자가 주도권을 잡는다. '나'라는 세속적 주도권을 내려놓지 않는 자는 영적 주도권을 빼앗긴다. 어떤가? '나'라는 주도권을 차지할 것인가 아니면 '주군'이라는 주도권을 차지할 것인가? 그대는 마노아인가 아니면 익명이지만 영적 주도권을 차지한 마노아의 아내인가?

---

* 전성민,『사사기 어떻게 읽을 것인가』(성서유니온, 2021), 213.

예배를 드리고 있는가?

사사기 13:15-18

새길 말씀: 마노아가 여호와의 사자에게 말하되 구하옵나니 당신은 우리에게 머물러서 우리가 당신을 위하여 염소 새끼 하나를 준비하게 하소서 하니 여호와의 사자가 마노아에게 이르되 네가 비록 나를 머물게 하나 내가 네 음식을 먹지 아니하리라 번제를 준비하려거든 마땅히 여호와께 드릴지니라 하니 이는 그가 여호와의 사자인 줄을 마노아가 알지 못함이었더라 마노아가 또 여호와의 사자에게 말하되 당신의 이름이 무엇이니까 당신의 말씀이 이루어질 때에 우리가 당신을 존귀히 여기리이다 하니 여호와의 사자가 그에게 이르되 어찌하여 내 이름을 묻느냐 내 이름은 기묘자라 하니라

단 지파 출신이자 소라 땅에 거주하던 마노아는 야훼의 사자를 만났다. 그는 먼저 그의 아내로부터 아들을 낳게 될 것이라는 전언을 받았다. 이후 야훼의 사자를 만난 뒤에 똑같이 아들 탄생에 대한 예언을 듣게 되었다. 마노아에게는 더 이상 아내가 들었던 득남 고지에 대하여 의심할 수 있는 여지가 없게 되었다. 그러나 그럼에도 마노아는 한 가지 제안을 야훼의 사자에게 한다. 음식(염소 새끼 한 마리)을 대접할 테니 잠시만 시간을 내달라는 것이었다. 음식을 대접하겠다는 것은 아들을 낳을 것이라고 말해 주었던 야훼의 사자를 끝까지 하나님의 대리자인 영적인 존재로 인정하지 않고 선지자 정도로 인식하고 있었다는 에두름이다. 송병현의 지적을 들어보자.

아내가 마노아에게 자신이 만난 사람이 '하나님의 사자' 같았다고 말했는데(6절), 그는 단순히 '하나님의 사람'(선지자) 정도로 알았다.*

이렇게 영적 분별력이라고는 전혀 없었던 마노아에게 하나님의 사자가 답답한 나머지 교훈을 하나 건넨다. 음식을 먹지 않을 터이니 잡으려는 짐승을 하나님께 번제로 드리라는 권면이었다(15-16절). 눈으로 야훼의 사자를 보았음에도 불구하고 왜 마노아는 그가 하나님이 보낸 사자인 줄을 알지 못했을까? 하나님을 잊은 세대였기에 당연히 마노아도 하나님께 대한 영적 지식의 상태가 제로였던 것이 그 이유였다. 하나님에 대한 영적 감각 제로인 마노아는 하나님의 사자가 식사 초청을 거절하자, 이번에는 또 다른 무지를 드러냈다. 생뚱맞게 하나님의 사자에게 이름을 질문한 것이다(17절). 이름을 묻는 이유에 대하여 주목할 필요가 있다. 마노아는 당신이 말한 대로 아내가 아들을 낳게 되면 그때 가서야 당신을 존귀하게 여기겠다고 끝까지 결과론에 집착했기 때문이다. 야훼의 사자와 대화하는 마노아의 담론을 깊이 묵상하면 어처구니없는 기막힌 내용이 함축되어 있음을 알 수 있다. 야훼의 사자는 마노아가 제안한 음식을 거부함으로써 자기는 사람으로부터 영광을 받을 존재가 아님을 밝힌 셈이다. 더불어 정작 영광을 받으실 분이 따로 있음을 마노아에게 분명히 한 것이다. 바로 영광을 받으실 분은 야훼 하나님이시라는 직설이었다. 그런데도 마노아는 아들을 낳게 해 주면 아들을 낳게 해 주신 주체이신 하나님이 아닌 바로 당신을 존귀하게 여기겠다며 이름을 알려달라고 한 것이다. 이런

---

* 송병현, 『엑스포지멘터리 주석 — 사사기』, 318.

어처구니없는 기막힌 요구를 들었던 야훼의 사자는 너무도 당연하게 마노아의 질문을 묵살한다.

> 여호와의 사자가 그에게 이르되 어찌하여 내 이름을 묻느냐 내 이름은 기묘자라 하니라(18절)

사자의 답변은 이름을 알려 준 것이 아니었다. '기묘자'라고 번역한 '펠리'(פֶלִאי)는 '너무 기이해 이해하기 어려운 것' 혹은 '이해를 넘어서는 것'을 의미한다. 전성민은 '기묘자'를 이렇게 해석했다.

> "내 이름을 왜 묻느냐? 그것은 네가 이해할 수 없는 것이다."[*]

야훼의 사자가 왜 자기의 이름을 알려 달라는 마노아의 청을 거절했을까? 하나님의 사자는 자기의 이름을 존귀하게 여기겠다는 마노아의 말처럼 결코 존귀하게 여김을 받을 대상이 아니라는 것을 피력하고 싶었기 때문이다. 하나님의 사자에 관한 지론은 일관된다. 영광과 존귀와 예배와 번제를 받으실 분은 오직 야훼 하나님 한 분이시라는 말이다. 정답이다. 예배는 하나님만이 받으시는 것이다. 주객이 전도되는 일이 있어서는 안 된다. 본말이 전도되는 일이 있어서는 안된다.

※ 하나님이 받으시는 예배를 드리는 것만이 예배다.

---

* 전성민, 『사사기 어떻게 읽을 것인가』, 215.

너무 쉬운 교훈이라 식상했어도 어쩔 수 없다. 너무 상투적인 메시지이고 예상했던 레퍼토리라 실망했어도 별수 없다. 이 점을 분명히 하자. 하나님께서 받으시는 예배만이 예배다. 만에 하나, 하나님께만 예배를 드리는 것이 아니라, 예배의 일체 행위 속에 하나님이 아닌 다른 불순물이 첨가되면 그것은 곧바로 그대가 하나님이 아니라 그것에게 예배드리는 것임을 상기해야 한다. 마노아는 하나님께 예배하는 것을 상실했다. 눈에 보이는 대상, 자기에게 유익이 이루어지는 것을 본 뒤에야 그 유익을 준 대상을 존귀하게 여기겠다고 선언한 것이다. 선교 신학자 레슬리 뉴비긴은『타당한 확신』에서 이렇게 진단했다.

　　기독교 신앙은 논리적으로 증명할 수 있는 확실성의 문제가 아니라 그들을 부르신 신실하신 하나님을 신뢰하는 인간의 전적인 헌신에 관한 문제이다.*

　　기막힌 통찰이다. 예배는 이론이 아니다. 하나님을 신뢰함으로 나아가는 전적인 헌신의 표다. 그러므로 예배를 드리는 이가 예배를 받으시는 하나님에게만 집중하는 것은 너무 당연하다. 이것이 배제된 예배는 예배라는 이름을 붙였어도 이미 예배가 아니다. 신-사사시대를 지나고 있는 참 많은 명목적인 그리스도인들의 패착 중의 하나는 하나님이 받으시는 예배를 드리는 것이 아니라, 자기만족을 위해 예배라는 도구를 악용한다는 점이다. 자기만족을 위해 드리는 예배는

---

* 레슬리 뉴비긴/박삼종 역,『타당한 확신』(SFC, 2013), 159.

예배가 아니라 자기 숭배라는 영웅주의라고 지적한 본회퍼의 일갈[*]이 크게 다가오는 것이 혹시 필자만의 소회일까?

---

[*] 본회퍼,『나를 따르라』, 187. 본회퍼는 말한다. "숭배는 이미 인간의 영웅주의적 가능성이다."

한 사람만 있으면 된다

사사기 13:19-23

새긴 말씀: 이에 마노아가 염소 새끼와 소제물을 가져다가 바위 위에서 여호와께 드리매 이적이 일어난지라 마노아와 그의 아내가 본즉 불꽃이 제단에서부터 하늘로 올라가는 동시에 여호와의 사자가 제단 불꽃에 휩싸여 올라간지라 마노아와 그의 아내가 그것을 보고 그들의 얼굴을 땅에 대고 엎드리니라 여호와의 사자가 마노아와 그의 아내에게 다시 나타나지 아니하니 마노아가 그제야 그가 여호와의 사자인 줄 알고 그의 아내에게 이르되 우리가 하나님을 보았으니 반드시 죽으리로다 하니 그의 아내가 그에게 이르되 여호와께서 우리를 죽이려 하셨더라면 우리 손에서 번제와 소제를 받지 아니하셨을 것이요 이 모든 일을 보이지 아니하셨을 것이며 이제 이런 말씀도 우리에게 이르지 아니하셨으리이다 하였더라

사사기 13장에는 한 남자의 아내 이야기가 실려 있다. 한 남자의 아내라고 소개한 이유는 성경에 그녀의 이름을 밝히고 있지 않기 때문이다. 주인공은 사사 삼손의 어머니다. 동시에 마노아라는 이름을 가진 남자의 아내다. 이것이 그녀에 대한 정보다. 성경의 내증(內證)이 서술한 내용만 놓고 보면 여인이 살고 있었던 시대 배경이 철저한 가부장적 시대라는 것을 의미한다. 여성의 권위가 짓밟히던 시대임을 간접적으로 알려준다. 다시 강조하지만, 그녀는 익명의 여인으로 등장한다. 그런 그녀에게 야훼의 사자가 임했다. 동시에 아들을 낳을

것이라는 득남 고지의 은혜를 받았다. 이 사실을 여인이 남편에게 알리자, 남편은 고개를 흔들며 "당신이 말한 사실을 내가 믿으려면 그 사자를 내가 만나고서야 동의할 수 있다"고 말하면서 가부장적인 권위를 내세워 아내의 피력을 묵살했다.

이런 마노아의 고집을 알고 계셨던 하나님은 그의 물리적인 고집을 꺾기 위해서 그에게 야훼의 사자를 만나게 해 준다. 만남의 사건 때, 이윽고 야훼의 사자는 부부를 만난 뒤에 두 사람에게 낳게 될 아들을 어떻게 키워야 하는지에 대한 매뉴얼까지 제시해 준다. 이 사건을 통해 나름의 확신을 갖게 된 마노아가 야훼의 사자를 대접하려 하자 사자가 나에게 대접하지 말고 이 위대한 일을 이루실 하나님께 번제를 드릴 것을 지도한다. 야훼의 사자로부터 음식 대접이 중요한 것이 아니라, 하나님께 제사를 드리는 것이 더 중요하다는 하명을 받은 마노아는 제물을 준비한다. 염소 새끼와 소 제물을 가져다가 바위 위에 올려놓았다. 바위 위에 올려놓았다는 표현은 비로소 마노아가 형식을 갖춘 번제의 제사를 하나님께 진지하게 드리고 있음을 시사해 주는 장면이다. 마노아가 번제물을 바위 위에 올려놓자마자 하나님은 그의 번제를 받으셨다. 20절이다.

> 불꽃이 제단에서부터 하늘로 올라가는 동시에 여호와의 사자가 제단 불꽃에 휩싸여 올라간지라 마노아와 그의 아내가 그것을 보고 그들의 얼굴을 땅에 대고 엎드리니라

대체로 구약성경에서 불은 모든 것을 소멸하시는 하나님의 임재와 능력을 상징하는 상징적 언어다. 마노아와 그의 아내 앞에서 하나님은

처음으로 당신의 인격적 실재를 표현하신 것이다. "내가 너희들의 하나님"임을 표현한 셈이다. "내가 삼손을 낳게 해 줄 너희의 하나님이라"는 공식적인 선언이다. 너희들이 지금 보고 있는 하나님은 죽어 있는 하나님이 아니라 살아 있는 하나님임을 선포한 것이다. 이렇게 하나님께서 불로 부부에게 임재하시자 마노아 부부는 얼굴을 땅에 대고 엎드렸다. 드디어 그들은 사자가 아닌 하나님께 예배를 드리고 있다는 해석을 가능하게 해 주는 구절이다. 삼손이 탄생하기 전이라는 시대적 배경은 소사사 압돈이 죽자마자 지극히 영적으로 무기력해졌다. 결국 나선형 하강 곡선의 가장 절정기라고 볼 수 있다는 말이다. 블레셋에게 40년 동안 압제를 당하던 극심한 영적 무감각의 시대라는 점을 감안할 때, 이 두 사람이 하나님께 예배를 드리고 있다는 사실은 주목할 만하다. 하나님께 예배를 드리고 있는 이들에게 일어난 일을 살펴보자.

여호와의 사자가 마노아와 그의 아내에게 다시 나타나지 아니하니 마노아가 그제야 그가 여호와의 사자인 줄 알고 그의 아내에게 이르되 우리가 하나님을 보았으니 반드시 죽으리로다 하니(21-22절)

이 기록을 보면 기가 막힌 그들의 애드리브를 볼 수 있다.

우리가 하나님을 보았으니 반드시 죽으리로다 하니(22:2f)

사사시대는 하나님에 대한 영적 감각이 죽어 있었던 시대였기에 마노아의 고백에는 답답함이 묻어 있다. 내가 죽게 되었다는 고백은 들었던 풍월이다. 하나님께서 모세에게 나를 보면 죽게 될 것임을 고지(告知)하면서 하나님의 등을 보여 주었던 전승에 대한 넋두리였다. 마노아의 고백은 맞는 말 같지만 틀린 해석이다. 그 답을 마노아의 아내, 즉 삼손의 어머니가 해 준다.

그의 아내가 그에게 이르되 여호와께서 우리를 죽이려 하셨더라면 우리 손에서 번제와 소제를 받지 아니하셨을 것이요 이 모든 일을 보이지 아니하셨을 것이며 이제 이런 말씀도 우리에게 이르지 아니하셨으리이다 하였더라(23절)

마노아의 아내는 예배 중에 보았던 하나님의 임재와 그것을 보게 된 것에 대한 신학적인 해석으로 우리가 결단코 죽지 않을 것이라고 해석했다. 근거는 이렇다. 만에 하나, 하나님이 우리들을 죽이려고 마음을 먹었다면 우리들의 제사를 받으실 리 만무라는 것이다. 불꽃으로 임하시는 임재도, 아들을 낳게 될 것이라는 말씀도 주지 않았을 것이라는 해석으로 접근했다. 결국 하나님은 우리를 죽이시기 위해 우리에게 임하신 것이 아니라, 하나님의 뜻을 확실하게 심어주시기 위해 우리들을 만나 주셨다고 그녀는 해석한 것이다. 여자는 위대했다. 여자는 대단한 영적, 신학적 혜안을 갖고 있었다. 여자는 분명한 하나님의 의지와 계획을 꿰뚫고 있었다.

※ 내 삶의 정황 속에서 하나님의 뜻을 해석하는 혜안이 있는 한 사람이 되기를 기도하자.

마노아의 가정에는 이런 은혜의 주인공이 있었다. 바로 삼손의 어머니였다. 마노아의 아내였다. 유념할 것이 있다. 마노아도 아내와 함께 동일한 불꽃으로 임재하시는 하나님을 보았다. 두 사람은 하나님께 엎드렸다. 하나님께 예배하는 똑같은 행위도 드렸다. 그럼에도 두 사람의 반응은 사뭇 달랐다. 마노아는 죽게 되었다고 해석했고, 그의 아내는 하나님께서 우리들을 죽이시지 않으시고 하나님의 계획을 반드시 우리 가정을 통해 이루어 주실 것이라고 해석했다. 누구의 해석이 맞았나? 그 해답을 확인해 보자.

> 그 여인이 아들을 낳으매 그의 이름을 삼손이라 하니라 그 아이가 자라매 여호와께서 그에게 복을 주시더니 소라와 에스다올 사이 마하네단에서 여호와의 영이 그를 움직이기 시작하셨더라(24-25절)

이들 부부는 하나님의 천사가 약속한 대로 아들을 낳게 되었다. 아이가 자라매 하나님께서 복을 주셨다. 복과 더불어 성령도 태어난 아이와 함께하였다. 여인의 해석이 옳았다. 하나님의 뜻을 해석할 수 있는 사람이 필요하다. 세속적 권위가 하나님의 뜻을 해석하지 않는다. 압도하는 주군의 인도하심이 있는 자가 하나님의 뜻을 분별하고 해석한다. 아주 오래전에 브룩힐즈교회의 담임목사인 데이빗 플랫이 갈파했던 글을 본 적이 있다.

안데스산맥 꼭대기 어디쯤, 따가운 햇살을 받은 얼음덩어리 위에 조그마한 물방울이 맺힌다. 물방울은 골을 따라 조금씩 아래로 흐르다가 차츰 다른 물방울과 어울려 제법 큰 개울이 된다. 시간이 지날수록 시냇물은 가속도가 붙어 힘과 속력을 낸다. 시작은 보잘것없지만, 수백 미터를 내려가고 또 수백 킬로미터를 달려가며 덩치를 키운 끝에 마침내 지구상에서 가장 크고 강력한 강, 아마존을 이룬다. 1초에 약 2억 리터씩 대서양의 민물을 쏟아 넣는 이 강은 그보다 규모가 작은 강 10개를 합친 것보다 더 세력이 크다.*

아무나 이렇게 해석하지 못한다. 뛰어난 영적 통찰력이 있는 자만이 할 수 있는 해석이다. 적용해 보자.

한 사람만이라도 하나님의 뜻을 분별할 수 있는 사람이 있는 공동체는 영적인 아마존이라는 은혜의 강을 펼치는 위대한 공동체가 될 수 있다. 이 은혜의 강이 합쳐지면 여호와를 인정하는 물결로 가득 차게 될 것이다. 필자는 언제나 예언자 예레미야에게 주셨던 주군의 일갈을 가슴에 품고 목회한다.

너희는 예루살렘 거리로 빨리 다니며 그 넓은 거리에서 찾아보고 알라 너희가 만일 정의를 행하며 진리를 구하는 자를 한 사람이라도 찾으면 내가 이 성읍을 용서하리라(렘 5:1)

하나님이 바라시는 '정의'(אמונה)와 '진리'(משפט)를 구하는 이 한 사람이면 충분하다. 그대가 그 한 사람이기를 기대한다.

---

* 데이빗 플랫/최종훈 역, 『래디컬 투게더』(두란노, 2012), 17.

왜 불안하지?

사사기 13:24-25

새길 말씀: 그 여인이 아들을 낳으매 그의 이름을 삼손이라 하니라 그 아이가 자라매 여호와께서 그에게 복을 주시더니 소라와 에스다올 사이 마하네단에서 여호와의 영이 그를 움직이기 시작하셨더라

본문은 아주 짧아 접근하기가 쉽다. 하지만 그 안에 내재된 은혜는 실로 그 영적 파괴력이 대단하다. 아슬아슬한 줄타기 끝에 마노아는 아내를 통하여 아들을 얻게 되었다. 야훼 하나님의 사자가 말한 대로 이루어진 것이다(24절). 사자가 약속한 대로 아들을 낳게 된 이 부부는 그 아들의 이름을 삼손(שִׁמְשׁוֹן)이라고 지었다.

"'삼손'이라는 이름은 '태양'(히브리어 שֶׁמֶשׁ')이라는 단어에 지소 접미사 가 붙은 것으로 '작은 태양' 정도의 의미가 된다."*

쉽게 풀자면 '삼손'이라는 이름의 뜻이 '작은 태양'이라는 말이다. 마노아가 아들의 이름을 이렇게 지은 이유에 대하여 학자들은 아마도 당시 태양신을 숭배하던 종교적인 배경 때문이라고 진단하는 것이

---

* 전성민, 『사사기 어떻게 읽을 것인가』, 217.

일반적인 의견이다. 삼손이 태어난 장소가 소라와 에스다올 사이의 마하네단이었는데, 이곳에서 몇 킬로미터 떨어진 곳에 그 유명한 '벧 쉐메쉬'(בית שמש)가 위치 해 있다.* '벧 쉐메쉬'는 '태양의 집'이라는 의미다. 결국 '벧 쉐메쉬'는 한때 태양을 신으로 섬기던 이방 종교의 중심지였기에 삼손의 아버지인 마노아가 하나님 신앙이 없었던 자였음을 감안할 때, 아들의 이름을 삼손이라고 지었다고 추론하는 학자들의 의견은 충분히 가능성이 있는 이야기다.** 마노아가 하나님의 선물로 주어진 아들의 이름을 지을 때도 하나님 신앙과는 관계가 없는 이름으로 명명했는지는 논쟁의 여지가 있지만, 아들의 이름은 삼손으로 정해졌다. 조금만 더 나아가 보자.

소라와 에스다올 사이 마하네단에서 여호와의 영이 그를 움직이기 시작하셨더라

(25절)

자세히 살펴보니 의외의 기록이 보인다. 별로 은혜롭지 못한 태생인 삼손에게 '여호와의 영'이 임하여 그를 움직이기 시작했다는 당황스러운 구절이다. 그도 그럴 것이 여호와의 영이 임했다는 표현은 대체로 하나님께서 함께하신다는 상징적인 의미를 내포하고 있기에 태양의 아들이라는 이름을 갖고 태어난 삼손에게 하나님의 영이 임했다는 보고는 왠지 짝이 맞지 않는다는 느낌을 지울 수가 없기에 당황스럽다. 전성민은 독자들이 충분히 느낄 수 있는 이런 당혹감을 그의 신학적

---

* 송병현, 『엑스포지멘터리주석 — 사사기』, 320-321.
** J. A. 소긴/한국신학연구소 학술부 역, 『국제성서주석 — 판관기』(한국신학연구소, 2001), 333.

해제로 푼다.

> 여호와의 영이 그를 '움직였다'라고 번역한 동사(히브리어 פָּעַם)의 의미는 단순하지 않다. 먼저 이 동사는 구약에 나오는 다섯 번 중에 능동형은 이곳에만 나온다. 그 의미는 단순한 움직임보다는 강렬하게 '휘젓다'라는 정도다. 하지만 수동형 또는 작위 재귀형으로 사용된 나머지 경우는 모두 '괴로워하다, 번민하다'의 의미이며, 이것을 반영할 경우 이 '휘저음'은 번민을 동반하는 소란스러울 정도의 격동을 의미할 수 있다. 사실 삼손의 삶은 격정과 격동의 삶이었다. 이제 여호와의 영으로 인해 삼손의 격동적인 삶이 시작된 것이다.*

조금은 과유불급인 듯해 보이지만, 전성민의 해제가 그나마 여호와의 영이 삼손에게 움직이기 시작했다는 성서의 보고를 나름 이해하게 만든다. 삼손에게 임한 하나님의 영은 삼손을 축복하는 주체자로서의 영이 아닌 삼손의 생애를 줄곧 지켜보는 가까이하기엔 너무 먼 영처럼 여겨진다. 어떻게? 삼손을 번민하게 만든 요인으로 느껴진다. 이 모든 책임은 삼손에게 있다. 이렇게 결론을 맺으면 어떨까. 삼손을 탄생하게 한 하나님의 프로젝트는 선한 것이었는데, 하나님의 이 아름다운 프로젝트를 선하지 않은 것으로 변질시킨 장본인이 바로 삼손 자신이었다는 진단 말이다. 이상하게도 니체를 말하면 한국교회는 경기(驚氣)한다. 아마도 "신은 죽었다"고 말한 불온함이 그 이유일 것이다. 하지만 왜 니체가 이렇게 말해야 했는지에 대해서는 논하지

---

* 전성민, 『사사기 어떻게 읽을 것인가』, 218-219.

않는다.

> 만일 일찍이 내가 옛 신들이 묻혀 있는 곳에 마음 편히 앉아 세계를 축복
> 하고, 세계를 사랑하고 그것을 기뻐했더라면… 나는 잡초와 붉은 양귀
> 비꽃처럼 즐겨 교회의 폐허 위에 올라앉았을 것이다. 왜냐하면 나는 교회
> 와 신들의 무덤까지 사랑하기 때문이다.*

불편한 진실 앞에 할 말을 잃게 하는 니체의 일갈(一喝)이다. 정용섭
은 니체의 불편한 진실을 이렇게 주석했다.

> 신이 어디로 갔느냐고? 너희에게 그것을 말해 주겠노라. 우리가 신을
> 죽였다. 너희와 내가! 우리가 모두 신을 죽인 살인자다. 이런 표현은
> 역설적이다. 당시 기독교의 하나님은 인간의 삶을 살리는 것이 아니라
> 위축시키는 신으로 왜곡되었다. 기독교의 이름으로 하나님을 반생명
> 적인 존재로 만들어버렸다.**

필자도 동의한다. 하나님의 시작과 프로젝트는 언제나 선하다.
그 선함을 선하지 않은 것으로 변질시킨 것은 언제나 사람이다. 그래서
그런지 삼손의 격정적인 삶이 왠지 불안하다.

---

* F. W. 니체,『짜라투스트라는 이렇게 말했다』(홍신문화사, 2020), 310.
** 정용섭,『목사 구원』(새물결플러스, 2020), 197.

'For me'가 아니라 'For Lord'로
사사기 14:1-3

새길 말씀: 삼손이 딤나에 내려가서 거기서 블레셋 사람의 딸들 중에서 한 여자를 보고 올라와서 자기 부모에게 말하여 이르되 내가 딤나에서 블레셋 사람의 딸들 중에서 한 여자를 보았사오니 이제 그를 맞이하여 내 아내로 삼게 하소서 하매 그의 부모가 그에게 이르되 네 형제들의 딸들 중에나 내 백성 중에 어찌 여자가 없어서 네가 할례 받지 아니한 블레셋 사람에게 가서 아내를 맞으려 하느냐 하니 삼손이 그의 아버지에게 이르되 내가 그 여자를 좋아하오니 나를 위하여 그 여자를 데려오소서 하니라

소설가 은희경의 장편 『새의 선물』에 나오는 글말 하나를 함께 읽어보자.

숲속에 마른 열매 하나가 툭 떨어졌다. 나무 밑에 있던 여우가 그 소리에 깜짝 놀라 도망치기 시작했다. 멀리서 호랑이가 그 여우를 보았다. 꾀보 여우가 저렇게 다급하게 뛸 때는 분명히 굉장히 위험한 일이 있는 것이다. 그래서 호랑이도 뛰기 시작했다. 호랑이가 뛰는 것을 숲속의 동물들이 보았다. 산중호걸 호랑이가 저렇게 뛰며 도망치는 것을 보니 굉장한 천재지변이 일어났거나 외계인이 출현했을 것이다. 그래서 숲속의 모든 동물이 다 뛰기 시작했다. 그래서 숲이 생긴 이래로 숲은 최대의 위기를 맞이한 것이다.*

신앙생활의 최대 적은 생각하지 않는 무사고주의(無思考主義)이다. 신학이 없고, 내 영적 사색이 없이 무조건 뛰기는 하지만 생각하지 않는 신앙이다. 이렇게 살다 보니 신자들이 곧잘 빠지는 함정이 있다. 눈에 보이는 대로 행동하는 삶이다.

이제부터 삼손의 초기 행적을 기록한 14-16장을 만나보자. 우여곡절 끝에 탄생한 삼손이 성장했다. 추측건대 14장은 삼손의 청년기로 사료(思料)되는 시기의 기록이다. 삼손이 탄생한 뒤에 그의 부모들에 의해 어떻게 나실인으로서 성장했는지에 대하여 구체적으로 설명하지 않고 침묵한다. 도리어 삼손은 나실인의 신분이었지만 상상을 초월하는 일탈을 첫 번째로 보고한다. 그것은 삼손이 한 여자를 보고 집에 돌아와서 부모에게 그 여자와 결혼하겠다고 고집을 피우는 떼씀이 보고된다. 어처구니없게도 삼손은 이것을 시작으로 자기 시대를 연다. 그 증거 자료를 나누어 보자.

> 삼손이 딤나에 내려가서 거기서 블레셋 사람의 딸들 중에서 한 여자를 보고 올라와
> 서 자기 부모에게 말하여 이르되 내가 딤나에서 블레셋 사람의 딸들 중에서 한
> 여자를 보았사오니 이제 그를 맞이하여 내 아내로 삼게 하소서 하매(1-2절)

삼손이 딤나로 내려갔다. 딤나는 삼손이 태어났던 고향 소라에서 서쪽으로 10km 정도 떨어진 오늘의 '텔-엘 바타쉬' 지역으로 추측된다. 이곳은 원래가 단 지파에게 할당된 지역이었으나 당시 블레셋에게 통치권이 넘어간 이방의 지역이었다.* 삼손이 왜 그곳으로 내려갔는

---

* 은희경, 『새의 선물』(문학동네, 2013), 404-405.

지에 대하여 본문이 침묵하고 있기에 자세하고 명확한 내용을 설명할 수는 없지만 한 가지만은 분명한 것 같다. 삼손이 자기 직무를 유기했다는 점이다. 무엇이 그것을 가늠케 할까? 하나님이 삼손을 나실인으로 세우신 이유는 야훼께서 당신의 백성을 압제하고 있는 블레셋의 손에서 구하고자 하심이었음을 13장 5절에서 이미 살폈다. 삼손의 직무는 분명히 이스라엘을 블레셋의 손에서 구원하는 것이었다. 이런 의미에서 삼손이 딤나로 내려간 것은 고무적인 일이었다. 원래는 단 지파의 땅이었는데 통치권이 이방 민족이자 적이었던 블레셋으로 넘어갔던 블레셋의 상징적인 도시가 딤나였기 때문이다. 그러니 삼손이 딤나로 내려간 것은 하나님의 뜻을 이루기 위한 일보로 볼 수 있다. 하지만 연이어 보고되는 삼손의 행태는 독자들을 아연실색하게 만든다. 사사로서 블레셋으로 넘어간 삼손이 마땅히 이스라엘을 구원해야 하는 막중한 사명을 감당해야 함에도 불구하고 적의 도시에 가서 엉뚱한 일을 하고 돌아왔기 때문이다. 기막히게도 한 여자와 눈이 맞은 것이었다. 1-2절에서 연이어 두 번이나 반복적으로 표현된 단어가 있다.

여자를 보고(1절)
한 여자를 보았사오니(2절)

'보다'라고 번역된 히브리어 '라아'(ראה)는 일반적으로 '보다'(to see)라는 의미로 제일 많이 사용되지만, 문맥에 따라서 '눈요기하다'라는 '쾌락적 보기'(looking with pleasure)를 의미하기도 한다. 다시 말하면

---

* 트렌트 버틀러/조호진 역, 『WBC 주석 — 사사기』(솔로몬, 2011), 782.

1-2절의 상황으로 접근할 때 삼손이 딤나의 여인을 본 그 '봄'(seeing)
은 '욕정을 갖고 보는 봄'이었다는 해석에 가깝다. 그 증거가 3절이다.

> 그의 부모가 그에게 이르되 네 형제들의 딸들 중에나 내 백성 중에 어찌 여자가
> 없어서 네가 할례받지 아니한 블레셋 사람에게 가서 아내를 맞으려 하느냐 하니
> 삼손이 그의 아버지에게 이르되 내가 그 여자를 좋아하오니 나를 위하여 그 여자
> 를 데려오소서 하니라

삼손이 말한 어처구니없는 요구에 대하여 삼손의 부모는 당연히
반대한다. 부모의 반대 근거는 이방인과의 혼합 결혼을 율법에서
금하고 있다는 것이었다. 하지만 삼손은 물러서지 않았다. 그의 떼씀은
3절 후반절에서 절정을 이룬다.

내가 그 여자를 좋아하오니

영어 성경 NRSV는 이 구절을 이렇게 번역했다. "Get her for
me, because she pleases me"(나를 위해 그녀를 갖게 해주세요. 그녀가
나를 즐겁게 해주기 때문입니다).

다시 말해 "그녀가 내 눈에 쏙 들었기 때문이다"로 번역했다는
말이다. 삼손이 딤나에 내려가서 민족을 구원해야 하는 의미를 망각한
채, 여자를 정욕의 대상으로 보고 그 여자를 아내로 삼으려고 했다는
것을 어떻게 이해해야 하는가. 나실인이라는 정체성은 하나님께 구별
된 삶을 사는 것이다. 포도주나 독주를 입에 대지 않는 것이다. 시체를
멀리해야 했고 삭도를 대지 말아야 하는 삶이다. 물론 부정한 것도

먹지 말아야 했다. 나실인 신학의 의도는 성별됨이다. 14장 1-3절에 이런 나실인의 율례로 적용해 본다면 삼손은 자기를 위한 시선의 삶이 아닌 하나님이 기뻐하시는 시선의 삶으로 살아내야 하는 숙명을 갖고 태어난 자였다. 그런데도 삼손은 자신의 숙명적 사명을 망각하고 전혀 나실인의 삶을 살지 못했음을 본문이 고발하고 있다.

※ 그리스도인은 'for me'의 삶이 아닌 'for Lord'라는 성별된 삶이다.

삼손은 이렇게 살아야 했다. 하지만 대단히 유감스럽게도 그 반대의 삶을 사는 것으로 첫걸음을 뗐다. 삼손은 철저히 'for me'의 삶을 선언하며 출발했다. 어찌 이런 이를 나실인으로 또한 사사로 인정할 수 있단 말인가. 반면교사의 주제가 삼손의 삶이었다. 참 슬픈 일이다.

이해가 되지 않기에

사사기 14:4-6

새길 말씀: 그 때에 블레셋 사람이 이스라엘을 다스린 까닭에 삼손이 틈을 타서 블레셋 사람을 치려함이었으나 그의 부모는 이 일이 여호와께로부터 나온 것인 줄은 알지 못하였더라 삼손이 그의 부모와 함께 딤나에 내려가 딤나의 포도원에 이른즉 젊은 사자가 그를 보고 소리 지르는지라 여호와의 영이 삼손에게 강하게 임하니 그가 손에 아무것도 없이 그 사자를 염소 새끼를 찢는 것 같이 찢었으나 그는 자기가 행한 일을 부모에게 알리지 아니하였더라

C. S. 루이스는 『순전한 기독교』에서 이렇게 표현했다.

제 믿음을 무너뜨리는 것은 이성이 아닙니다. 오히려 정반대로 내 믿음은 이성에 근거하고 있습니다. 정작 제 믿음을 무너뜨리는 것은 저의 상상력과 감정입니다. 믿음과 이성이 한편이 되고, 감정과 상상력이 다른 편이 되어 싸움을 벌이고 있는 것이지요.*

상상력으로 하나님을 평가한다는 것이 얼마나 위험한 일인지를 지적한 셈이다. 필자는 기회가 있을 때마다 섬기는 교회 성도들에게 이렇게 말하곤 한다.

---

* C. S. 루이스/장경철·이종태 공역, 『순전한 기독교』 (홍성사, 2010), 219.

"감정대로 신앙생활 하지 말고, 말씀에 따라 신앙생활을 하라."

내 주관적 감정의 느낌으로 하나님을 판단한다는 것은 어리석음을 넘어 교만함이다. 자기의 주관을 얼마나 신봉하면 그렇게 담대한가! 4절을 보자.

> 그 때에 블레셋 사람이 이스라엘을 다스린 까닭에 삼손이 틈을 타서 블레셋 사람을 치려 함이었으나 그의 부모는 이 일이 여호와께로부터 나온 것인 줄은 알지 못하였더라

삼손은 나실인이었다. 블레셋에 의해서 40년이라는 장구한 세월 동안 압제를 받는 이스라엘을 구원하기 위한 도구로 하나님은 삼손을 태어나게 하셨고 그를 구원자로 세우셨다. 그는 마땅히 블레셋과의 전투를 통해 이스라엘을 구원해 내야 했다. 하지만 주지한 것처럼 그의 시작은 대단히 실망스러운 보폭이었다. 삼손은 자기의 고향 소라를 떠나 블레셋의 땅으로 통치 기반이 넘어간 딤나로 이동했다. 이스라엘을 구원하기 위한 행보로 여겨지는 대목이지만, 결과는 어처구니가 없었다. 블레셋과의 싸움은 고사하고 그곳에서 눈에 들어온 여자를 아내로 삼겠다고 고집을 부렸다. 나실인으로 살기를 바랐던 삼손의 부모는 당연히 아들의 요청에 반대했다. 할례를 받지 않은 민족의 여인과 결혼하는 것은 율법에 어긋날 뿐 아니라 나실인으로 살아야 할 아들이 취할 태도가 아니라고 판단했기 때문이다. 부모들의 반대는 정당했지만, 여자에게 한번 마음을 빼앗긴 삼손은 뒤로 물러서지 않았다. 자식을 이기는 부모가 없다고 마노아와 그의 아내, 즉

삼손의 부모는 어쩔 수 없이 떼를 쓰는 아들과 함께 딤나로 내려갔음을 보고한다. 당시 이스라엘의 결혼법은 개인 간의 결혼법이 아니라 가족 간의 결혼법이었기 때문에 시댁 식구들이었던 마노아와 그의 아내가 며느릿감을 직접 보기 위해 아들과 함께 딤나로 내려간 것으로 보인다. 이렇게 삼손은 부모들과 함께 여자를 만나기 위해 내려가는 길이었다.

본문에는 자세하게 설명되지 않아 누락된 부분이 있다. 어떤 이유 인지는 모르겠지만 딤나로 내려가는 노정(路程)에 삼손은 부모와 잠시 공간적으로 함께하지 않았던 시간이 있었음을 알려준다. 그 여백의 시간에 삼손은 포도원으로 발걸음을 디뎠다. 그곳에는 삼손 혼자였다. 부모들은 그곳에 함께 가지 않았다. 왜 이들은 딤나로 내려가면서 동선을 같이하지 않았을까? 대부분 사사기를 분석한 주석가들의 보고 는 이렇다. 삼손은 나실인이었다. 그는 법으로 포도원 출입을 해서는 안 되는 구별된 삶을 살아야 하는 자였다. 아마도 이런 삼손의 구별된 삶은 부모들도 종용했을 것이 분명하다. 포도주를 입에 대서는 안 되는 삶을 살아야 하는 삼손은 이런 법이 대단히 불편했다. 이후에 또 살피겠지만 주색(酒色)에 밝았던 삼손은 여자를 만나러 가는 도중 포도주 생각이 났다. 그는 습관적으로 딤나로 가는 노정에 익숙히 보아왔던 포도원을 찾은 것이다. 물론 딱히 설명할 방법은 없지만 부모들과 격리된 상태로 찾은 것이다. 부모들이 이 일을 알면 잔소리할 것이 분명하기에 그는 은밀하게 포도원으로 동선을 잡고 홀로 그곳으 로 내려간 것이다. 바로 그때 사달이 났다. 5-6절을 보자.

삼손이 그의 부모와 함께 딤나에 내려가 딤나의 포도원에 이른즉 젊은 사자가

그를 보고 소리 지르는지라 여호와의 영이 삼손에게 강하게 임하니 그가 손에
아무것도 없이 그 사자를 염소 새끼를 찢는 것 같이 찢었으나 그는 자기가 행한
일을 부모에게 알리지 아니하였더라

삼손이 포도원에 이르렀을 때 젊은 사자 한 마리가 소리를 지르며
삼손에게 달려든 것이다. 갑작스러운 일을 당한 삼손은 무기를 갖고
있지는 않았기에 그가 가지고 있었던 힘의 능력으로 그 젊은 사자를
맨손으로 찢어 죽였다고 보고한다. 이 일을 경험한 삼손은 자기에게
일어난 일을 부모에게 알리지 않았다고 사사기 저자는 친절히 보고한
다. 부모에게 알리지 않은 이유는 앞서 부연한 일련의 잔소리가 귀찮았
기 때문이었다. 독자가 이미 상식으로 알고 있는 지식이 있다. 삼손은
힘이 강한 자라는 선지식이다. 이런 지식 때문에 삼손이 젊은 사자를
찢어 죽였다는 이야기 정도에는 놀라지 않는다. 그러나 숙제가 남는다.
대답하기가 쉽지 않은 아주 곤란한 숙제다. 젊은 사자가 삼손에게
달려들 때 그 사자를 찢어 죽일 힘을 공급받게 된 통로에 대한 이해다.
개역한글판 성경에는 6절의 주어를 삼손으로 기록했다.

삼손이 여호와의 신에게 크게 감동되어(개역한글판, 6절 전반절)

하지만 개역개정판은 원문을 충실하게 번역하여 주어를 바꾸었다.

여호와의 영이 삼손에게 강하게 임하니(개역개정판, 6절 전반절)

개역개정 성경의 포인트와 개역한글판의 포인트가 다른 것이 바로

주어다. 삼손이 주어였던 구절이 여호와의 영으로 주어가 바뀌었다. 개역개정판에 의존하여 접근한다면 사자를 찢어 죽이게 한 주체가 삼손이 아니라 삼손을 움직이고 있는 하나님의 영이 된다. 이렇게 될 경우, 성경 이해의 난관에 봉착한다. 포도원에 있는 삼손의 그릇된 행태를 하나님께서 용인하신 꼴이 되기 때문이다. 부모 몰래 포도원에 들어가서 포도주를 즐기고 있는 삼손의 그릇된 형태를 하나님은 보고 있었지만 그의 일탈을 인정하셨다는 말이 되기 때문이다.

설교의 도입부에서 직무를 유기하여 블레셋에서 나라를 구원해야 하는 사명을 무시하고 개인의 육체적 욕망을 탐하기 위해 이방 여인을 아내로 맞이하려는 삼손의 일련의 모든 일탈 행위에 하나님이 개입하신 느낌을 주는 대목을 소개했다. 이것도 충격인데 5-6절은 나실인의 규례를 벗어나 술에 취해 있는 삼손에게 위기가 닥쳤을 때 그 위기를 극복하도록 하나님께서는 당신의 영을 보내주셨다는 말로 해석이 가능한데, 이것을 도대체 어떻게 이해해야 한단 말인가? 이런 곤란함이 있을 때 목회자들이 들고나오는 궁색함이 하나 있다.

"하나님의 주권"

아주 좋지 못한 습관이다. 다시 말해서 질문할 수 없다는 말이다. 하지만 '하나님의 주권'으로 삼손에게 임한 '하나님의 영'에 대하여 수용하라는 요구는 불편하기 짝이 없다. 필자 역시 선명한 해석을 주지 못해 안타깝다. 그런데 이 안타까움을 만나면서 필자는 엄청난 무게의 은혜를 맛본다.

※ 내 이성으로 이해되지 않는 하나님이기에 그분이 하나님이시다.

이 교훈이 억설로 들리지 않았으면 좋겠다. 하나님께서 블레셋에 내려가 이스라엘을 구원해야 하는 막중한 사명이 있음에도 불구하고 그 사명을 망각한 삼손이 여자에 눈이 멀어 극히 세속적인 가치를 추구하는 불신앙적인 행태를 보였다. 하나님이 왜 그 모든 과정에 대해 묵묵부답했는지 이론적으로 설명할 수 없다. 적어도 필자는 삼손에게 보이신 반응에 대해 "잘 모르겠다"가 답이다. 나실인으로 살아야 하는 삼손이 부모 몰래 포도원에 들어가 술 파티를 벌이자, 미물인 젊은 사자가 삼손을 공격했다. 상식적으로 생각해 보면 하나님은 삼손에게 사자의 공격을 받게 하셔서 그가 상처를 입고 고통을 당하도록 함으로 그를 깨닫게 하는 것이 답이다. 그러나 상황은 정반대다. 도리어 삼손에게 하나님의 영을 강하게 주어 공격하는 사자를 찢어 죽이는 능력을 삼손에게 허락하셨다. 이런 말도 안 되는 상황을 하나님은 왜 허락하셨을까? 궁색하지만 솔직히 말하면 잘 모르겠다. 이 대목을 상투적인 방법으로 해석한다면 이렇게 은혜롭게 포장할 수 있다.

① 하나님께서는 삼손의 불완전함 때문에 당신의 계획을 포기하는 분이 아니다.
② 하나님은 죄인의 모습이었던 삼손을 견인하여 당신의 도구로 사용하셨다.
③ 하나님은 한번 택한 백성을 끝까지 포기하지 않고 사용하시는 은혜의 하나님이시다.

④ 하나님의 고유한 주권적인 사역이다.

그러나 이런 해석은 나부터 설득력 있게 다가오지 않는다. 그래서 내가 취할 수 있는 최선은 이것이었다. 나의 이성과 지성으로 해석이 되지 않는 분이 하나님이시기에 나는 그 하나님께 겸손하게 엎드리고 그분께 얼굴과 얼굴을 마주 보는 날이 올 때까지 그분의 일하심에 더 민감할 수밖에 없다는 고백 말이다. 제2 이사야의 토로가 나에게는 유일하게 붙들 말씀의 그루터기다.

> 이는 내 생각이 너희의 생각과 다르며 내 길은 너희의 길과 다름이니라 여호와의
> 말씀이니라 이는 하늘이 땅보다 높음같이 내 길은 너희의 길보다 높으며 내 생각은
> 너희의 생각보다 높음이니라(사 55:6-8)

성 어거스틴도 필자가 고민하고 있었던 내용에 대해 같은 맥락에서 혼란스러워했던 것 같다. 그가 이렇게 토로한 것을 보면.

> 성경의 어떤 구절은 해석하는 사람이 아무리 길고 분명하고 웅변적으로 설명해도 그 고유의 힘대로 이해되지 않으며 또는 이해되더라도 아주 어렵게 이해된다.*

하나님이 내게 보이신 것만 알아도 나는 선방하는 거다. 하나님에 대해 모르는 것이 있어 나는 하나님을 신뢰한다.

---

* 아우구스티누스/김종흡 역,『기독교교양』(크리스천 다이제스트, 2019), 189.

죄의 확산은 도미노와 같다

사사기 14:7-9

새길 말씀: 그가 내려가서 그 여자와 말하니 그 여자가 삼손의 눈에 들었더라 얼마 후에 삼손이 그 여자를 맞이하려고 다시 가다가 돌이켜 그 사자의 주검을 본즉 사자의 몸에 벌 떼와 꿀이 있는지라 손으로 그 꿀을 떠서 걸어가며 먹고 그의 부모에게 이르러 그들에게 그것을 드려서 먹게 하였으나 그 꿀을 사자의 몸에서 떠왔다고는 알리지 아니하였더라

삼손은 부모에게 억지를 부려 블레셋의 여인을 아내로 삼겠다고 했다. 부모들은 내키지는 않았지만, 고집을 피우는 아들 때문에 결혼 관례에 부합한 절차를 갖기 위해 블레셋의 땅 딤나로 내려가 아들이 결혼하고 싶어 하는 여자를 본다. 며느릿감을 본 삼손의 부모들은 그 여자가 며느릿감으로 맘에 들었는지 안 들었는지 본문이 말하고 있지 않기 때문에 자세히는 알 수 없지만, 추론하건대 탐탁하지 않았을 것이 분명하다. 이방의 여자였기에 말이다. 그러나 이미 눈이 먼 삼손은 부모의 의향은 중요하지 않았다. 7절을 살펴보자.

그가 내려가서 그 여자와 말하니 그 여자가 삼손의 눈에 들었더라

이 구절은 의미심장하다. 삼손이 부모와 함께 딤나에서 만난,

아내로 삼겠다고 말한 그 여자의 정체 때문이다. 삼손이 만난 아내 후보를 '이샤'(אשה), 즉 '여자'라고 기록하고 있다. 통상적으로 히브리어 단어 용법에서 '처녀'를 의미하는 단어는 '베투림'(בתולים)이다. 입다의 무남독녀 딸을 사사기 저자가 소개할 때 표현한 처녀라는 단어가 '베투림'이다. 하지만 본문에서 삼손이 아내로 점찍은 대상자는 '베투림'이 아닌 '이샤'로 기록했다. 히브리어에서 '이샤'는 독특하게 '결혼한 여자'이거나 '이혼녀' 심지어는 '음란한 여자'를 지칭할 때 쓰는 단어다. 하와라는 아담의 아내도 이 단어로 쓰였다. 그렇다. 결혼한 여자가 '이샤'다. 삼손이 택한 여자는 처녀가 아닐 가능성이 있다는 말이다. 긍정적으로는 결혼을 했던 경험이 있었던 여인, 부정적으로는 남성 편력이 강한 육체적인 쾌락을 즐기는 직업여성일 가능성도 다분히 있다. 나실인 삼손이 이방의 여인과 결혼하는 것 자체가 법에 어긋나는 일이다. 설상가상으로 이방의 여인과 결혼하는 것 자체가 불법인데, 택한 여성이 음란한 여성이라면 문제는 훨씬 더 심각해진다. 한번 신앙의 단추를 잘못 꿴 삼손인데도 그는 연이어 행한 선택도 전혀 신앙적이지 않았다. 삼손의 불신앙적인 도미노는 이 정도에서 끝나지 않는다. 연쇄적인 부정적 신앙의 도미노 현상을 8-9절에서 고발한다.

> 얼마 후에 삼손이 그 여자를 맞이하려고 다시 가다가 돌이켜 그 사자의 주검을 본즉 사자의 몸에 벌 떼와 꿀이 있는지라 손으로 그 꿀을 떠서 걸어가며 먹고 그의 부모에게 이르러 그들에게 그것을 드려서 먹게 하였으나 그 꿀을 사자의 몸에서 떠왔다고는 알리지 아니하였더라

부모와 함께 여자를 만나고 돌아온 삼손은 딤나에 살고 있는 여자와

결혼식을 올리기 위해 다시 딤나로 내려갔다. 길을 가는 도중 전에 그가 들렀던 포도원 근처에서 찢어 죽였던 사자가 어떻게 되었을까가 궁금해진 삼손은 그곳으로 발걸음을 옮긴다. 삼손이 상상하기로는 어느 정도 시간이 지났고 팔레스타인의 기후를 전제한다면 이미 그 사자의 사체는 썩어 각양 벌레들의 공격과 또 다른 날짐승들의 공격을 받아 뼈만 남고 모든 육체가 흔적도 없이 사라졌을 것이라고 예상했을 것이다. 그러나 삼손의 예상과는 달리 아주 놀라운 일을 보게 되었다. 사자의 사체에 벌 떼가 몰려 살고 있었고 당연히 그곳에는 꿀이 생성되어 있었다. 여기에서 한 가지 궁금증이 유발된다. 갑자기 왜 벌과 꿀이 등장했을까에 대한 질문이다. 조금은 어색한 대목이다. 부연 설명을 시도해 보자. 사자의 사체에 벌과 꿀의 이야기가 등장하는 것은 다분히 사사기 역사가의 해석이 가미되었을 가능성이 있다고 학자들은 말한다. 다시 8절을 보자.

> 얼마 후에 삼손이 그 여자를 맞이하려고 다시 가다가 돌이켜 그 사자의 주검을 본즉 사자의 몸에 벌 떼와 꿀이 있는지라

이 구절에서 눈여겨서 볼 단어는 '벌 떼'다. '떼'로 번역된 히브리어 '에다'(עֵדָה)는 벌레들의 '떼'를 말하는 단어가 아니라 도리어 '공동체'를 말할 때 사용하는 단어다.* 적용해서 설명하면 '벌 공동체'라고 해석하는 게 더 잘 맞는 표현이다. 무슨 뚱딴지같은 소리냐고 독자들이 반문할 것 같아 부연한다. 기록된 벌 떼와 꿀에 대한 해석을 이렇게

---

* 송병현, 『엑스포지멘터리주석 ― 사사기』, 329.

풀어보자.

신약 시대의 꿀은 가난한 사람들이 먹는 음식이었다. 세례자 요한 이 광야에서 살면서 메뚜기와 석청(꿀)으로 음식을 삼았던 이유다. 반면 구약 시대에 꿀은 사치스러운 음식이었다. 야곱이 아들 요셉이 애굽의 총리인 줄을 모르고 신변의 위협을 당하지 않도록 애굽으로 내려보내던 아들들에게 준비하라고 한 선물이 바로 꿀이었다. 고대 팔레스타인 지역에서 꿀이 얼마나 귀한 가치를 갖고 있는 음식이었는 지를 알 수 있게 해 주는 증언이다.

삼손의 시대도 매일반이었다. 이렇게 귀한 음식을 예상하지 못한 곳에서 발견한 삼손은 그 꿀을 퍼서 걸어가며 먹고, 일부는 그의 부모에게 가져가 먹게 하였다. 언뜻 보기에는 귀한 음식을 부모에게 가져다준 효자처럼 보이지만, 삼손의 일련의 이런 행위들은 효도의 행위가 아니라, 자기도 하나님께 죄를 범하고 그 죄를 부모에게까지 안기는 일종의 죄를 확산시킨 셈이다. 왜 그런가? 나실인이 하지 말아야 하는 금지 덕목 중에는 시체를 만지지 말아야 한다는 조항이 있다. 부정한 것과 가까이하지 않도록 하기 위함이다. 하지만 삼손은 이런 나실인의 규례를 헌신짝처럼 여겼다. 삼손은 이방 여인과 결혼하 겠다는 고집으로 나실인이면 하지 말아야 하는 행위로 첫 단추를 꿰었다. 이렇게 출발 자체가 잘못된 길을 간 삼손은 포도주를 금하는 율례도 어겼다. 이어 사체를 만지지 말라는 법을 어기면서 나실인이 행하면 안 되는 금지조항을 주저 없이 범했다. 삼손에게 이 모든 행위는 너무 쉬운 일탈이었다. 설상가상으로 이런 일탈의 죄를 자기 혼자의 일로도 모자라 그 죄를 부모들에게까지 확산시켰다. 부모들에 게 꿀을 주면서 그 꿀을 어디에서 얻었는지를 말하지 않았다고 사사기 기자는 기록한다. 알리는 것은 곧 자기가 죄를 지었다는 사실을 폭로하는 꼴이 되기 때문이다. 자기도 죄를 짓고 부모도 그 죄의 테두리 안으로 몰고 들어오는 꼴을 삼손이 제공한 것이다. 죄가 도미노처럼 퍼지고 있음을 고발한 것이다. 김지찬 교수의 사사기 주해를 보니 아주 의미 있는 해석 하나가 눈에 들어왔다.

> 꿀은 자연산 꿀을 가리키는 것이 아니다. 꿀은 삼손 이야기에서 일차적으로 이방 여인을 가리키는 말이다. 그리고 이차적으로는 이방 문화, 이방의 삶의 총체적 방식을 의미하는 단어다. 그렇다면 삼손은 나실인으로서의 삶의 방식보다는 이방 문화를 선호하고 이방 문화에 이끌려 이방의 삶의 방식으로 살고 싶어 했던 인물이다. 현대를 사는 그리스도인들은 어떤가? 꿀에 약한 삼손의 모습에서 우리의 자화상을 보는 것은 단지 헛된 상상일까?"*

너무 과유불급처럼 보이는 구약학자의 비약처럼 보일 수도 있겠지만, 본문 정황을 은유적으로 접근하는 것이 아니라는 전제를 갖는다면 눈여겨볼 만한 교훈이지 않나 싶다. 앞서 '떼'는 공동체를 의미하는 단어라고 말했다. 적어도 본문에 기록된 '벌 떼'라는 공동체의 우화적 기사는 앞으로 펼쳐질 삼손의 이야기가 이방 공동체와 기생하게 될 이스라엘 신앙 공동체의 불안한 미래를 암시하는 것 같다. 다시 말하면 이스라엘이 신앙적 색채, 즉 하나님의 선민 공동체라는 정체성을 상실하고 이방 공동체와 더불어 살려는 불신앙적인 공동체로의 전락

---

* 김지찬, 『오직 여호와만이 우리의 사사』 (생명의 말씀사, 2010), 355.

을 예시하는 것이라는 학자들의 본문 해석은 설득력이 있어 보인다.

※ 하나님 백성이라는 정체성을 상실할 때 죄는 도미노처럼 확산된다.

삼손의 불행과 불신앙은 어디에서 시작되었을까? 그는 왜 이방의 음란한 여인을 아내로 삼으려고 했을까? 그는 왜 포도주를 탐닉했을까? 그는 왜 부정한 시체를 멀리하지 않았을까? 그는 왜 사체 안에 있는 꿀은 보면서도 그 사체와 가까이하지 말라는 본질은 보지 못했을까? 답은 의외로 쉽다. 나실인이라는 본인의 정체성을 상실했기 때문이다. 하나님은 삼손을 나실인으로 태어나게 하셨고, 나실인으로 구별된 삶을 살면서 블레셋으로부터 당신의 백성을 구원할 도구로 일해 주기를 기대했다. 그러나 삼손은 하나님의 이런 계획과 목적을 헌신짝처럼 버렸다. 삼손은 나실인으로 부르신 주님의 부름을 무시하고 업신여겼다. 삼손은 자신을 통해 일하시려는 하나님을 가볍게 여겼다. 그는 하나님의 하명을 사소한 것으로 전락시켰다. 이러한 삼손의 불신앙적인 일탈은 제일 먼저는 자신을 무너뜨렸고, 다음으로 부모를, 또 다음으로는 블레셋의 압제에서 벗어나기를 기다리는 이스라엘의 기대를 차례로 무너뜨린 죄를 도미노처럼 확산시키는 주체가 되고 말았다.

유감천만의 일이 있다. 이런 암적이고 부정적인 죄의 도미노 현상이 삼손 이후 역사의 시간이 3,100~3,200여 년이 지난 오늘도 버젓이 자행되고 있다는 기막힘이다. 이런 일들이 신앙을 갖지 않은 세상 사람들에 의해서만 자행되는 것이 아니다. 이런 참담함은 삼손의 시대에 삼손에게서만 보는 것이 아니라, 오늘의 시대에는 '무늬만 그리스도인'이라는 이름의 색깔을 갖고 '실천적 무신론자'(practical atheists)들에 의해서 백주에 도미노처럼 확산되고 있다.[*]

이런 참담함과 기막힘에서 다시 회복되는 방법은 다시 나실인 혹은 그리스도인이라는 정체성을 회복하는 일뿐이다. 방법은 알지만 떨리는 이유는 시간이 별로 없기 때문이다. 아니면 이미 다시는 돌아오지 못할 루비콘강을 건너서일지도 모르겠다. 하나님 백성이라는 정체성의 재 각성, 교양적 선택의 문제가 아니라 전공 필수로 선택해야 할 최후의 마지노선이다.

---

[*] 류호준,『교회에게 하고픈 말』(두란노, 2020), 17. 류호준 박사는 실천적 무신론자들을 이렇게 정의했다. "입으로는 하나님이 있다고 말하면서도 실제로는 하나님 없는 것처럼 말하고, 행동하고, 설교하고, 기획하고, 운영한다. 그들에게 '하나님', '예수님', '성령님', '믿음', '은혜'와 같은 용어들은 종교적 접속사일 뿐이다. 누군가 교회의 비정상적 책임을 묻는다면, 교회를 이끌어가는 목회자들과 그들을 길러내는 신학교와 신학 교수들은 엄중한 책임 추궁에서 결코 자유롭지 못할 것이다."

내기 인생을 살아서야

사사기 14:10-20

새길 말씀: 삼손의 아버지가 여자에게로 내려가매 삼손이 거기서 잔치를 배풀었으니 청년들은 이렇게 행하는 풍속이 있음이더라 무리가 삼손을 보고 삼십 명을 데려와서 친구를 삼아 그와 함께 하게 한지라 삼손이 그들에게 이르되 이제 내가 너희에게 수수께끼를 내리니 잔치하는 이레 동안에 너희가 그것을 풀어 내게 말하면 내가 베옷 삼십 벌과 겉옷 삼십 벌을 너희에게 주리라 그러나 그것을 능히 내게 말하지 못하면 너희가 내게 베옷 삼십 벌과 겉옷 삼십 벌을 줄지니라 하니 그들이 이르되 네가 수수께끼를 내면 우리가 그것을 들으리라 하매 삼손이 그들에게 이르되 먹는 자에게서 먹는 것이 나오고 강한 자에게서 단 것이 나왔느니라 하니라 그들이 사흘이 되도록 수수께끼를 풀지 못하였더라 일곱째 날에 이르러 그들이 삼손의 아내에게 이르되 너는 네 남편을 꾀어 그 수수께끼를 우리에게 알려 달라 하라 그렇지 아니하면 너와 네 아버지의 집을 불사르리라 너희가 우리의 소유를 빼앗고자 하여 우리를 청한 것이 아니냐 그렇지 아니하냐 하니 삼손의 아내가 그의 앞에서 울며 이르되 당신이 나를 미워할 뿐이요 사랑하지 아니하는도다 우리 민족에게 수수께끼를 말하고 그 뜻을 내게 알려 주지 아니하도다 하는지라 삼손이 그에게 이르되 보라 내가 그것을 나의 부모에게도 알려 주지 아니하였거든 어찌 그대에게 알게 하리요 하였으나 칠 일 동안 그들이 잔치할 때 그의 아내가 그 앞에서 울며 그에게 강요함으로 일곱째 날에는 그가 그의 아내에게 수수께끼를 알려 주매 그의 아내가 그것을 자기 백성들에게 알려 주었더라 일곱째 날 해 지기 전에 성읍 사람들이 삼손에게 이르되 무엇이 꿀보다 달겠으며 무엇이 사자보다 강하겠느냐 한지라 삼손이 그들에게 이르되 너희가 내 암송아지로 밭 갈지 아니하였더라면 내 수수께끼를 능히 풀지 못하였으리라 하니라 여호와의 영이 삼손에게 갑자기 임하시매 삼손이 아스글론에 내려가서 그 곳 사람 삼십 명을 쳐 죽이고 노략하여

수수께끼 푼 자들에게 옷을 주고 심히 노하여 그의 아버지의 집으로 올라갔고 삼손의 아내는 삼손의 친구였던 그의 친구에게 준 바 되었더라

삼손은 딤나에 있는 처가에 머물고 있다.

삼손의 아버지가 여자에게로 내려가매 삼손이 거기서 잔치를 베풀었으니 청년들은 이렇게 행하는 풍속이 있음이더라(10절)

삼손의 아버지 마노아도 아들과 함께 딤나로 내려갔다. 소위 '사디카'(sadiqa)라는 결혼 예식을 치러야 했기 때문이다. 이 결혼 예법은 이스라엘의 결혼법이 아니었다. 당시 고대 근동의 이방 땅에서 행해지는 결혼의 형태였다. 아내는 친정아버지를 집에 머물게 하고 남편은 처가에 함께 기거하거나 혹은 방문하여 7일을 지내게 하는 형태의 결혼식을 말한다. 아마도 아들의 이 결혼식을 마무리 짓기 위해 마노아도 딤나까지 아들과 동행했던 것으로 보인다. 삼손이 처가에 도착하자 같은 민족이 아닌 이스라엘 출신의 웬 남자가 자기들의 영토에 들어와 있다는 것을 알고 딤나 사람들은 예민하게 생각했던 것 같다. 체력적으로 범상치 않은 사람이 자기의 고향으로 결혼하러 온 것을 알고 있던 아내의 친족 무리들은 삼손을 경계하기 위해 30명의 남자를 차출(差出)하여 삼손과 함께 일주일을 보내도록 했다. 아마도 이들은 7일 동안 이곳에 머물면서 적대국 남자를 경계했을 것이다. 동시에 결혼식 들러리로 겸사겸사 상주했다. 하지만 본문의 이야기는 아주 엉뚱한 방향으로 흘러간다.

문화, 언어, 습관, 음식 등 여러 가지로 이질화되어 있는 딤나에서 7일간을 머물러야 하는 삼손에게는 이 시간이 참으로 힘든 과정이었다. 이 무료(無聊)함을 달래기 위해 삼손이 고안해 낸 것은 자기를 감시하고 있는 아내의 친족 30명에게 생뚱맞게 수수께끼를 내는 것이었다. 삼손에게 이 놀이는 시간을 보내고 자신의 무료함을 달래줄 아주 좋은 대안이었다. 문제는 이 수수께끼 게임이 내기 게임이었다는 점이었다. 삼손이 내건 내기 게임의 상품은 12-13절에서 보고된다.

삼손이 그들에게 이르되 이제 내가 너희에게 수수께끼를 내리니 잔치하는 이레 동안에 너희가 그것을 풀어 내게 말하면 내가 베옷 삼십 벌과 겉옷 삼십 벌을 너희에게 주리라 그러나 그것을 능히 내게 말하지 못하면 너희가 내게 베옷 삼십 벌과 겉옷 삼십 벌을 줄지니라 하니 그들이 이르되 네가 수수께끼를 내면 우리가 그것을 들으리라 하매

맞추면 삼손이 블레셋 사람 30명에게 베옷과 겉옷 30벌씩을 주는 것, 못 맞추면 반대로 블레셋 사람 30명이 삼손에게 되물어야 하는 내기였다. 내기 물품으로 건 내용들은 3,100여 년 전에는 결코 가볍게 여겨서는 안 되는 상당한 부담이 있는 물품들이었다. 당시 사람들에게 있어서 의식주에 대한 고찰을 전제한다면, 대다수가 딱 한 개의 의복을 갖고 살았던 때였기에 패배하는 자의 부담은 의외로 치명적일 수 있는 내기였다. 이렇게 내기에 부담이 있었다는 증거를 보자.

여호와의 영이 삼손에게 갑자기 임하시매 삼손이 아스글론에 내려가서 그 곳 사람 삼십 명을 쳐 죽이고 노략하여 수수께끼 푼 자들에게 옷을 주고 심히 노하여

그의 아버지의 집으로 올라갔고(19절)

삼손이 30명에 달하는 딤나 사람들에게 낸 수수께끼의 문제는 이렇다.

먹는 자에게서 먹는 것이 나오고 강한 자에게 단 것이 나왔는데 그것이 무엇인가 (14절)

학자들이 답을 제시하는 근거는 결혼식이라는 본문 정황이다. 결혼식에 먹을 수 있는 음식이 많다. 음식만 넘쳐난 것이 아니라 술도 있다. J. 클린턴 맥켄(J. Clinton McCann)은 사사기 주석에서 이렇게 분석했다.

7일 동안 배설된 잔치에서 많은 사람들은 음식과 술을 넘치도록 먹었을 것이다. 그와 같은 상황에서는 먹는 사람들은 먹는 것을 지나치게 탐닉했을 것이고, 이미 입으로 들어갔던 것들이 도로 입 밖으로 나오게 되는 장면들이 여기저기에서 속출했을 것이다. 건장한 젊은이들은 각종 맛있는 진미들을 배불리 먹었을 것이며 이로 인해 단 것을 토해 내기도 했을 것이다.*

이런 이유로 내놓은 보편적인 답이 바로 '구토'(overeat)다. 하지만 다른 답을 내놓기도 했다.

_____

* J. 클린턴 맥켄, 『현대성서주석 — 사사기』, 181-182.

또 다른 하나는 '성적 풍자'(sexual innuendo)에 속하는 해석이다. '먹는 자'와 '강한 자'라는 표현은 바로 신랑을 가리킨다고 볼 수 있다. 그리고 '먹는 것'과 '단 것'은 신랑의 정액을 의미한다고 볼 수 있다. 비유적인 표현으로 한다면, 신부는 신랑의 정액을 쾌감을 느끼며 먹는다는 것을 의미한다.[*]

수수께끼에 대한 답은 이렇듯 논란의 여지가 있는 것이었다. 대단히 유감스러운 일은 이런 말도 안 되는 수수께끼를 시작한 자가 나실인으로 역할을 해야 할 삼손에 의해 진행되었다는 점이다. 조금만 더 이 어처구니없는 게임의 양상이 어떻게 흘러갔는지 살펴보자.

문제를 받은 블레셋 사람들은 수수께끼의 답을 알아내지 못했다. 문제를 받은 지 3일이 지났는데도 전혀 감을 잡지 못한 것이다. 다급해진 블레셋 사람들은 마지막 방법으로 삼손이 결혼하려는 아내에게 찾아와 그녀를 협박한다. 삼손을 꾀어 답을 알아내라는 협박이었다. 만에 하나 이 일을 감당하지 못하면 너의 집을 불살라 버리겠다고 으름장을 놓았다. 그들이 이렇게 압박한 것은 여자의 가정이 삼손을 이용하여 동족의 재산을 빼앗으려는 시도라고 억지를 부렸기 때문이다. 신변의 위기를 느낀 여자는 삼손에게 답을 알려달라고 간청한다. 게임을 시작한 지 3일 만에 협박을 받은 여자는 4일째 되는 날부터 삼손이 머물던 7일까지 집요하게 삼손에게 답을 알려달라고 종용했다. 아내가 될 여자의 집요한 괴롭힘에 삼손은 항복하고 답을 알려준다. 그 답이 블레셋인들에게 전해짐으로 삼손은 이 게임에서 패배한

---

[*] 송병현, 『엑스포지멘터리주석 — 사사기』, 332.

다. 현실적으로 아내가 될 여자가 배신함으로 패배한 삼손은 자신이 내건 내기의 물품들을 내놓아야 하는 곤란한 처지에 놓이게 되었다. 그러자 그는 약속을 지키기 위해 나실인으로서 도무지 해서는 안 되는 죄를 자행한다. 블레셋의 다른 도시인 아스글론으로 내려가 자신이 경솔하여 저지른 죄의 삯을 얻기 위해 죄 없는 사람 30명을 죽인다. 그렇게 해서 빼앗은 옷을 수수께끼를 푼 자들에게 대가로 준 만행이었다. 내기에 져 화가 진정이 되지 않은 삼손은 결혼의 모든 예식을 다 마치지도 못하고 자기의 고향으로 올라갔고, 그 결과 여자의 아버지는 신혼 첫날도 지내지 않은 딸을 다른 남자에게 주는, 말 그대로 사사시대에나 가능한 랜덤 시대의 막장 드라마가 펼쳐졌다. 정말로 이렇게 어처구니없이 삼손이 경험한 첫 여자에 대한 사사기 기자의 보고 앞에서 독자인 우리들은 어떤 교훈을 받아야 하는가?

※ 하나님의 사명을 망각하는 자는 의미 없는 인생을 산다.

하나님은 구원받은 자들에게 분명한 목적 인생을 살아야 한다고 권하셨다.

형제들아 너희는 함께 나를 본받으라 그리고 너희가 우리를 본받은 것처럼 그와 같이 행하는 자들을 눈여겨보라 내가 여러 번 너희에게 말하였거니와 이제도 눈물을 흘리며 말하노니 여러 사람들이 그리스도의 십자가의 원수로 행하느니라 그들의 마침은 멸망이요 그들의 신은 배요 그 영광은 그들의 부끄러움에 있고 땅의 일을 생각하는 자라 그러나 우리의 시민권은 하늘에 있는지라 거기로부터 구원하는 자 곧 주 예수 그리스도를 기다리노니 그는 만물을 자기에게 복종하게 하실 수 있는 자의 역사로 우리의 낮은 몸을 자기 영광의 몸의 형체와 같이 변하게 하시리라(빌 3:17-21)

바울의 이 선언은 아주 편안한 장소에서 상투적으로 전한 말이 아니다. 로마의 지하 감옥에 구금되어 있었기에 생사가 불투명한 상태에 놓여 있던 때의 바울이 전한 글이다. 상황은 긴장감 백인데 바울은 감옥에 있는 자기를 본받으라고 말했다. 그는 빌립보교회 성도들에게 땅의 일을 생각하지 말아야 한다고 권했다. 우리들의 시민권은 여기에 있지 않고 하늘에 있기 때문이라고 역설했다. 마지막으로 그는 예수 그리스도를 기다린다고 말했다. 바울의 객기일까? 그렇지 않다. 바울이 이토록 치열할 수 있었던 이유는 그는 자신에게 주어진 사명을 한시도 잊은 적이 없었기 때문이다. 그의 사명을 누가는 이렇게 보고한다.

내가 달려갈 길과 주 예수께 받은 사명 곧 하나님의 은혜의 복음을 증언하는 일을 마치려 함에는 나의 생명조차 조금도 귀한 것으로 여기지 아니하노라(행 20:24)

바울은 이 사명을 감당했던 하나님의 사람이었다. 그는 일분일초도 이 사명을 잊은 적이 없었다. 결국 그는 끝까지 이 사명을 완수했다.

반면 삼손은 어떠했나? 그는 하나님이 주신 사명을 철저히 망각했다. 하나님이 주신 사명을 망각하자 그는 무료해졌다. 시간이 많아진 그에게 나실인의 영성을 기대한다는 것은 사치스러운 꿈이었다. 그는 무료한 시간을 보내기 위해 이방 땅에서 이방인들과 전혀 생산성이 없는 수수께끼 내기 게임을 시작했다. 사명을 감당해야 할 자가 종교적인 야바위꾼으로 전락하는 참담함이 그에게 보인다. 삼손은 내가 돈을 걸 테니 너희들도 돈을 걸라고 압박하는 종교적인 직업인이 되었다. 이것도 악하기 짝이 없는 일인데, 결국 내기에서 패하기까지 한다. 이 때문에 사명을 잃어버려 종교적인 야바위꾼으로 추락했고, 애매한 사람의 목숨 30명을 앗아가 버리는 만행을 저질렀다. 사람을 살리라는 나실인으로서 부름을 받게 된 궁극적인 의미인 하나님의 도구는 고사하고 세상 사람보다 못한 살인자가 되어버렸다. 이재철 목사는 이렇게 말했다.

> 하나님에 대한 인간의 경험은 인간이 이 세상에서 체험할 수 있는 경험 중에 가장 강렬한 경험이다. 그 경험의 결과물은 하나님을 만난 믿음의 소유자는 어떤 형태로든 반드시 행함으로 이어진다는 점이다.*

"삶의 결과물이 행함으로 이어지는 선한 영향이 아니라 악한 영향이라면 그가 어찌 사명을 맡은 나실인이라고 할 수 있겠는가!"라는 비평적 성찰에 답할 방법이 없다.

'역사적 예수' 연구에 있어서 세계적인 권위를 가진 신약학자 스캇 맥나이트는 일찍이 이렇게 갈파했다.

> 내가 항상 하는 질문은 사람들이 우리 교회를 좋아하는가가 아니라 우리 교회에서 진정한 영성 형성이 이루어지고 있는가이다.**

---

* 이재철, 『사명자반』 (홍성사, 2013), 52.

그렇다. 적어도 목사도 성도도 누군가에게 하나님의 사람이라는 평가를 받으려면 내가 갖고 있는 진정성이 있는 영성이 무엇인지에 대해 날마다 성찰해야 한다. 내기 거는 삶이 내 삶의 내용이었다고 회자(膾炙)되는 비극적인 이력만은 남기지 않도록 최선의 경주를 달려야 한다. 그런 삶을 살아내는 자가 오늘의 나실인이기에 말이다.

** 스캇 맥나이트/박세혁 역, 『배제의 시대, 포용의 은혜』(아바서원, 2013), 31.

어떤 평가를 받고 있는가?

사사기 14:20-15:8

새길 말씀: 삼손의 아내는 삼손의 친구였던 그의 친구에게 준 바 되었더라 얼마 후 밀 거둘 때에 삼손이 염소 새끼를 가지고 그의 아내에게로 찾아가서 이르되 내가 방에 들어가 내 아내를 보고자 하노라 하니 장인이 들어오지 못하게 하고 이르되 네가 그를 심히 미워하는 줄 알고 그를 네 친구에게 주었노라 그의 동생이 그보다 더 아름답지 아니하냐 청하노니 너는 그를 대신하여 동생을 아내로 맞이하라 하니 삼손이 그들에게 이르되 이번은 내가 블레셋 사람들을 해할지라도 그들에 대하여 내게 허물이 없을 것이니라 하고 삼손이 가서 여우 삼백 마리를 붙들어서 그 꼬리와 꼬리를 매고 홰를 가지고 그 두 꼬리 사이에 한 홰를 달고 홰에 불을 붙이고 그것을 블레셋 사람들의 곡식밭으로 몰아들여서 곡식 단과 아직 베지 아니한 곡식과 포도원과 감람나무들을 사른지라 블레셋 사람들이 이르되 누가 이 일을 행하였느냐 하니 사람들이 대답하되 딤나 사람의 사위 삼손이니 장인이 삼손의 아내를 빼앗아 그의 친구에게 준 까닭이라 하였더라 블레셋 사람들이 올라가서 그 여인과 그의 아버지를 불사르니라 삼손이 그들에게 이르되 너희가 이같이 행하였은즉 내가 너희에게 원수를 갚고야 말리라 하고 블레셋 사람들의 정강이와 넓적다리를 크게 쳐서 죽이고 내려가서 에담 바위틈에 머물렀더라

수수께끼의 답을 알려준 아내에게 배신당해 내기 게임에서 패배한 삼손은 자신이 걸었던 내기 상품을 블레셋 사람들에게 주기 위해 아스글론으로 내려가 거기에 살고 있었던 애매한 사람 30명을 살해하는 만행을 저질렀음을 보았다. 그가 나실인임에도 불구하고 막살았던

결과의 첫 번째 대가는 다른 이에게 피해를 주는 자가 되었다는 점이다. 내기에서 진 삼손은 여자가 몹시 미워졌다. 삼손은 첫날밤도 치르지 않고 여자를 떠나 소라로 돌아갔다. 하지만 삼손의 이런 행위는 또 다른 비극적 사건의 빌미를 제공했다. 삼손의 장인은 사위가 딤나에 오지 않을 것이라고 예상하고 딸을 수수께끼 내기에서 이긴 자 중의 한 명에게 시집을 보냈다. 이것을 전혀 알지 못했던 삼손은 자기의 분을 이기지 못해 고향으로 돌아오고 어느 정도 시간이 지나 그 분노가 사라진 뒤에 화해의 표시로 염소 새끼를 잡아서 다시 딤나로 내려간다. 삼손이 염소 새끼를 가지고 간 것은 이전의 일에 대하여 사과하고 화해하겠다는 의지 표명이다. 삼손은 장인에게 염소 새끼를 내밀며 아내를 보겠다고 요구한다.

> 얼마 후 밀 거둘 때에 삼손이 염소 새끼를 가지고 그의 아내에게로 찾아가서 이르되 내가 방에 들어가 내 아내를 보고자 하노라 하니 장인이 들어오지 못하게 하고(15:1)

유진 피터슨은 『메시지 구약 ― 역사서』에서 이 부분을 의미심장하게 번역했다.

> 얼마 후 밀을 추수할 때에 삼손이 새끼 염소 한 마리를 가지고 가서 자기 신부를 찾아갔다. 그가 말했다. "내 아내를 보아야 하겠소. 아내의 침실을 알려주시오." 그러나 여자의 아버지가 그를 들이려 하지 않았다. *

---

* 유진 피터슨, 『메시지 구약 ― 역사서』, 142.

삼손은 여자를 포기하지 않았다. 더 노골적으로 표현하면 자기 여자에 대한 성적인 탐욕이 다시 일어났다는 것이 솔직한 표현이다. 그랬기에 삼손은 장인에게 아내의 침실로 들어가야 하겠다고 표현한 것이다. 정황을 보면 그는 나실인으로서의 영성이 있는 삶, 구별된 삶, 선한 영적 영향력을 제시하려는 몸부림은 이미 망가진 상태였음을 보여 준다. 오로지 그는 육체적인 정욕이 움직이는 대로 살았고, 생각했고, 지배당했다. 그러기에 다시 딤나로 내려와 여자를 요구한 것이다. 그러나 이미 물은 엎질러졌다. 장인이 자기의 딸을 다른 남자에게로 시집을 보내 버렸기 때문이다. 장인은 예기치 못한 삼손의 방문에 당혹해하며 궁색한 변명을 늘어놓는다. 자네가 내 딸을 너무 미워하여 다시는 찾지 않을 줄로 알고 다른 남자에게로 보냈다는 것이었다. 그러면서 혹시나 모를 불이익이나 신변의 위협을 막기 위해 사위에게 한 가지의 엉뚱한 제안을 한다. 아내의 동생, 즉 처제가 자네 아내보다 더 아름다운 미인이니 그 딸을 취하라는 것이었다. 지극히 세속적인 발상이다. "이가 아니면 잇몸"이라는 표어에 부합하는 지극히 세속적인 이치로 장인이 사위를 달랬다. 그러나 이 이야기를 들은 삼손은 드디어 갖고 있었던 분노를 터트린다. 3절을 유진 피터슨의 『메시지』 번역으로 다시 한번 읽어보자.

삼손이 말했다. "더는 못 참겠소. 이번에는 내가 블레셋을 쳐부수어도 내 잘못이 아니오."*

---

* 위의 책, 같은 페이지.

아내를 빼앗겼다는 사실에 감정적인 분노를 발한 삼손은 이제 행동에 나서겠다고 선전포고한 것이다. 이어지는 삼손의 행태를 보자. 15장 1절을 보면 삼손이 아내를 다시 찾은 시기를 '밀 거둘 때에'라고 적시했다. 밀은 고대 근동에서 제일 많이 재배되는 곡물이다. 딤나와 가까웠던 지역인 게셀 지역에서 발견된 농사 달력에 의하면 밀은 보리 수확이 끝난 후인 5월에 수확했다고 보고한다. 결국 딤나 지역은 밀 추수가 한창이었던 시기라는 추론을 가능케 해 준다. 화가 머리끝까지 치민 삼손은 추수가 한참이던 들로 나갔다. 자칼(승냥이와 여우의 중간) 300마리를 잡고 두 마리씩 꼬리를 붙들어 맸다. 이윽고 그 꼬리에 횃불을 하나씩 달게 한 뒤에 블레셋 지역의 들판을 달리게 한다. 그 결과, 추수 중이었던 블레셋의 과수원과 들녘의 곡식들은 불에 타버리는 재앙을 맞는다. 비옥한 곡창지대의 추수할 곡물들이 불에 초토화된 것이다. 궁금한 것이 있다. 왜 삼손은 자칼을 두 마리씩 짝지어 묶은 뒤에 횃불을 달아 들녘으로 보냈을까? 자칼들이 서로 뜨거운 불로 인해 안간힘을 다해 떨어지려 하고, 이 몸부림의 결과 들녘을 지그재그로 가게 하는 효과를 노려 더 많은 블레셋의 곡창지대를 초토화하는 삼손의 계략이었다고 학자들은 해석한다.[*] 블레셋의 신인 다곤신은 곡식의 신이었다. 그만큼 농경에 대한 일을 블레셋 사람들은 신성시한다. 바로 그렇게 신성시하여 기른 농사의 곡물들이 순식간에 초토화된 것은 딤나 사람들에게는 단순히 경제적인 피해를 당한 정도가 아니라 종교적인 도전이기도 한 것이었다. 경제적으로 심각한 손해를 입혔고 영적으로도 다곤신을 능멸한 것처럼 여겨지는

---

[*] 송병현, 『엑스포지멘터리주석 — 사사기』, 337.

이 엄청난 도전을 블레셋 사람들이 좌시할 리 만무하다. 6절이다.

> 블레셋 사람들이 이르되 누가 이 일을 행하였느냐 하니 사람들이 대답하되 딤나
> 사람의 사위 삼손이나 장인이 삼손의 아내를 빼앗아 그의 친구에게 준 까닭이라
> 하였더라 블레셋 사람들이 올라가서 그 여인과 그의 아버지를 불사르니라

블레셋 사람들은 곧바로 반격에 나섰다. 다곤의 곡창지대를 초토화한 범인이 유대 사람 삼손임을 밝혔다. 삼손이 곡창지대를 훼손하게 된 동기가 삼손의 여자와 장인으로 인한 것임을 알게 된 블레셋 사람들은 삼손 장인의 집으로 올라가 장인과 삼손의 아내를 끌어내어 불살라 죽이는 만행을 저지른다. 세속적인 분노와 갈등이 주는 기막힌 현실을 사사기 기자가 고발한다. 삼손의 여자가 삼손을 배신한 이유는 14장 15-17절에서 보았듯이 수수께끼의 답을 알아내지 못하면 불에 태워 죽임을 당할 것이라는 협박 때문이었다. 그 협박을 피하려고 우여곡절 끝에 삼손에게 얻어낸 답을 블레셋 사람들에게 알려주어서 급한 불을 껐지만, 결국은 불에 태워 죽임을 당한 기막힌 아이러니를 보고한다. 세속적 악은 이렇게 집요하다.

> 악이 매력적인 이유는 악이 깃든 사람이 오직 자신만 믿고, 확고한 자기
> 신뢰가 흘러넘치는 듯 보이기 때문이다.*

강상중 교수의 지론처럼 삼손은 삼손대로, 블레셋 사람들은 블레셋

---

* 강상중/노수경 역,『악의 시대를 건너는 힘』(사계절, 2017), 172.

사람만이 옳다는 자기 확신이 여타 다른 이들에게 고통을 안겨 주었다.

하지만 악의 먹잇감이 된 비극은 여기에서 끝나지 않고 또 다른 악을 불러온다. 여자와 그의 아버지가 불에 태워 죽임을 당했다는 소식을 들었던 삼손은 드디어 블레셋에게 선전포고한다.

> 삼손이 그들에게 이르되 너희가 이같이 행하였은즉 내가 너희에게 원수를 갚고 야 말리라 하고 블레셋 사람들의 정강이와 넓적다리를 크게 쳐서 죽이고 내려가서 에담 바위틈에 머물렀더라(7-8절)

사사기 기자는 이렇게 표현했다. 삼손은 고향인 소라로 내려가지 않았다. 블레셋의 곡창지대를 초토화시켰고, 에담 근처에 머물면서 그곳에서 블레셋 사람들과 일전을 치렀다. 8절에 기록된 히브리어 표현 중에 관용어처럼 사용되는 단어를 볼 수 있다.

정강이와 넓적다리를 크게 쳐서 죽이고

이 문구는 항상 구어체에서 '도륙하다'라는 단어로 해석된다. 다시 말해 몇몇 사람들을 죽이는 의미가 아니라 대량 살상을 할 때 쓰는 언어법이다. 그렇다면 8절은 삼손이 여자와 장인을 죽인 블레셋 사람들의 상당수를 도륙했다는 증언이기도 한 셈이다. 삼손의 괴력이 얼마나 대단했는지를 보여 주는 15-16절의 보고에 따르면 1:1,000을 감당할 정도의 위력이었다고 평가한다.

정리해 보자. 하나님이 삼손을 사사로 부르신 이유는 그를 통하여 이스라엘을 지배하던 블레셋의 40년 압제를 끝내기 위함이었다. 하지만 삼손은 이런 하나님의 뜻에 전혀 부합한 삶을 살지 않았다. 나실인으로서 지켜야 하는 가장 기본적인 법도 무시했고, 독주를 가까이했다. 여자를 탐했고, 죽은 사체를 경솔하게 대했다. 심지어 하나님의 율법까지도 무시했다. 출애굽기 22장 6절이다.

불이 나서 가시나무에 댕겨 낟가리나 거두지 못한 곡식이나 밭을 태우면 불 놓은 자가 반드시 배상할지니라

추수할 논에서 일부러 불을 지르는 행위를 한 자는 배상하라는 율례다. 이는 추수할 논에 결코 불을 질러서는 안 된다는 하나님의 명령이다. 삼손은 비록 이방의 땅이었지만 지극히 개인적인 분노를 절제하지 못하고 남의 땅에 불을 지르는 죄악을 서슴지 않고 자행했다. 하나님이 제정하신 율법을 지키겠다는 의지는 그에게는 안중에도 없었다. 하나님이 뽑으셔서 세우신 나실인이자 사사였던 삼손, 그는 하나님의 뜻에 상관없이 막살았던 자다. 본문이 주는 교훈의 반면교사를 살펴보자.

※ 그리스도인이라면 평가가 아름다워야 한다.

故 박완서 선생의 일화를 소개한다. 신실한 가톨릭 신자였던 선생이 당시 먼저 하나님의 부름을 받은 김수환 추기경의 선종에 부치는 추모사와 같은 아주 짧은 글을 그녀의 글에 소개하고 있다.

"추기경님이 가시고 나서 죽음이 훨씬 덜 무서워졌으니까요."[*]

더 이상 어떤 글로 김수환 추기경에게 존경하는 표현을 할 수 있겠는가. 박완서 선생의 추모사를 받은 추기경이 참 부러웠다. 적어도 인생의 말년에 그 누군가에게 이런 추모사를 들을 수 있는 삶을 살았다면 막산 인생이 아니라 하나님께 잘 산 인생이 되지 않을까 싶다. 제2차 세계대전 때에 아우슈비츠 수용소에서 극적으로 살아남은 빅터 프랭클 박사는 『죽음의 수용소에서』에서 니체의 어록을 하나 인용한다.

"왜 살아야 하는지를 아는 사람은 그 어떤 상황도 견딜 수 있다."*

오늘의 시대에 왜 살아야 하는지에 대하여 날마다 고민하며 질문하며 살자. 만에 하나, 내가 그리스도인으로 왜 살아야 하는지를 알고 살아간다면 분명히 한 가지 면에서는 실수하지 않을 것을 믿기 때문이다. 결코 막살지 않는다는 점이다. 모름지기 그리스도인이라면 평가가 아름다워야 한다. 그게 그리스도인이다.

---

* 박완서, 『세상에 예쁜 것들』(마음산책, 2014), 221.
* 빅터 프랭클/이시형 역, 『죽음의 수용소에서』(2012), 137.

매너리즘은 재앙이다

사사기 15:9-13

새길 말씀: 이에 블레셋 사람들이 올라와 유다에 진을 치고 레히에 가득한지라 유다 사람들이 이르되 너희가 어찌하여 올라와서 우리를 치느냐 그들이 대답하되 우리가 올라온 것은 삼손을 결박하여 그가 우리에게 행한 대로 그에게 행하려 함이로라 하는지라 유다 사람 삼천 명이 에담 바위 틈에 내려가서 삼손에게 이르되 너는 블레셋 사람이 우리를 다스리는 줄을 알지 못하느냐 네가 어찌하여 우리에게 이같이 행하였느냐 하니 삼손이 그들에게 이르되 그들이 내게 행한 대로 나도 그들에게 행하였노라 하니라 그들이 삼손에게 이르되 우리가 너를 결박하여 블레셋 사람의 손에 넘겨주려고 내려왔노라 하니 삼손이 그들에게 이르되 너희가 나를 치지 아니하겠다고 내게 맹세하라 하매 그들이 삼손에게 말하여 이르되 아니라 우리가 다만 너를 단단히 결박하여 그들의 손에 넘겨줄 뿐이요 우리가 결단코 너를 죽이지 아니하리라 하고 새 밧줄 둘로 결박하고 바위틈에서 그를 끌어내니라

삼손은 딤나 지역의 곡창지대를 여우의 꼬리에 붙은 횃불로 초토화시켰다. 거기에서 그치지 않고 딤나의 장인과 아내를 죽인 장본인들에게 원수를 갚고 상당한 숫자의 딤나 사람들을 도륙했다. 졸지에 엄청난 피해를 당한 블레셋 사람들은 가해자가 삼손이라는 사실을 알았지만, 엄청난 괴력을 가진 삼손이었기에 감히 그에게 나아가지 못하고 대신 당시 점령하여 적지 않은 피해를 주고 있었던 유다 지파 지역인 레히를 짓밟는 만행을 저지른다. 물리력으로 유다를 압박한 블레셋

사람들의 숫자가 얼마인지 본문이 제시하고 있지 않아 정확하게 설명할 수는 없지만, 유다 지파를 유린할 정도의 병력인 것만큼은 분명해 보인다. 그러지 않아도 오랜 기간 블레셋의 압제로 인해 적지 않은 고통을 당하고 있었던 유다 지파는 갑작스러운 블레셋의 공격을 속수무책으로 당할 수밖에 없었다. 유다는 블레셋에게 자기들에게 올라와서 괴롭히는 이유를 물었다. 그러자 블레셋이 그 이유를 유다에게 고지(告知)해 주면서 내건 요구 조건을 10절 하반절이 알려준다.

> 그들이 대답하되 우리가 올라온 것은 삼손을 결박하여 그가 우리에게 행한 대로 그에게 행하려 함이로라 하는지라

블레셋 사람들이 유다 지파 사람들에게 말한 내용과 요구는 대략 이런 것이었다. "우리는 삼손에 의해서 심각한 피해를 당했다. 삼손을 위해 자신을 배신한 장인과 그의 여자를 척결 심판해 주었는데 돌아온 것은 우리 땅의 곡창지대를 유린한 것이었고, 죄 없는 동족인 딤나 사람을 도륙한 것이었다. 그러므로 유다의 땅에 숨어 있는 삼손을 체포해서 우리에게 넘겨주면, 우리가 그에게 원수를 갚고 너희들에게는 피해가 가지 않게 해 주겠다."

결국 협박이자 타협안이었다. 블레셋에게 이런 요구 조건을 들었던 유다 사람들은 곧바로 블레셋의 요구를 들어주기 위해 어처구니없는 행동을 했다. 삼손 체포조 3,000명이 결성되어 에담 바위 근처에 은신해 있는 삼손을 찾아갔다. 그들은 삼손에게 어찌하여 우리 유다를 이렇게 곤란하게 만들었는가를 질문하며 항의한다. 쉬운 말로 표현하

면 "너 한 사람 때문에 우리 유다가 멸문지화를 당하게 되었다"고 압박을 가한 것이다. 그러자 삼손이 변증하기를 "나는 나의 아내를 죽인 내 원수를 갚기 위해 그렇게 한 것이지, 유다에게 피해를 주기 위해서 그렇게 한 것이 아니다"라고 답을 하지만 소용이 없었다. 이미 듣지 않기로 작정한 유다 지파 사람들은 삼손에게 순순히 오라를 받으라고 요구한다. 우리들이 너를 블레셋에게 넘겨주어야 우리 유다가 핍박에서 벗어날 터이니 순순히 복종할 것을 종용한 것이다. 삼손은 이미 루비콘강을 건너서 아무리 설득해도 들을 수 있는 귀를 상실한 동족 유다 지파 사람들과의 동족상잔의 비극을 피하기 위해서 한 가지를 전제하여 유다 지파의 말에 따르겠다고 12절 하반절에서 제의한다.

삼손이 그들에게 이르되 너희가 나를 치지 아니하겠다고 내게 맹세하라 하매

삼손이 동족에게 요구한 것은 나를 죽이지 않겠다고 약속하라는 것이었다. 그러면 내가 너희들의 요구 조건에 응하겠다는 말이었다. 삼손의 이 제안을 받은 유다 지파 사람들이 흔쾌히 동의하고 삼손을 밧줄로 묶어 에담에서 체포하여 블레셋 사람들에게 그를 넘겨주는 것으로 본문은 마무리된다. 하지만 이처럼 이해하기가 아주 쉬운 오늘의 메시지를 파헤치면서 느낀 소회가 왠지 찜찜하다. 11절을 나누어 보자.

유다 사람 삼천 명이 에담 바위틈에 내려가서 삼손에게 이르되 너는 블레셋 사람이 우리를 다스리는 줄을 알지 못하느냐 네가 어찌하여 우리에게 이같이 행하였느

냐 하니 삼손이 그들에게 이르되 그들이 내게 행한 대로 나도 그들에게 행하였노
라 하니라

자세히 들여다보면 도무지 이해 불가의 대목이다. 이유야 어떻든 삼손은 유다를 40년이라는 세월 동안 지배하며 고통을 주고 있는 블레셋의 곡창지대를 초토화시키고 온 사람이다. 유다 지파 사람들이 찾아간 삼손은 원수 같은 존재요 가시 같은 대상인 블레셋을 상대로 적들을 도륙하고 피신해 온 사사였다. 그런데도 그런 삼손을 유다 사람들이 3,000명이나 찾아가서 그에게 이렇게 협박한 거다.

너는 블레셋 사람이 우리를 다스리는 줄을 알지 못하느냐(11절)

사사기 1장에서 언급했던 교훈을 다시 한번 반추해 보자. 하나님께서 여호수아에게 가나안에 입성하여 각 지파에게 땅을 기업으로 분배하도록 명령하셨다. 여호수아는 하나님의 명령대로 땅 분배에 부분적으로 성공한다. 문제는 여호수아가 죽은 뒤였다. 여호수아가 죽은 뒤에 이스라엘은 지도자가 부재하였다. 그 결과로 가나안 지역에서 아직 완성되지 못했던 땅을 분배하는 것은 사사시대로까지 이어질 수밖에 없었다. 아직 가나안의 거주민들이 완전히 척결된 상태가 아니었기에 미완성된 지역을 점령하는 것은 이스라엘 신앙 공동체에게는 결코 쉽지 않은 숙제요 난제였다. 그들과 싸워야 했기 때문이다. 모세는 죽은 지 이미 오래되었고, 그의 뒤를 이은 여호수아도 이제는 없다. 그럼에도 불구하고 이스라엘 신앙 공동체는 가나안에서 해야 할 일이 태산이었다. 이스라엘 신앙 공동체는 답답한 나머지 하나님께

묻는다.

여호수아가 죽은 후에 이스라엘 자손이 여호와께 여쭈어 이르되 우리 가운데 누가 먼저 올라가서 가나안 족속과 싸우리이까(삿 1:1)

이 절체절명의 물음에 하나님은 내가 가나안을 너희들에게 넘겨줄 테니 유다 지파가 먼저 올라가라고 답하셨다. 학자들 간의 논쟁의 여지는 있지만 통상적으로 사사시대는 여호수아가 죽은 시기인 1170년 이후부터 시작된다고 했다. 동시에 여호수아가 죽은 이후 이스라엘 신앙 공동체가 가나안에 정착해서 사울을 통해 왕정 정치가 시작된 이스라엘의 왕국 시대 전까지를 사사시대라고 정의했다. 이런 역사를 토대로 접근하면, 사울이 왕으로 등극한 시기를 주전 1050년으로 볼 때 사사시대는 대체로 주전 1170~1050년 사이이기에 약 120년이라는 결론에 도달한다. 사사시대의 초기인 주전 1170년경에 영적 주도권을 잡은 지파는 분명히 유다 지파였다. 하나님은 아직도 미완성 상태인 가나안 정복의 역사 가운데 유다 지파와 함께 할 것임을 천명하셨다. 그렇다면 후기 사사로 보는 삼손의 시기가 초기 시대에 비추어 약 100년 정도의 시간이 흘렀다고 가정했을 때, 유다 지파가 불과 1세기 만에 처절하리만큼 변질되었음을 사사기 15장이 고발한 셈이다. 사사시대의 시작은 유다 지파가 선두에 선 것을 알려준다. 하지만 사사시대의 막바지에 유다는 블레셋이 우리를 통치하는 것이 너무나 당연하다고 도리어 삼손에게 역정을 내는 기가 막힌 영적 패배의 몰골을 보여 준다. 사사기 1장 18절을 눈여겨보자.

유다가 또 가사 및 그 지역과 아스글론 및 그 지역과 에그론 및 그 지역을 점령하였고

하나님의 응원을 받으며 가나안으로 올라간 유다는 가사, 아스글론, 에그론 지역을 점령했다. 이 지역은 블레셋의 대표적인 도시들이다. 불과 100년 전에 하나님의 능력으로 점령하여 하나님의 위엄과 존귀하심을 선포하던 유다가 100년이라는 기간 안에 이렇게 추락했다.

너는 블레셋 사람이 우리를 다스리는 줄을 알지 못하느냐

어떻게 이 지경이 되었나? 어떻게 이 정도로 망가졌을까?

※ 매너리즘 때문이다.

아이든 토저는 이것을 '습관적 신앙'이라고 했고, 카일 아이들면은 이것을 '팬 같은 신앙'이라고 했다. 매트 챈들러는 이것을 '머리에만 머물러 있는 신앙'이라고 했고, 프랜시스 챈은 이것을 '형식적인 신앙'이라고 했다. 데이빗 플랫은 이것을 '머리 굴리는 신앙'이라고 했고, 튤리안 차비진은 이것을 '자기중심적인 신앙'이라고 했다. 스티븐 퍼틱은 이것을 '대충 대충의 믿음'이라고 했고, 팀 켈러는 이것을 '복음 상실의 믿음'이라고 정의했다.

이스라엘 신앙 공동체가 호렙산에서 거주하고 있을 때였다. 모세가 시내 산에 올라가 율법을 하나님으로부터 부여받고 내려오기까지 40일 동안 이스라엘 신앙 공동체는 고라와 나단과 아비람 무리에 의해 반역에 동참했다. 하지만 모세가 하산하여 반역의 무리를 일거에 제거하자 그들은 다시 하나님의 백성으로 회귀한다. 심각한 내홍을 겪었음에도 불구하고 이스라엘 광야 공동체가 호렙에 머문 기간이 너무 오래 되자, 하나님께서는 매너리즘에 빠져 영적 침체의 기운을 보이던 이스라엘 백성들을 향하여 그 장막을 떠나 이동할 것을 명령한다.

> 우리 하나님 여호와께서 호렙 산에서 우리에게 말씀하여 이르시기를 너희가 이 산에 거주한 지 오래니 방향을 돌려 행진하여 아모리 족속의 산지로 가고 그 근방 곳곳으로 가고 아라바와 산지와 평지와 네겝과 해변과 가나안 족속의 땅과 레바논과 큰 강 유브라데까지 가라 내가 너희의 조상 아브라함과 이삭과 야곱에게 맹세하여 그들과 그들의 후손에게 주리라 한 땅이 너희 앞에 있으니 들어가서 그 땅을 차지할지니라(신 1:6-8)

하나님은 습관적으로 한곳에 머물러 있었기에 광야 여정의 목적이 흐릿해지고 있는 이스라엘에게 분명히 선포했다.

이제는 이 산에서 거주한 지가 너무 오래되었다. 그러므로 방향을 돌려라. 그리고 내가 너희들의 조상들에게 맹세하여 주리라고 한 땅으로 행진하여 가라

행진하여 가면 반드시 그 땅을 차지하게 될 것을 분명히 하셨다. 주목해야 하는 것은 하나님이 이스라엘 신앙 공동체가 머물 장소에서 성막을 만들 때 반드시 명령하신 내용이다. 출애굽기 27장 19절을 읽자.

성막에서 쓰는 모든 기구와 그 말뚝과 뜰의 포장 말뚝을 다 놋으로 할지니라

항상 막의 기초를 말뚝으로 고정하라고 하셨다는 점이다. 왜 말뚝이었을까? 이동성 때문이다. 이스라엘 신앙 공동체의 40년 광야 생활은 영원히 머무는 고정성의 삶이 아니라 언제든지 하나님의 불기둥과 구름기둥이 움직이면 움직이는 이동성의 삶이었다는 점을 알려준다. 신앙은 머묾이 아니라 움직임이며 역동성이다. 머물면 썩는다. 고착되면 악취가 난다. 익숙해지면 병이 든다. 영적 매너리즘은 성도에게 있어서 치명적인 재앙이다. 그래서 성도의 삶은 항상 움직임이 있어야 한다. 몸부림이 있어야 한다. 그래서 그런지 아이든 토저의 사자후가 공명한다.

오늘날 예수 그리스도의 교회에 반역을 몰고 온 원수는 판에 박힌 생활의 일상이다.*

그는 또한 이렇게 갈파했다.

오늘날 세계에서 가장 뛰어난 순응주의자들은 묘지에 묻혀 자는 자들이다. 그들은 아무도 성가시게 하지 않는다. 그들은 가만히 누워 있을 뿐이다. 공동묘지에서는 모든 일이 판에 박힌 일상을 따라간다. 묘지에 묻혀 있는 사람에게 무엇을 기대하는 사람은 존재하지 않는다. 그러나 교회는 공동묘지가 아니다. 하나님의 사람들은 계속 성장해야 한다. 이런

---

* 아이든 토저/이태복 역,『습관적 신앙에서 벗어나라』(생명의 말씀사, 2009), 13-14.

의미에서 바로 우리에게 처한 상황에 있어서 가장 치명적인 적은 내가 처한 상황에 만족하는 태도이다.*

긴장하고 주목해야 하는 것은 편안함에 익숙한 것이 저주라는 명제를 잊지 않는 것이다. 그것이 재앙이라는 사실을 날마다 복기하는 것이다. 무감각한 습관화는 사탄의 치명적인 공격이라는 사실을 잊지 말아야 한다. 그래서 C. S. 루이스도 이렇게 말했다.

"종교는 지나치지 않아야 좋은 것이라고 믿게 하면 그렇게 믿는 자의 영혼은 마음을 푹 놓아도 좋아. 중용을 지키는 종교란 우리에게 무교나 마찬가지니까. 무교보다 훨씬 더 즐겁지."**

루이스는 이런 맥락에서 아주 날카롭게 현대 크리스천들의 나태함을 연이어 공격했다.

"적극적인 습관은 반복할수록 강화되지만, 수동적인 습관은 반복할수록 약화가 되는 법이다."***

새겨야 할 촌철살인이다.

---

* 위의 책, 15.
** C. S. 루이스/김선형 역, 『스크루테이프의 편지』(홍성사, 2005), 60.
*** 위의 책, 81.

포기하지 않았던 이유

사사기 15:14-17

새길 말씀: 삼손이 레히에 이르매 블레셋 사람들이 그에게로 마주 나가며 소리 지를 때 여호와의 영이 삼손에게 갑자기 임하시매 그의 팔 위의 밧줄이 불탄 삼과 같이 그의 결박되었던 손에서 떨어진지라 삼손이 나귀의 새 턱뼈를 보고 손을 내밀어 집어 들고 그것으로 천 명을 죽이고 이르되 나귀의 턱뼈로 한 더미, 두 더미를 쌓았음이여 나귀의 턱뼈로 내가 천 명을 죽였도다 하니라 그가 말을 마치고 턱뼈를 자기 손에서 내던지고 그곳을 라맛 레히라 이름하였더라

블레셋 들녘에 불을 질러 곡식들을 초토화한 삼손은 유다 지파 지역에 속해 있는 에담으로 피신해 숨어 지냈다. 이것을 안 블레셋 사람들이 에담으로 가서 삼손을 순순히 넘기지 않으면 일전을 불사하겠다는 협박을 하며 협상에 나선다. 이 압박에 엄청난 부담을 느낀 유다 사람 3,000명은 삼손에게 가서 우리에게 체포되어 블레셋 포로로 가자는 압박을 가한다. 모양새가 대단히 수치스러운 상황이 되었다. 삼손은 나실인으로 부름을 받아 블레셋의 손에서 이스라엘을 구원하라는 명령을 받았다. 하지만 삼손은 그 사명에 대해 전혀 무관심해서 엉망진창으로 살았다. 하지만 아무리 그가 미워도 삼손을 내놓으라고 압박을 가하는 그룹이 블레셋인들이 아니라 같은 동족인 유다 지파 사람들이라는 점은 못내 아쉽고 유감스럽다. 삼손은 3,000명이나 떼를 지어 몰려온 유다 사람들의 협박에도 불구하고 그의 능력으로 충분히 물리칠 수 있었음에도 힘으로 대항하지 않고 순순히 응한다. 단 전제 조건이 있었다.

> 삼손이 그들에게 이르되 너희가 나를 치지 아니하겠다고 내게 맹세하라 하매 (15:2f)

한병수는 이 구절을 이렇게 해석했다.

유다가 비록 내부 총질 사태를 맞았지만, 삼손은 자기 동포를 공격하지 못하고 오히려 보호해야 하는 사사였다. 사사라는 신분에 대한 일말(一 抹)의 의식이 삼손에게 조금은 남아 있어서 동족끼리 피를 튀기는 내전 은 면한다.*

이렇게 반응한 삼손에게 유다 사람들이 마지못해 약속한 13절 약속은 머쓱하다.

> 그들이 삼손에게 말하여 이르되 아니라 우리가 다만 너를 단단히 결박하여 그들의 손에 넘겨줄 뿐이요 우리가 결단코 너를 죽이지 아니하리라 하고 새 밧줄 둘로 결박하고 바위틈에서 그를 끌어내니라

유다 사람들은 새 밧줄 둘로 삼손을 결박했다고 했다. 새 밧줄은 삼손을 묶을 수 있는 물리적 도구가 될 수 없다. 삼손이 풀지 못할

---

* 한병수, 『사사기에 반하다』(도서출판 다함, 2022), 561.

그 어떤 밧줄은 존재하지 않기 때문이다. 그럼에도 삼손이 새 밧줄에 묶이는 것을 순순히 받아들인 것은 사사기 저자가 앞으로 레히에서 일어날 일에 대한 수사학적인 메타포를 독자들에게 주기 위함이었다. 이렇게 포박된 삼손은 유다 사람들에 의해 블레셋 사람들에게 넘겨진다. 하지만 삼손의 위력은 그때부터 시작된다. 삼손이 자기들의 진중에 들어온 것을 본 블레셋 공동체는 기뻐하며 환호한다. 원수를 갚을 수 있겠다는 기쁨이 임했다고 믿었기 때문이다. 그러나 상황은 바로 거기까지였다. 14절은 보고한다.

> 삼손이 레히에 이르매 블레셋 사람들이 그에게로 마주 나가며 소리 지를 때 여호와의 영이 삼손에게 갑자기 임하시매 그의 팔 위의 밧줄이 불탄 삼과 같이 그의 결박되었던 손에서 떨어진지라

묶여 있기에 마음대로 요리할 수 있을 것이라는 생각으로 삼손에게 위해(危害)를 가할 목적으로 그에게 접근하는 순간, 갑자기 하나님의 영이 삼손에게 임했다. 하나님의 영이 그에게 임하자, 삼손을 결박한 단단한 새 밧줄이 불에 탄 삼오라기(삼으로 만든 끈 등에서 작게 튀어나온 실)처럼 힘없이 떨어져 나갔음을 사사기 기자는 보고한다. 그를 결박한 밧줄은 그에게 무용지물과 같이 별 볼일이 없는 무력한 도구였다. 삼손은 밧줄이 풀리자마자 그의 주변에 있었던 나귀의 새 턱뼈를 집어 들었고 그것을 무기 삼아 순식간에 블레셋 진영을 다시 궤멸시켰다. 삼손의 전과(戰果)를 15절이 보고한다.

> 삼손이 나귀의 새 턱뼈를 보고 손을 내밀어 집어 들고 그것으로 천 명을 죽이고

삼손은 나귀의 새 턱뼈로 1,000명 이상을 처치할 정도의 위력을 발휘했다. 해석이 필요한 대목이다. 삼손의 무기는 나귀의 새 턱뼈였다. 새 턱뼈라는 단어는 그 턱뼈의 소유자였던 나귀가 죽은 지 얼마 되지 않았음을 시사한다. 뼈는 이미 죽은 지 오래된 시체에서 거둬들인 뼈이어야 단단하고 날카롭다. 그러나 삼손이 집어 든 나귀의 턱뼈는 새것이었다. 물렁물렁하다는 말이다. 무기로 사용하기에는 합당하지 않은 도구다. 그럼에도 그 도구를 통해 블레셋 사람들을 궤멸시켰다고 본문에 적시된 이유는 영적 상징이 포함된 해석을 사사기 기자가 피력하고 싶었기 때문이다. 당연히 나귀의 새 턱뼈로 블레셋 사람 1,000명 이상을 죽인 놀라운 일은 삼손의 개인적인 능력에서 나온 것이 아님을 시사하기 위함이다. 하나님의 영이 그에게 임하였기에 가능한 일이었음을 강력하게 역설하는 사사기 기자의 기법이다. 사사기 기자는 하나님이 삼손의 일에 직접적으로 개입하고 있음을 분명히 한 것이다. 삼손이 가지고 있었던 힘의 원천은 하나님이시다. 삼손은 이렇게 자기에게 임한 위기를 하나님이 주신 능력으로 극복했다. 하나님이 이렇게 개입하셨건만 삼손은 레히의 승리에서도 적지 않은 실망을 16-17절의 보고에서 독자들에게 안겨준다.

> 이르되 나귀의 턱뼈로 한 더미, 두 더미를 쌓았음이여 나귀의 턱뼈로 내가 천
> 명을 죽였도다 하니라 그가 말을 마치고 턱뼈를 자기 손에서 내던지고 그곳을
> 라맛 레히라 이름하였더라

그랬다. 삼손이 거둔 승리는 대단한 승리였다. 부인할 수 없는 승리였다. 그러나 대단히 유감스러운 것은 블레셋인들과의 일전에서

승리한 장소의 이름을 '레히'(턱뼈)라는 지명에서 '라맛레히'(턱뼈의 언덕)라고 바꿨다는 점이다. '라맛 레히'(רָמַת לֶחִי)라고 지명의 이름을 바꾼 상징의 의도는 하나님의 영과는 상관없이 내 힘으로 죽였다는 것을 부각하기 위함이었다. '라맛'(רָמַת), 즉 '언덕'을 쌓은 주체가 바로 삼손 본인임을 자랑하고 싶어서였다. 삼손이라는 사람, 하나님의 관점으로 보면 구제 불능이다. 시쳇말로 포기하고 싶은 인간이다. 바로 이 대목에서 고민할 숙제가 생긴다. 하나님은 이렇게 지속하여 당신을 실망시키고 있는 삼손을 왜 징계하지 않고 사용하시고 있는가의 제문제(諸問題)에 대한 답을 내놔야 한다는 점이다. 삼손이 하나님을 실망시켰던 것은 15장만의 문제가 아니었다. 이미 14장에서도 치명적인 결함을 갖고 있었던 삼손을 필자는 추적했다. 그럼에도 하나님은 삼손을 왜 사용하셨을까?

※ 하나님은 결코 택한 사람을 포기하지 않으시기 때문이다.

하나님은 삼손을 나실인으로 부르셨다. 한나가 자식을 주시면 그 아이를 하나님께 드리겠다고 한 경우와는 아주 상반되는 경우였다. 삼손의 아버지 마노아나 그의 아내가 아들을 주면 나실인으로 드리겠다고 서원한 것이 아니었다. 하나님께서 임신하지 못하는 마노아의 아내를 직접 택하셔서 그녀에게 아들을 줄 것이라고 했다. 그 아들을 나실인으로 정했으니 그렇게 키우라고 명령하셨다. 그러니 삼손 탄생의 모든 프로젝트를 계획하신 분이 하나님이셨다. 삼손은 하나님의 작품이었다. 그러므로 하나님은 삼손이 하는 일이 마땅치 않으셨지만 그를 책임지셔야 했다. 14-16장에 기록된 기사 전체의 중요한 맥은 하나님께서 삼손을 당신의 도구로 만들어 가시며 투쟁하시는 하나님의 일하심이다. 하나님은 삼손을 포기하지 않으셨다. 하나님이 삼손을 포기하지 않으셨다는 이 놀라운 감동의 외연을 확장하면 또 다른 감동이 나에게 밀려온다. 하나님이 삼손을 포기하지 않으셨다는 해석은 단순히 삼손에게만 관계된 삼인칭의 이야기가 아니라는 점에서 그렇다. 삼손이 곧 '나'라는 일인칭의 이야기로 적용할 수 있기 때문이다.

히틀러를 도와 600만 명의 유대인들을 학살한 주범인 아돌프 아이히만은 2차 세계대전 이후 남미로 도피했다가 1960년에 체포되었고 재판을 받기 위해 이스라엘로 끌려왔다. 그는 재판에서 사형이 언도되었다. 세계가 주목하는 재판이 진행되었고 재판에서 가장 중요했던 과제는 그가 학살의 주범(主犯)이라는 것을 증언할 증인을 찾는 것이었다. 그가 죽음의 수용소에서 행했던 인간 이하의 추악한 범죄를 증언할 사람이 필요했는데, 수소문 끝에 '예히엘 데누르'라는 남자가 증인으로 채택되었다. 그가 법정에 출두한 날, 돌발 상황이 벌어졌다. 유리 부스 안에 구금된 아이히만을 보는 순간 데누르가 바닥에 쓰러져 통곡하며 울기 시작하는 바람에 순간 재판이 정상적으로 진행될 수 없었기 때문이다. 아수라장이 된 법정에서 판사가 재판봉을 두드리며 정숙하라고 소리를 쳤다. 재판이 끝난 뒤 CBS 다큐멘터리 프로그램 60분에서 당시 주인공이었던 데누르를 인터뷰했다. "당시 왜 그렇게 당황스러운 일을 했나? 수용소에서의 아픔이 생각나 그렇게 했는가?" 묻는 기자에게 데누르는 충격적인 소회를 밝혔다.

"아니다. 그날 내가 그럴 수밖에 없었던 이유는 유리 부스 안에 들어 있는 자가 악마가 아니라 사람이었기 때문이다. 나 자신이 두려웠다.

그가 사람이었다는 것을 보면서 나도 똑같은 짓을 저지를 수 있다는 사실을 깨달았기 때문이다."[*]

삼손보다 신앙적으로 우월하다고 생각하시는 이가 있는가? 적어도 하나님이 말씀을 통해 선포하신 율법을 정면으로 거부하거나 짐짓 범죄를 저지르지는 않았다고 항변하는 이가 있는가? 지난 세월 동안 하나님이 받으실 영광을 중간에 가로채지는 않았다고 자위하는 이가 있는가? 만에 하나 그렇다면 당신은 하나님 앞에서 가장 위험한 존재다. 양심이 마비되었을 가능성이 있기에 말이다. 지금 필자나 그대가 여기에 있을 수 있는 것은 우리가 다른 사람들보다 완벽해서가 아니라, 인내하시면서 나를 포기하지 않으시는 하나님의 길이 참으심이 있기 때문이다. 하나님의 포기하지 않으시는 사랑이 있기 때문이다. 하나님께서는 아들이신 예수 그리스도를 죽이셨다. 바꾸어 말하면 아들을 포기하셨다는 말이다. 유일한 독생자 아들을 포기하신 이유는 그대와 나를 사랑하고 포기하지 않았기 때문이다. 그러기에 자랑할 것이 전혀 없다. 다만 자랑할 것이 있다면 그대와 나를 포기하지 않으시는 아버지 하나님의 사랑을 자랑해야 하지 않겠는가!

> 그러나 내게는 우리 주 예수 그리스도의 십자가 외에 결코 자랑할 것이 없으니 그리스도로 말미암아 세상이 나를 대하여 십자가에 못 박히고 내가 또한 세상을 대하여 그러하니라(갈 6:14)

---

[*] 팀 켈러/전성호 역, 『예수를 만나다』(베가북스, 2014), 110-111.

적어도 바울의 이 고백을 가슴에 새겼다면 삼손처럼 하나님이 받으실 영광을 빼앗는 자는 되지 말아야 한다. 인간은 짐승이 아니라 하나님의 피조물이기에 말이다.

내 삶의 주어가 바뀌지 말아야 한다

사사기 15:18-20

새길 말씀: 삼손이 심히 목이 말라 여호와께 부르짖어 이르되 주께서 종의 손을 통하여 이 큰 구원을 베푸셨사오나 내가 이제 목말라 죽어서 할례받지 못한 자들의 손에 떨어지겠나이다 하니 하나님이 레히에서 한 우묵한 곳을 터뜨리시니 거기서 물이 솟아나오는지라 삼손이 그것을 마시고 정신이 회복되어 소생하니 그러므로 그 샘 이름을 엔학고레라 불렀으며 그 샘이 오늘까지 레히에 있더라 블레셋 사람의 때에 삼손이 이스라엘의 사사로 이십 년 동안 지냈더라

세상에 기대어 살고 있는 사람들이 가장 모르는 것이 있다. 바로 자신이다. 내가 얼마나 이기적인 사람인지, 얼마나 욕심으로 똘똘 뭉쳐진 사람인지, 얼마나 무지한 사람인지, 얼마나 다른 사람들에게 상처를 주고 입힌 사람인지에 대하여 전혀 알지 못한다. 그런데도 역설적으로 내가 얼마나 다른 사람에게 잘해 주는 이타적인 사람인지, 얼마나 헌신하며 섬기는 삶을 살고 있는 사람인지, 얼마나 똑똑한 사람인지는 또렷하게 기억해 내며 살아가고 있으니 유구무언이다. 영성가 토머스 머튼이 이렇게 말한 적이 있다.

> 이 세상에서 오직 하나 참된 기쁨은 진정한 자신을 발견하는 것이고
> '자기'라는 감옥에서 빠져나오는 것이다.*

머튼의 이 말을 역으로 재해석한다면 인간에게 있어서 가장 큰 슬픔은 '자기'를 제대로 알지 못한다는 점이다. 삼손은 하나님의 극적인 개입으로 인해 블레셋 사람들의 위협 속에서도 레히 지방에서 승리하게 되었음을 함께 살폈다. 그는 도무지 무기가 될 수 없었던 나귀의 무른 턱뼈를 가지고 1,000명 이상의 블레셋 사람들을 죽이는 가공의 위력을 발휘하며 대승을 거뒀다. 하나님의 개입하심 때문이었다. 그런데도 삼손은 이 승리에 도취 되어 자신의 승리를 자기에게 돌리는 우를 범하였고, 한술 더 떠 자기가 전쟁에서 이긴 그 장소를 기념하기 위해 지명의 이름까지 바꾸는 촌극을 벌이기까지 했다. 자기를 몰라도 너무 모르는 처사다. 그러나 삼손이 스스로 자기에게 도취 되어 자기만족을 느끼던 것은 여기까지다. 18절을 보자.

> 삼손이 심히 목이 말라 여호와께 부르짖어 이르되 주께서 종의 손을 통하여 이 큰 구원을 베푸셨사오나 내가 이제 목말라 죽어서 할례받지 못한 자들의 손에 떨어지겠나이다 하니

승리 뒤에 삼손에게 심각한 갈증이 임했다. 이 갈증은 불과 얼마 전 나귀 턱뼈를 갖고 적들을 물리치는 용장이었던 삼손의 모습과는 전혀 배치되는 극심한 고통을 호소하는 나약한 삼손의 민낯과도 같다. 주께서 블레셋의 위협에 있었던 삼손을 건져주시는 은혜를 베푸셨다. 하지만 본문은 삼손이 죽을 것 같은 갈증을 경험하면서 어쩔 수 없는 아주 나약한 인간 그 이상이 아님을 호소하는 장면을 독자들에게

---

* 장영희,『살아온 기적, 살아갈 기적』(샘터, 2010), 197.

보고한다.

조금 더 깊이 들어가 보자. 18절에서 깜짝 놀랄만한 구조를 발견한다. 삼손은 블레셋과의 전쟁에서 이긴 승리의 현장에서는 본인이 주어였다. 하지만 18절에서 처음으로 삼손의 고백이 바뀌었다. 승리의 주체가 자기에서 주님으로 옮겨졌다는 놀라운 사실이다. 16절에서 주어인 '내가'가 18절에서는 '주께서'로 바뀌었다는 점은 주목할 만하다. 어떻게 이렇게 갑작스러운 변화가 삼손에게 일어났을까? 답은 간단하다. 하나님이 아니면 해결할 수 없는 인간의 본질적이고 존재론적인 한계를 만났기 때문이다. 삼손은 죽을 것 같은 자신의 목마름을 해결할 방법은 자신이 가지고 있었던 괴력이 아니었다고 실토한다. 나귀의 턱뼈도 아니고, 여우들의 꼬리에 붙은 횃불도 아니며, 오로지 하나님만이 이 문제를 해결할 수 있는 분임을 드디어 삼손은 인지한다. 삼손에 의해서 철저하게 무시당했던 분, 자기 힘으로도 얼마든지 한계와 유한성을 극복할 수 있다고 믿었기에 의도적으로 무시당했던 하나님만이 나의 목마름을 해결해 줄 수 있는 유일한 주군임을 삼손이 인정했다는 점은 의미가 있어 보인다. 주어가 바뀌었다. 차후에 살피겠지만, 삼손의 이러한 영적인 변화가 일시적이었다는 것은 매우 유감스러운 일이지만 참 고무적인 변화다. 어떤 의미에서 하나님은 참 바보 같은 분이다. 그토록 삼손에게 무시당했건만 자기를 무시한 그 장본인이 사면초가에 몰려 부르짖자 곧바로 그의 기도를 응답하시니 참 답 없는 분이다. 19절이다.

하나님이 레히에서 한 우묵한 곳을 터뜨리시니 거기서 물이 솟아나오는지라 삼손
이 그것을 마시고 정신이 회복되어 소생하니 그러므로 그 샘 이름을 엔학고레라

불렀으며 그 샘이 오늘까지 레히에 있더라

하나님께서는 삼손이 승리한 바로 그 장소, 어떤 의미에서 당신 스스로가 무시당한 그 장소였던 레히의 한 장소에 있는 우묵한 곳을 선정하셔서 그곳을 쪼개셨다. 샘물이 터지게 하기 위함이다. 너무나도 단순히 삼손의 기도에 응답하신 셈이다. 사사기 기자는 삼손이 그 터진 샘물을 먹고 정신이 회복되었고 이 놀라운 은혜를 경험한 삼손의 그 현장을 사람들은 '엔학고레'(אֵין הַקּוֹרֵא)라고 불렀는데, 번역하면 '외치는 자의 우물'이라는 뜻이다. 이렇게 다시 기력을 회복한 삼손은 블레셋으로부터 완전한 독립을 이루지 못한 20년 동안 사사로 활동했음을 보고한다.

삼손은 자신에게 절체절명의 위기가 닥치자 하나님을 찾았다. 참 뻔뻔하다. 참 몰염치하다. 삼손은 나실인으로 부름을 받은 이후 자기 삶에서 하나님이라는 이름이 주어가 된 적이 없었던 자였다. 하지만 본인 스스로 더 이상 버틸 수 없는 막다른 골목길에 다다르자마자 그곳에서 비로소 하나님을 주어로 불렀다. 인간의 나약성을 전제할 때 삼손의 이런 행위와 소위(所爲)가 괘씸하기는 하지만 이해가 안 되는 것은 아니다. 우리도 얼마든지 삼손의 모습을 갖고 있기 때문이다. 어떤 면으로 접근하면 삼손보다 우리는 더한 사람일 수 있다. 하지만 이 본문을 읽는 독자들이 냉정하게 가다듬어야 할 소리가 있다.

※ 삶의 주어를 '나'에서 '주'로 변화시켜야 한다.

환경, 여건, 상황, 분위기, 상태, 육체적인 건강의 상태, 물질적인 풍요와 곤비함, 나의 범사의 유불리에 따라 내 삶의 주어가 시시때때로 바뀌는 자는 신실한 자가 아니다. 갈라디아서 6장 7절을 되새기자.

스스로 속이지 말라 하나님은 업신여김을 받지 아니하시나니 사람이 무엇으로 심든지 그대로 거두리라

바울은 복음을 받은 자라도 반드시 할례를 받아야 구원을 받을 수 있다는 거짓 복음을 증언하는 자들로 인해 갈라디아 교회가 유린되고 있다는 정황을 보고받는다. 설상가상으로 분명한 복음의 위력과 능력을 바울에게 소개받았음에도 불구하고 흔들리고 있는 갈라디아 교회의 지체들을 향하여 거룩한 분노를 품었다. 이윽고 바울은 거짓 증언자들을 향하여 담대히 독설을 발했다.

"복음의 능력을 받은 자들이여! 복음의 힘과 능력을 과소평가하지 말라. 그것이 바로 하나님을 무시하는 일이며 하나님을 업신여기는 것이다. 복음의 능력을 거부하는 유대 율법적인 거짓의 무리들아! 들으라. 주 예수 그리스도의 복음의 능력, 십자가의 도를 훼손하지 말라. 가볍게 여김을 당할 이유가 없으신 주님께서 반드시 너희들이 뿌린 대로 거두실 것이다."

주군을 '주'라고 고백한다는 것은 내 인생의 주어를 '주' 외의 다른 것으로 대치하지 않겠다는 것을 선포하는 행위다. 그것을 사수하겠다는 선언이자 결단이다. 하지만 '나'를 삶의 주어로 삼은 자는 이런 결단에서 벗어나 상황의 유불리에 따라 얼마든지 내 삶의 주어를 여타 것으로 대치하고 있는 존재들이다. 교회 밖에 있는 자들은 영적으로 유리되어 있기에 그렇다손 치더라도 특히 교회 공동체 안에 있는 자 중에서 잘못 배운 것이 단초가 되어 무섭도록 복음의 능력에서 이탈해 나가는 것을 볼 때 절망스럽다.

교회 개혁 실천 연대 상임대표로 일했던 박득훈 목사의 책에 소개된 글감 하나를 나누자. 그는 빈센트 반 고흐의 일화를 소개한다. '고흐' 하면 그를 유명한 화가로만 알고 있지만, 그에게 더 중요했던 사역은 목회와 설교 사역이었다. 고흐는 당시 제도권 교회의 허락하에서 벨기에에 있는 '프티바스메스'라는 탄광촌 광부들에게 설교하는 임무를 받고 그들에게 열심히 복음을 전했다. 그러나 그의 설교는 광부들에게 별로 큰 영향을 주지 못했다. 이유는 당시 제도권의 교회들이 약한 자들이었던 광부 노동자들에게 도리어 비난의 대상이었기 때문이다. 최선을 다해 목회하며 말씀을 전하려 했지만 고흐는 냉대당하기 일쑤였다. 한번은 그가 집으로 들어가는 한 광부를 붙잡고 간절하게 진정성을 갖고 이렇게 말했다.

"나는 당신을 돕고 싶소. 당신이 살고 있는 집에 들어가서 복음을 전하고 싶소. 제발, 집에서 함께 말씀을 나눌 기회를 주세요."

그러자 그 광부는 퉁명스럽게 고흐에게 말했다.

"나는 여기에서 살지 않소. 이곳은 잠만 자는 곳이요. 내가 사는 곳은 저기 밑, 2,000피트 밑에 산단 말이요. 아시겠소.""

이 말을 들은 고흐는 충격을 받았다. 그는 교회가 성도의 아픔을 제대로 갈파하지 못하고 피상적인 복음만을 들고 전하려 했던 것을 회개하고 그다음 날부터 새벽 4시에 2,000피트 밑으로 함께 들어가 그들과 함께 동고동락하며 나눔과 복음을 함께 전하는 살아 있는 성자로 인정을 받으며 주의 복음을 전하였다고 박득훈은 소개한다.

주를 나의 삶의 주인으로 삼은 백성은 그분의 가르침을 삶으로 나타내는 자다. 주를 내 삶의 주어로 삼는 자들은 환경, 여건, 상황, 분위기, 상태, 육체적인 건강의 상태, 물질적인 풍요와 곤비함, 나의 범사의 유불리에 따라 주어를 바꾸지 않는다. 그 어느 경우에도 내 삶의 주어 자리를 바꾸지 않는다. 전적으로 동의한다. 세속의 공동체는 '나'를 주어로 삼고 살아가는 공동체다. 하지만 교회는 '나'가 주어가 아니라, '주'가 주어인 세상에 있는 유일한 공동체다. 이것은 타협의 항목이 아니다. 지켜야 할 항목이다. 교회의 자존감을 지키자. 물러서지 말자.

* 박득훈, 『돈에서 해방된 교회』 (포이에마, 2014), 78.

무엇을 보고 있는가?

사사기 16:1-3

새긴 말씀: 삼손이 가사에 가서 거기서 한 기생을 보고 그에게로 들어갔더니 가사 사람들에게 삼손이 왔다고 알려지매 그들이 곧 그를 에워싸고 밤새도록 성문에 매복하고 밤새도록 조용히 하며 이르기를 새벽이 되거든 그를 죽이리라 하였더라 삼손이 밤중까지 누워 있다가 그 밤중에 일어나 성 문짝들과 두 문설주와 문빗장을 빼어가지고 그것을 모두 어깨에 메고 헤브론 앞산 꼭대기로 가니라

레히에서 기적을 맛본 삼손은 가사로 내려갔다. 가사는 가드, 아스돗, 에스글론, 에그론과 더불어 블레셋의 5대 도시 중의 하나였다. 위치는 블레셋의 5대 성읍 중에 지중해에 맞닿은 서쪽이며 예루살렘을 기점으로 볼 때 남쪽이다. 주지했듯이 삼손의 활동 근거지는 소라, 레히, 딤나 정도였다. 이들 지역에 비해 가사는 약 60~80km 정도 남쪽에 떨어져 있는 곳이다. 왜 삼손이 거기까지 내려갔는지 성경이 침묵하고 있어 정확하게 진단할 수는 없지만 추론은 가능하다. 16장 1절 정황으로 볼 때, 삼손은 활동했던 소라, 딤나, 레히 등등에서 그가 이미 나실인이라는 신분을 망각하고 막살았기에 조금은 더 자유롭게 방종할 수 있는 익명의 지역을 찾았을 것이라는 추론이다.

삼손이 가사에 가서 거기서 한 기생을 보고 그에게로 들어갔더니 (1절)

삼손의 입장에 서서 너그럽게 그를 감싸주고 싶은 심정으로 이 구절을 해석해 보려고 했지만 실패했다. 명백한 성경적 증언 때문이다. 삼손은 나실인이다. 16장의 본문 배경은 레히에서 회복과 승리를 경험한 뒤였다. 그러므로 영적 정체성을 어느 정도 회복한 삼손이라고 보아도 괜찮은 시기다. 이것을 전제할 때 삼손은 가사에서 자기에게 맡겨진 영적인 사명인 블레셋을 치고 이스라엘을 구원하는 절호의 기회를 가질 수 있었다. 그가 만에 하나 하나님의 명령대로 민족 구원이라는 중차대한 사명의 길로 눈을 돌렸으면 삼손의 인생은 사사 시대에 이스라엘 공동체를 위한 위대한 사역을 감당했다고 보고될 수 있었을 것이 분명하다. 하지만 불행히도 그가 가사에 도착해서 처음으로 본 것은 이런 기대를 물거품으로 만들기에 충분한 대상이었다.

한 기생을 보고(1절)

'기생'으로 번역된 히브리어 '자나'(זנה)는 '매춘하는 여자', '몸을 파는 여자'를 말한다. 삼손은 육체를 상품으로 몸을 팔아 연명하는 여자를 본 것이다. 그녀를 본 삼손의 반응을 영어 성경 BBE는 이렇게 번역하며 고발한다.

and there he saw a loose woman and went in to her.*

(그는 거기서 음탕한 여자를 보았고 그녀에게로 들어갔다.)

---

* Bible in Basic English Judge 16:1.

대부분의 영어 성경에는 이 여인을 창녀, 매춘부로 번역했는데, 필자가 BBE 번역을 선택한 이유는 가사에 살고 있었던 여인들의 윤리적 상태가 대체로 문란했음을 고발하고 싶었기 때문이다. 가사라는 성읍의 정서와 영적 상태가 이러했기에 전적(前績)이 있었던 삼손은 아무런 거리낌이 없이 가사에서 만난 한 여인과 성적인 일탈을 즐길 수 있었다. 삼손은 음탕한 여인에게 들어가 하룻밤의 정욕을 풀었다. 예리하게 주목할 것은 하나님의 사람인 삼손이 영적인 무장해제를 하고 말초적인 쾌락을 즐기던 바로 그 시간, 아이러니하게도 블레셋 사람들이 깨어 있었다는 점이다. 블레셋 사람들은 삼손이 가사에 들어와 행실이 좋지 않은 여인과 하룻밤을 보낸다는 첩보를 입수했다. 그들은 블레셋의 철천지원수와 같은 대적자 삼손을 죽일 수 있는 절호의 기회를 얻게 된 셈이다. 삼손이 아무리 힘이 좋은 장사라고 해도 한 여인과의 정사를 한 뒤였기에 지쳐 있을 것을 예상한 블레셋 사람들은 삼손이 깊이 잠들어 있을 가능성이 농후한 새벽에 그를 급습하여 살해하기로 모의했다. 2절의 증언은 이렇다.

> 가사 사람들에게 삼손이 왔다고 알려지매 그들이 곧 그를 에워싸고 밤새도록 성문에 매복하고 밤새도록 조용히 하며 이르기를 새벽이 되거든 그를 죽이리라 하였더라

필자가 삼손을 추적하면서 느낀 소회는 하나님은 참 바보 같은 존재라는 점이었다. 삼손에게 당한 게 도대체 얼마인가. 속는 것도 한두 번이다. 더군다나 가사에 내려가 음탕한 여인과 다시 육체적인 정욕을 풀기 위해 일탈하고 있는 삼손이 바로 직전에 경험한 영적

사건은 바로 '엔학고레'의 은혜였고 기적이었다. 갈증으로 거의 실신 직전에 몰려 죽게 되었던 삼손에게 그 갈증을 해결하고도 남을 물을 공급해서 그를 살려주셨던 바로 그 은혜 이후다. 바로 이 증언이 잉크도 마르기 전에 자행한 삼손의 행태는 배은망덕 그 자체다. 이 정도가 되면 이제 하나님도 끈을 놓으시는 것이 마땅하다. 삼손의 손을 놓아도 하나님을 비난할 독자는 없다. 하지만 3절을 보면 고개를 갸우뚱하게 한다. 3절 자체가 함축적인 기록이라서 명징한 결말을 내놓지는 않지만, 충분하고도 남을 만한 추측을 가능하게 한다. 하나님이 삼손을 또 보호하셨다는 사실이다.

> **삼손이 밤중까지 누워 있다가 그 밤중에 일어나 성 문짝들과 두 문설주와 문빗장을 빼어가지고 그것을 모두 어깨에 메고 헤브론 앞산 꼭대기로 가니라**

먼저 이 구절에 대한 문자적인 해석을 하자. 삼손은 새벽이 되면 죽는다. 그럴 가능성이 농후하다. 하지만 이상한 것은 삼손은 잠들어 있지 않았다는 점이다. 삼손은 밤의 절반이 지날 즈음 갑자기 자리에서 일어났다. 그리고 가사 성문으로 간다. 이윽고 성을 지탱하는 문짝과 문설주를 그의 힘으로 떼어 헤브론으로 이동했다. 삼손이 이동한 이동 거리는 직선으로는 64.4km, 즉 40마일의 거리였고, 높이는 3,000피트(약 914m), 즉 약 1,000m의 높은 지역으로 맨손이 아니라 문짝과 문설주를 이고 이동했다고 기술한다.

이번에는 이 내용에 대한 주석에 접근해 보자. 지금까지 발굴된 고고학적인 증거들을 인용할 때 삼손이 이동한 거리를 추적한다면, 당시 삼손은 블레셋의 삼엄했던 초소 6개를 통과해야 한다. 이게 가능한가? 불가능하다고 말하는 것이 정직하다. 그런데 사사기 기자는 삼손이 그렇게 하는 것에 성공했다고 기술했다. 어떤 부연 설명이 가능할까? 상투적으로 보이지만 이렇게 답을 내릴 수밖에 없다.

"하나님의 개입하심과 도우심"

가사에서 헤브론까지의 삼손의 탈출 여정은 하나님께서 전적으로 개입하셨고 도우셨기에 가능했다. 도무지 이해가 안 되는 삼손을 향한 하나님의 무한 사랑, 전적인 은혜를 삼손에게 주었다. 그러고 보니 삼손은 참 복도 많은 자다. 이 소회는 틀리지 않는다. 하지만 깊이 고민할 것이 하나 있다. 그렇게도 운이 좋았던, 아니 기독교적인 표현으로 하나님의 전적인 은혜를 받았던 삼손의 인생이 어떻게 마감되었는지 사사기 기자가 기록한 증언은 의미심장하다. 해피엔딩이었는가? 질문 자체가 우문이다. 우리 독자들은 이미 삼손의 인생이 얼마나 비참하게 마무리되었는지를 알고 있으니 말이다. 바로 이 지점에서 엄숙하게 한 가지를 질문해야 한다. 왜 삼손은 삶의 순간마다 하나님의 극적인 은혜, 극적인 도우심, 극적인 역전승을 경험했음에도 불구하고 비참한 삶으로 마감해야 했을까에 대한 냉정한 질문이다.

※ 볼 것을 보지 않고, 보지 말아야 할 것을 보았던 인생이었기 때문이다.

한 기생을 보고(1절)

삼손이 보지 말아야 했던 것은 기생이었다. 그가 보지 말아야 할 것은 들릴라였다. 딤나의 여인이었다. 포도주였다. 죽은 동물의 사체에서 나오는 꿀이었다. 삼손이 보았던 것의 공통분모는 육체적인 정욕이었다. 그는 결코 보아서는 안 되는 것들을 보면서 살았다. 이로 말미암아 삼손의 인생은 비극으로 마감한다. 필자와 독자는 질문해야 한다. "지금 무엇을 보고 있는가? 지금 내 눈앞에 무엇이 보이는가?"

김기석이 쓴 『내 영혼의 작은 흔들림』에 이런 기도가 실려 있다.

"하나님, 며칠 전 분주한 일상에 짓눌린 채로 살다가 문득 하늘을 외롭게 했다는 생각이 들어 고개를 들어보았습니다. (중략) 주님은 상속자를 주시겠다는 당신의 약속을 미더워하지 않는 아브라함에게 '하늘을 쳐다보라' 말씀하셨습니다. 주님, 고단한 일상에만 몰두하고 있는 우리의 시선을 거두어들이고 주님의 눈으로 삶과 역사를 바라보게 해 주십시오."*

읽다가 작은 소리로 "아멘" 했다. 아주 자주 하늘을 보자. 하나님을 바라보자. 하늘 은총을 보자. 그렇게 살아갈 때 내 인생을 영적 부요함으로 만드는 원인자가 무엇인지를 알게 될 것이며, 그런 삶을 살아가는 자는 실패할 수 없는 인생을 걸어가게 될 것을 믿어 의심치 않는다.

---

* 김기석, 『내 영혼의 작은 흔들림』 (신앙과 지성사, 2014), 48.

나의 팜므 파탈에서 빠져나오라

사사기 16:4-21

새길 말씀: 이후에 삼손이 소렉 골짜기의 들릴라라 이름하는 여인을 사랑하매 블레셋 사람의 방백들이 그 여인에게로 올라가서 그에게 이르되 삼손을 꾀어서 무엇으로 말미암아 그 큰 힘이 생기는지 그리고 우리가 어떻게 하면 능히 그를 결박하여 굴복하게 할 수 있을는지 알아보라 그리하면 우리가 각각 은 천백 개씩을 네게 주리라 하니 들릴라가 삼손에게 말하되 청하건대 당신의 큰 힘이 무엇으로 말미암아 생기며 어떻게 하면 능히 당신을 결박하여 굴복하게 할 수 있을는지 내게 말하라 하니 삼손이 그에게 이르되 만일 마르지 아니한 새 활줄 일곱으로 나를 결박하면 내가 약해져서 다른 사람과 같으리라 블레셋 사람의 방백들이 마르지 아니한 새 활줄 일곱을 여인에게로 가져오매 그가 그것으로 삼손을 결박하고 이미 사람을 방 안에 매복시켰으므로 삼손에게 말하되 삼손이여 블레셋 사람들이 당신에게 들이닥쳤느니라 하니 삼손이 그 줄들을 끊기를 불탄 삼실을 끊음같이 하였고 그의 힘의 근원은 알아내지 못하니라 들릴라가 삼손에게 이르되 보라 당신이 나를 희롱하여 내게 거짓말을 하였도다 청하건대 무엇으로 당신을 결박할 수 있을는지 이제는 내게 말하라 하니 삼손이 그에게 이르되 만일 쓰지 아니한 새 밧줄들로 나를 결박하면 내가 약해져서 다른 사람과 같으리라 하니라 들릴라가 새 밧줄들을 가져다가 그것들로 그를 결박하고 그에게 이르되 삼손이여 블레셋 사람이 당신에게 들이닥쳤느니라 하니 삼손이 팔 위의 줄 끊기를 실을 끊음 같이 하였고 그때에도 사람이 방안에 매복하였더라 들릴라가 삼손에게 이르되 당신이 이때까지 나를 희롱하여 내게 거짓말을 하였도다 내가 무엇으로 당신을 결박할 수 있을는지 내게 말하라 하니 삼손이 그에게 이르되 그대가 만일 나의 머리털 일곱 가닥을 베틀의 날실에 섞어 짜면 되리라 하는지라 들릴라가 바디로 그 머리털을 단단히 짜고 그에게 이르되 삼손이여 블레셋 사람들이 당신에게 들이닥쳤느니라 하니 삼손이 잠을

깨어 베틀의 바디와 날실을 다 빼내니라 들릴라가 삼손에게 이르되 당신의 마음이 내게있지 아니하면서 당신이 어찌 나를 사랑한다 하느냐 당신이 이로써 세 번이나 나를 희롱하고 당신의 큰 힘이 무엇으로 말미암아 생기는 자를 내게 말하지 아니하였도다 하며 날마다 그 말로 그를 재촉하여 조르매 삼손의 마음이 번뇌하여 죽을 지경이라 삼손이 진심을 드러내어 그에게 이르되 내 머리 위에는 삭도를 대지 아니하였나니 이는 내가 모태에서부터 하나님의 나실인이 되었음이라 만일 내 머리가 밀리면 내 힘이 내게서 떠나고 나는 약해져서 다른 사람과 같으리라 하니라 들릴라가 삼손이 진심을 다 알려주므로 사람을 보내어 블레셋 사람들의 방백들을 불러 이르되 삼손이 내게 진심을 알려주었으니 이제 한 번만 올라오라 하니 블레셋 방백들이 손에 은을 가지고 그 여인에게로 올라오니라 들릴라가 삼손에게 자기 무릎을 베고 자게하고 사람을 불러 그의 머리털 일곱 가닥을 밀고 괴롭게 하여 본즉 그의 힘이 없어졌더라 들릴라가 이르되 삼손이여 블레셋 사람이 당신에게 들이닥쳤느니라 하니 삼손이 잠을 깨며 이르기를 내가 전과 같이 나가서 몸을 떨치리라 하였으나 여호와께서 이미 자기를 떠나신 줄을 깨닫지 못하였더라 블레셋 사람들이 그를 붙잡아 그의 눈을 빼고 끌고 가사에 내려가 놋 줄로 매고 그에게 옥에서 맷돌을 돌리게 하였더라

인생 최고의 가치인 예수 그리스도를 믿는다는 것은 과연 무엇으로 증명될 수 있는가?

"타인에게 영향을 주는 삶"

바로 이것이다. 누군가에게 선하고, 강력한 긍정의 영향을 주는 그런 삶을 사는 것이 그리스도인이다. 마땅히 그리스도인들은 이타적인 삶으로 인해 다른 이들에게 선한 영향력을 제시하는 삶을 나타내야 한다. 그러나 이와는 정반대로 하나님의 사람이라는 이름을 가졌지만

타인들에게 악한 영향력을 미치거나 해를 주는 인생을 산다면, 그것이 야말로 신앙인으로 최대의 치욕이다. 하나님이 인내하며 하나님의 뜻을 이루기를 원하셨지만 끝까지 하나님의 뜻을 저버리고 자기중심적으로 자기의 눈에 보이는 대로 막살았던 삼손의 후반기 삶의 비극을 본문이 소개하고 있다. 불어의 관용어 중에 "Femme fatale"이라는 숙어가 있다. '팜므'(Femme)는 프랑스어로 '여성'을 의미하는 단어이고, '파탈'(fatale)은 '숙명적인, 운명적인'이라는 의미를 지닌 형용사다. 결국 직역을 하면 팜므 파탈은 '숙명적인 여자, 운명적인 여자'로 해석할 수 있다. 주목할 것은 이 용어가 대체로 부정적인 의미로 사용된다는 점이다. 그래서 그런지 '팜므 파탈'의 상징적인 의미를 찾아보니 '악녀' 혹은 '요부'를 뜻하는 단어로 사용한다. 송병현 교수는 주석서에서 '들릴라'를 이렇게 표현했다.

> 삼손의 이야기는 세 명의 여인을 중심으로 진행되는데 이번에 등장하는 들릴라는 그중 세 번째이자 가장 치명적인 팜므 파탈이다.*

삼손은 가사에서 또 한 번 인내하시는 하나님의 은혜를 받고 죽음의 위기에서 벗어났다. 이후 그는 가사에서 이스라엘의 가장 중심부인 헤브론으로 그의 동선(動線)을 옮겼다. 헤브론은 예루살렘에서 약 1km 정도 떨어진 곳에 있기에 블레셋의 남부 도시 가사에서 상당히 먼 거리, 약 60km 지점에 있다. 그런데도 삼손이 왜 가사에서 이스라엘의 상징적인 도시였던 헤브론으로 옮겼는지를 추론하는 것은 중요하

---

* 송병현, 『엑스포지멘터리 주석 — 사사기』, 348.

다. 아마도 삼손이 과거 정욕의 삶을 청산하고 본인의 사명인 블레셋에게서 이스라엘을 구원하라는 의지를 사사기 기자가 독자들에게 알리고 싶었다고 해석해 보는 것은 큰 무리가 없어 보인다. 하지만 삼손은 불행히도 이런 하나님의 뜻과는 전혀 무관한 행태를 보였다. 4절이다.

이후에 삼손이 소렉 골짜기의 들릴라라 이름하는 여인을 사랑하매

삼손은 헤브론에서 오래 머문 것 같지 않다. '이후에'라는 문구가 그것을 증언한다. 적어도 헤브론에 거주했을 때, 삼손은 하나님의 압도하심 아래 있었을 것이 분명하다. 헤브론으로의 생환은 하나님의 인도하심과 이끄심이라는 통제 속에 있었다는 것을 전제하기에 말이다. 그렇다면 삼손이 헤브론에서 소렉으로 발걸음을 옮긴 이유는 마땅히 이스라엘을 구원하는 발걸음이어야 했다. 하지만 유감천만이다. 삼손의 발걸음은 이스라엘을 구원하기 위한 발걸음이 아니라 다시 옛 구습 그대로 팜므 파탈의 한 여자에게로 나아갔기에 그렇다. 이전에 여자로 인해 두 번이나 죽을 뻔한 삼손인데 자기를 죽음으로 몰고 갔던 대상인 여자에게로 또 나아간 것이다. 이 정도면 삼손은 정신병 환자다. 조금 심한 표현일 수도 있겠지만 성 중독자일 수도 있다. 어찌 됐든 삼손이 소렉에서 만난 팜므 파탈은 들릴라다. '들릴라'(דְּלִילָה)라는 이름의 의미에 대해 다양한 제안들이 있다.

'헌신한 자, 요염한 여자, 바람난 자, 작은' 등의 뜻이다. 그러나 그녀의 이름을 두 단어로 분해하면 속격 소사 '데'(דְ)와 밤을 뜻하는 명사 '릴라'(לִילָה)로 구성되어 '밤의 여인'이라는 풀이가 가능하다는 데에 그 이름의 중요성이 있다. 삼손은 태양과 연관된 이름이었다. 그의 여인 들리라는 밤의 여자였다. 태양 빛을 밝혀주는 낮에 익숙했던 삼손은 밤의 여인을 만나서 앞을 전혀 못 보게 된다. '밤'(night)이 '작은 태양'(sunny)를 이겼기 때문이다.*

이 단어와 관련하여 또 하나 주목할 것은 본문 4절에 기록된 삼손이 들릴라라는 밤의 여자를 사랑했다고 표현한 '사랑'이라는 히브리어 '아하브'다. '아하브'(אהב)는 구약성경에서 하나님이 이스라엘을 사랑했다고 표현할 때 사용하는 '헤세드'(חסד)라는 단어의 맞상대다. '헤세드'가 '인자함', 하나님을 향한 '경건', '아름다운 은총, 선행, 친절하게, 인자한, 인애, 자비, 연민, 견책, 악한 일' 등등의 다양한 의미를 지닌 반면, '아하브'는 '정욕적, 육감적, 쾌락적, 성적, 통속적'인 사랑을 의미한다. 이 어원적인 해석을 전제한다면 삼손의 들릴라 사랑이라는 결론적인 의미는 들릴라의 외형적인 팜므 파탈에 따른 성적인 매력 때문이었다고 접근해도 큰 무리가 없어 보인다.

미국 텍사스 대학의 심리학 교수들인 신디 메스턴과 데이빗 버스가 함께 쓴 『여자가 섹스를 하는 237가지의 이유』라는 성 담론을 정리한 심리학 서적이 있다. 공저자는 이 책에서 성의 담론을 이야기하면서 가장 치열하게 왜곡된 성을 이렇게 정의했다.

"교환과 거래로 이루어지는 성"**

---

* 송병현, 위의 책, 349.
** 신디 메스턴·데이빗 버스/정병선 역, 『여자가 섹스를 하는 237가지의 이유』(사이언스북스, 2012), 245-275.

인간의 성(性)이 가장 비참해지는 것은 성의 가치를 상품의 가치로 전락시킬 때다. 이와는 정반대로 풀러 신학대학원의 기독교 윤리학 교수인 루이스 스메디스가 쓴 고전적인 책『크리스천의 성』에서 하나님이 인정하시는 성적인 결합을 다음과 같이 갈음했다.

"인격적인 관계라는 현실 안에서 행해지는 성적 결합"*

대단히 적절한 해석이 아닐 수 없다. 적용하자면 삼손이 들릴라를 사랑했다는 것은 비정상적인 행위라고 볼 수 있다. 그의 사랑 행위는 그가 가지고 있었던 성적인 일탈에 불과한 정욕적인 것이었고, 구약학자들이 말하는 성 중독자의 또 다른 형태에 불과하다. 나실인에게 금기시된 일탈에 지나지 않는 것이었다는 말이다. 사사기 기자는 삼손이 벌인 불장난의 내용은 순전히 자기의 정욕 만족을 위하여 하나님의 뜻을 저버리고 팜므 파탈인 들릴라와 벌인 육체적 범죄임을 적나라하게 보고한다. 이 텍스트에서 하나 알고 넘어가야 할 것은 들릴라의 정체다. 그녀가 살고 있었던 땅은 소렉이다. 본문의 정황만으로 들릴라가 이스라엘 사람이었는지 아니면 블레셋 사람인지를 판단하는 것은 불가능하다고 학자들은 개진한다. 왜냐하면 소렉이 블레셋과 이스라엘의 중간 지대에 있었던 땅이었기 때문이다. 다만 추론하여 접근할 수 있는 것은 들릴라의 정체가 둘 중의 하나였을 것이라는 점이다. 만에 하나 이스라엘인이었다면, 그녀는 물질과 편리함을 추구하기 위해 블레셋이라는 이방 나라에 귀환한 매국노요 배신자라

---

* L. B. 스메디스/안교신 역,『크리스천의 성』(두란노, 1993), 198.

는 의견이다. 반면 블레셋 사람이었다면, 당연히 조국을 위하여 헌신한 여성이 된다. 전자든 후자든 분명한 사실은 일탈의 삶을 살고 있는 여인이라는 점이다. 이런 막살던 여인 들릴라가 자기의 통제 밑에 삼손을 있게 했다는 것은 유유상종하는 것처럼 보인다. 들릴라의 통제 밑에 삼손이 있다는 사실을 알게 된 블레셋 사람들은 가사에서의 쓰라린 실패를 거울삼아 이번만큼은 반드시 그를 생포하여 죽이겠다는 일념으로 소렉에 살고 있는 들릴라를 찾아 협상하기에 이른다.

> 블레셋 사람의 방백들이 그 여인에게로 올라가서 그에게 이르되 삼손을 꾀어서 무엇으로 말미암아 그 큰 힘이 생기는지 그리고 우리가 어떻게 하면 능히 그를 결박하여 굴복하게 할 수 있을는지 알아보라 그리하면 우리가 각각 은 천백 개씩을 네게 주리라 하니(5절)

블레셋 다섯 개 성읍의 수장 5명이 의기투합하여 들릴라와 협상을 벌인 것이 분명해 보인다. 협상 내용은 삼손의 힘이 어디에서 기인하고 있는지를 알아내고, 그의 힘을 제어할 방법을 알려 주면 포상금을 주겠다는 것이었다. 포상금의 액수는 각각 은 천 개라고 명시되었다. 세겔로 환전하면 5,500세겔에 해당한다. 당시 노예의 몸값은 20~60세겔 정도였고, 노동자의 1년 연봉이 5~15세겔이었으니 들릴라에게 삼손의 몸값으로 제시된 각각의 금액은 어림잡아 약 2,200세겔이라는 상상할 수 없을 정도의 천문학적인 금액이다. 들릴라 입장에서 거부할 이유가 없었다. 전술했듯이 들릴라가 이스라엘 여인이었다면 돈에 눈이 먼 매국노가 되는 것이며, 블레셋 사람이라면 나라도 돕고 돈도 얻는 일석이조의 행운을 얻게 되는 셈이니 마다할 리 없다. 세 번에 걸쳐서 들릴라는 삼손에게 힘의 근거를 대라고 압박했다. 삼손은 자신의 운명이 걸린 들릴라의 질문을 대수롭지 않게 여긴다. 마치 수수께끼를 내고 답을 맞혀 보라는 식의 가벼운 인상을 주고받는 농으로 들릴라를 자극했다.

① 마르지 않은 새 활줄로 나를 결박하면 된다.
② 쓰지 않은 새 밧줄로 나를 결박하면 된다.
③ 나의 머리털 일곱 가닥을 베틀의 날실에 섞으면 된다.

정답이 아닌 삼손의 식언으로 인해 들릴라의 계획은 성취되지 않는다. 하지만 사랑이라는 이름을 걸고 삼손을 네 번째로 압박하는 들릴라로 인해 괴로워하던 삼손이 자기의 힘의 근원이 머리털에서 나온다는 사실을 곧이곧대로 알려준다.

삼손이 진심을 드러내어 그에게 이르되 내 머리 위에는 삭도를 대지 아니하였나니 이는 내가 모태에서부터 하나님의 나실인이 되었음이라 만일 내 머리가 밀리면 내 힘이 내게서 떠나고 나는 약해져서 다른 사람과 같으리라 하니라(17절)

이 사실을 알아낸 들릴라는 협상 카드를 꺼낸 블레셋의 다섯 방백에게 그 비밀을 알려 준다. 블레셋 다섯 방백은 자기들의 철천지원수와도 같은 삼손의 신병을 확보하고 그의 머리털을 제거함으로 그를 체포한 뒤 눈을 빼고 이전에 도망 나왔던 가사로 다시 데리고 가서 구금했다. 더불어 삼손에게 그 감옥에서 연자 맷돌을 돌리는 수모를 안긴다. 블레셋 지경에서 연자 맷돌을 돌리는 것은 짐승과 노비들의 고유한 일이었기에 그렇게 복수한 셈이다. 삼손의 비극적 결말을 보고한 사사기 기자의 기록을 보면서 너무 단순한 느낌이 들기는 하지만, 이것보다 더 확실한 메시지가 없을 것 같아 이런 소회를 나누어 보고자 한다.

팜므 파탈의 치명적인 유혹에 빠졌던 삼손의 삶과는 정반대의 반대급부로 사는 것이 필요하다. 팜므 파탈이라는 단어의 의미가 치명적으로 나를 유혹하는 여성이라는 개념이라고 했다. 그렇다면 반대급부의 삶은 무엇일까?

※ 하나님을 치명적으로 사랑하는 삶이다.

하나님을 치명적으로 사랑하면 팜므 파탈의 유혹에서 벗어날 수 있다. 로마서 14장 7-8절을 읽어보자.

우리 중에 누구든지 자기를 위하여 사는 자가 없고 자기를 위하여 죽는 자도 없도다 우리가 살아도 주를 위하여 살고 죽어도 주를 위하여 죽나니 그러므로 사나 죽으나 우리가 주의 것이로다

일반적인 이 말씀의 교훈은 주를 위하여 살고 주를 위해 죽는다는 각도에서 찾아낸다. 물론이다. 하지만 바울이 토한 이 구절에서 필자는 조금은 다른 면에서 감동을 찾는다.

우리가 주의 것이로다

바울은 로마에 있는 그리스도인 공동체와 함께 연대하기 위해 주어를 복수로 표현했지만, 단수로 적용하면 은혜가 더하다.

"나는 주의 것이로다."

적어도 주군을 치명적으로 사랑하는 자들이라면 이 고백이 시작이요 기초다. 나는 주의 것이라는 고백은 나의 몸과 마음과 정신 모두를 주님께 드린다는 것을 전제한다. 나는 주님만을 사랑한다는 고백을 담보한다. 독일의 음유 시인인 라이너 마리아 릴케가 이런 기도를 드렸다.

제 눈을 감겨 주소서 주님을 볼 수 있도록.
제 귀를 막아 주소서 주님의 음성을 들을 수 있도록.
발이 묶여도 저는 주님께 가렵니다.
혀가 없어도 주님께 기도하렵니다.
제 팔을 꺾어 주십시오. 주님을 껴안도록.*

적어도 이 정도의 치명적인 주님에 대한 사랑이 있어야 나의 팜므 파탈은 떠나간다. 주님 외의 것을 너그럽게 용납하면 나는 나의 팜므 파탈에서 빠져나올 수 없다. 결코.

---

* 김영봉, 『가장 위험한 기도, 주기도』, 39-40에서 재인용.

뿌리 찾기

사사기 16:18-22

새길 말씀: 들릴라가 삼손이 진심을 다 알려주므로 사람을 보내어 블레셋 사람들의 방백들을 불러 이르되 삼손이 내게 진심을 알려주었으니 이제 한 번만 올라오라 하니 블레셋 방백들이 손에 은을 가지고 그 여인에게로 올라오니라 들릴라가 삼손에게 자기 무릎을 베고 자게 하고 사람을 불러 그의 머리털 일곱 가닥을 밀고 괴롭게 하여 본즉 그의 힘이 없어졌더라 들릴라가 이르되 삼손이여 블레셋 사람이 당신에게 들이닥쳤느니라 하니 삼손이 잠을 깨며 이르기를 내가 전과 같이 나가서 몸을 떨치리라 하였으나 여호와께서 이미 자기를 떠나신 줄을 깨닫지 못하였더라 블레셋 사람들이 그를 붙잡아 그의 눈을 빼고 끌고 가사에 내려가 놋 줄로 매고 그에게 옥에서 맷돌을 돌리게 하였더라 그의 머리털이 밀린 후에 다시 자라기 시작하니라

주어진 텍스트를 잘못 이해하면 중요한 교훈을 간과하거나 곡해할 수 있는 내용을 만나게 된다. 삼손은 들릴라에게 자기 힘의 원천이 머리털이라고 말해 주었다. 집요한 강요와 추궁의 결과로 삼손에게서 들릴라가 얻어낸 것은 머리털을 밀면 삼손의 힘이 약해진다는 사실이었고, 결국 그가 잠든 사이 머리털을 밀어 그의 힘이 빠져나가게 된 것을 확인하게 되었다고 본문이 증언한다. 힘이 빠진 삼손은 블레셋 사람들에게 체포되어 사슬에 묶이고 두 눈이 뽑힌 채 가사로 끌려가 그곳에 있는 다곤 신전 안에서 맷돌을 돌리며 죽음을 기다리는 신세가

된다. 분명히 삼손에게 있었던 엄청난 힘의 원천이 그의 머리털에 있었음을 직접적으로 증언하는 구절이 19절이다.

들릴라가 삼손에게 자기 무릎을 베고 자게하고 사람을 불러 그의 머리털 일곱 가닥을 밀고 괴롭게 하여 본즉 그의 힘이 없어졌더라

삼손은 머리털이 잘린 이후부터 힘을 쓸 수가 없었다. 하지만 바로 이 구절은 독자들이 대단히 잘못 이해하는 텍스트이기도 하다. 그것은 삼손의 머리털이 마치 삼손의 힘을 실어주는 마술적인 원천이 라고 착각한다는 점이다. 심각한 오류다. 20절을 보자.

들릴라가 이르되 삼손이여 블레셋 사람이 당신에게 들이닥쳤느냐 하니 삼손이 잠을 깨며 이르기를 내가 전과 같이 나가서 몸을 떨치리라 하였으나 여호와께서 이미 자기를 떠나신 줄을 깨닫지 못하였더라

삼손은 잠에서 깨어나 자기를 물리적으로 압박하는 블레셋 사람들에게 대항하기 위해서 이전에 하던 방법으로 본인의 힘을 의지하려고 했다. 그러나 그는 힘을 쓸 수가 없었다. 그에게는 힘이 남아 있지 않았기 때문이다. 삼손에게 왜 힘이 남아 있지 않았을까? 머리털이 잘렸기 때문이 아니라, 야훼께서 삼손을 떠났기 때문이다. 대단한 반증이다. 삼손에게 임했던 거대한 힘의 원천은 머리털이 아니라 하나님이셨다. 또 하나의 증거를 제시해 보자. 22절이다.

그의 머리털이 밀린 후에 다시 자라기 시작하니라

이 구절은 가사로 끌려가 눈이 뽑힌 채로 맷돌을 돌리며 죽음을 기다리고 있었던 삼손에게 역시 그의 힘의 원천이 머리털에 있다고 착각하게 만드는 구절이다. 하지만 그렇지 않다. 삼손의 머리털이 다시 자랐다는 말은 절망 속에서 한 줄기 희망을 보게 하는 대목이다. 사사기 기자의 아주 의미심장한 기록이다. 머리털이 자랐다는 말은 마술적인 의미의 메시지가 아니다. 오히려 삼손을 떠나셨던 하나님께서 삼손과 완전히 단절했음을 말하는 것이 아니라, 언제든 다시 그에게 임재할 것을 보여 주는 은유적 표현이기 때문이다. 이 이야기는 주님께서 삼손의 요청이 있으면 언제든지 그에게 다시 들어가 그와 함께할 것을 시사해 주는 단초이기도 하다. 그렇다면 이 단락을 통해 읽는 이들이 바르게 알아차려야 할 교훈이 있다.

※ 힘의 근원이 야훼 하나님이심을 잊지 말자.

통상 사무엘하 21-24장을 구약학자들은 '사무엘서 부록'(The Samuel Appendix)이라고 해석한다. 그 근거는 사무엘하 20장 다음에 열왕기상 1-2장이 이어져야 문맥이 자연스럽고, 연대기적으로나 글의 흐름이 연착륙되기 때문이다. 필자도 학자들의 설정이 올바른 접근이라고 본다. 결국 사무엘하 21-24장은 다윗 행적의 여러 전승들을 편집한 기록이자 삽입이라고 보는 것이 무리가 없어 보인다. 눈에 띄는 것은 사무엘하 22장에 기록된 다윗의 노래가 시편 18편과 병행하는 신앙고백이라는 점에서 다윗의 연대가 언제쯤인지를 구분 짓는 것은 명확하지 않지만 한 가지는 분명하다고 여겨지는 대목이다. 청년, 장년, 노년, 어느 시기이든 상관없이 사무엘하 22장의 노래가 다윗의 총체적 신앙관이라는 해석이 옳다.

다윗은 사울의 주도면밀하게 끈질긴 핍박 가운데에서도 살아남았다. 도망 중에 후일을 도모하기 위해 할례 받지 못한 원수의 나라인 블레셋의 한 지역이었던 가드로 들어가서 그곳의 왕이었던 아기스 앞에서 침을 흘리며 미친 사람인 양 흉내 내야 하는 수모도 겪었다. 그의 인생에서 가장 치욕적인 성적 범죄로 인해 야기된 심판의 결과물로 훗날 그는 아들들의 패륜으로 인해 자녀들이 멸문지화를 당한 것은 물론, 본인도 죽음의 고비를 가까스로 넘기는 치욕도 당했다. 이런 다윗의 전 인생을 전제하면서 읽는 사무엘하 22장에서 토로한 그의 고백은 의미심장하다.

> 이르되 여호와는 나의 반석이시요 나의 요새시요 나를 위하여 나를 건지시는 자시오 내가 피할 나의 반석의 하나님이시요 나의 방패시요 나의 구원의 뿔이시요 나의 높은 망대시요 그에게 피할 나의 피난처시요 나의 구원자시라 나를 폭력에서 구원하셨도다(삼하 22:2-4)

그토록 치욕적인 삶을 절절하게 경험했던 다윗이었는데, 그에게서 어떻게 이런 신앙의 고백이 보고될 수 있었을까? 답은 비교적 간단하다. 다윗은 그의 질곡 같은 삶을 통해 모든 힘의 원천이 하나님이라는 사실을 처절하게 경험했기 때문이다. 선교 신학자 레슬리 뉴비긴은 이렇게 갈파했다.

만에 하나 선교지에서 당신이 전하는 종교적 메시지를 무슨 권위와 근거를 갖고 그렇게 자신 있게 전하느냐고 피 선교지의 사람들이 도전한다면 나는 이렇게 말할 것이다. "①나는 내 삶의 궁극적인 권위가 예수이심을 믿기 때문이다. ②또 하나 그 궁극적인 권위인 예수가 그리스도임을 믿기 때문이다. ③절대로 놓치지 않는 세 번째의 권위는 예수가 그리스도 되심이라는 이 사실이 나에게만 국한된 것이 아니라 이 메시지를 듣는 사람들에게도 기인하기 때문이다"라고.*

삼손에게 있어서 그의 힘의 원천은 머리털에 있지 않았다. 하나님이 삼손이 행했던 힘의 유일한 원천이었다. 작가 정호승이 표현한 글이 있다.

세상의 모든 꽃은 뿌리의 꽃이고 뿌리가 꽃이며 꽃이 바로 뿌리이다. 그러므로 뿌리의 노고와 사랑 없이 저절로 피어나는 꽃은 없다.**

잡풀의 생명력이 왕성한 이유는 뿌리가 견고하기 때문이다. 결국 뿌리의 생명력이 풀의 생명력이요 꽃의 생명력이다. 명심하자. 나의 힘의 근원이자 뿌리가 하나님이심을. 그러기에 그리스도인이라면 그분께 강하게 붙들려야 함은 수없이 강조해도 지나치지 않는다.

---

* 레슬리 뉴비긴/홍병룡 역, 『오픈 시크릿』 (복 있는 사람, 2012), 35-44.
** 정호승, 『정호승의 새벽 편지, 당신이 없으면 내가 없습니다』 (해냄, 2014), 37.

세상에 있지만 속하지는 말자

사사기 16:23-31

새길 말씀: 블레셋 사람의 방백들이 이르되 우리의 신이 우리 원수 삼손을 우리
손에 넘겨주었다 하고 다 모여 그들의 신 다곤에게 큰 제사를 드리고 즐거워하고
백성들도 삼손을 보았으므로 이르되 우리의 땅을 망쳐 놓고 우리의 많은 사람을
죽인 원수를 우리의 신이 우리 손에 넘겨주었다 하고 자기들의 신을 찬양하며
그들의 마음이 즐거울 때에 이르되 삼손을 불러다가 우리를 위하여 재주를
부리게 하자 하고 옥에서 삼손을 불러내매 삼손이 그들을 위하여 재주를 부리니라
그들이 삼손을 두 기둥 사이에 세웠더니 삼손이 자기 손을 붙든 소년에게 이르되
나에게 이 집을 버틴 기둥을 찾아 그것을 의지하게 하라 하니라 그 집에는
남녀가 가득하니 블레셋 모든 방백들도 거기에 있고 지붕에 있는 남녀도 삼천명
가량이라 다 삼손이 재주 부리는 것을 보더라 삼손이 여호와께 부르짖어 이르되
주 여호와여 구하옵나니 나를 생각하옵소서 하나님이여 구하옵나니 이번만
나를 강하게 하사 나의 두 눈을 뺀 블레셋 사람에게 원수를 단번에 갚게
하옵소서 하고 삼손이 집을 버틴 두 기둥 가운데 하나는 왼손으로 하나는
오른손으로 껴 의지하고 삼손이 이르되 블레셋 사람과 함께 죽기를 원하노라
하고 힘을 다하여 몸을 굽히매 그 집이 곧 무너져 그 안에 있는 모든 방백들과
온 백성에게 덮이니 삼손이 죽을 때에 죽인 자가 살았을 때에 죽인 자보다
더욱 많았더라 그의 형제와 아버지의 온 집이 다 내려가서 그의 시체를 가지고
올라가서 소라와 에스다올 사이 그의 아버지 마노아의 장지에 장사하니라 삼손이
이스라엘의 사사로 이십 년 동안 지냈더라

삼손은 들릴라의 집요한 유혹과 압박으로 인해 그에게 힘의 원천이

라고 믿었던 머리털의 비밀을 알려주었다. 머리털을 밀면 힘이 없어진 다는 비밀을 알려준 것으로 이 기사를 통상 해석하고 이해한다. 하지만 실은 삼손이 들릴라에게 해 준 말의 의미는 하나님께서 나실인에게 마지노선으로 남겨두신 자존감을 누설함으로써 하나님을 욕보인 꼴이 된 것이다. 이런 어처구니없는 실수로 인해 삼손은 블레셋 사람들에게 체포되어 가사로 끌려가 두 눈이 뽑힌 채 노예들이 하는 일이었던 맷돌을 돌리는 비참한 신세로 추락했다. 하지만 하나님께서 힘을 주시는 상징적인 원천인 머리털이 다시 자라기 시작했다고 사사기 기자가 기록함으로써 영적인 반전을 독자에게 기대하게 한다.

블레셋 사람들은 삼손의 신병이 자기들의 영역 안에 확보된 후에 승전가를 불렀다. 때마침 다곤 신에게 경배하는 축제의 장이 열렸다. 아마도 이 축제는 농경신이었던 바알의 아버지로 명명된 다곤에게 바쳐지는 최고의 축제였다. 23절에서 이 축제를 '큰제사'(a great festival-NLT)라고 명명한 것을 보면, 이런 추론이 가능하다. 블레셋인들에게 이 큰 제사는 다른 여느 때의 제사보다 더 흥에 겨운 축제였다. 블레셋의 토지를 망쳐버리고, 농사를 훼방하고, 많은 같은 민족 사람들을 죽인 철천지원수인 삼손을 감금해 놓았기 때문이다. 마음먹기에 따라 얼마든지 그를 죽일 수 있는 물리력을 블레셋이 소유하고 있다. 하지만 이들은 삼손의 호흡줄을 끊는 것으로는 만족하지 못했다. 25절을 읽자.

> 그들의 마음이 즐거울 때에 이르되 삼손을 불러다가 우리를 위하여 재주를 부리
> 게 하자 하고 옥에서 삼손을 불러내매 삼손이 그들을 위하여 재주를 부리니라
> 그들이 삼손을 두 기둥 사이에 세웠더니

가사의 블레셋 사람들은 다곤 축제를 흥청망청한 축제로 치르고 있음이 엿보인다. '마음이 즐겁다'(토브 레브)를 전성민은 이렇게 주석했다.

'토브 레브'(טוֹב לֵב)라는 표현은 축제와 관련되어 사용될 때 일반적으로 술기운이 올랐다는 숙어적 표현이다.*

술과 향락에 취한 블레셋 사람들은 국가적인 기쁜 날을 이렇게 본인들끼리만 먹고 즐기기가 아까웠다. 더 자극적인 여흥과 볼거리가 필요했다. 삼손은 그들에게 최고의 볼거리였다. 삼손에게 재주를 부리라는 압력이 가해졌고, 그것을 보는 블레셋 사람들에게는 최고의 만족 거리였다. 나귀 턱뼈 하나로 1,000명을 도륙하던 삼손이 이방 신전에서 재주를 부리는 신세가 된 것만으로도 블레셋인들에게는 최고의 볼거리였다. 그들은 흥분할 만큼 만족했다. 본문은 삼손이 재주를 부렸다고 기술했는데, 삼손이 부린 재주가 무엇인지 본문에는 등장하지 않아 추측하기가 쉽지 않지만 분명한 점은 그가 이방인들 앞에서 재주를 부리는 현장, 즉 다곤 신전 안에는 무려 3,000명 정도의 사람들이 삼손의 광대극을 보면서 열광하고 있었음을 기술한 것은 의미심장하다. 삼손에 관한 담론이 이것으로 끝났다면 치욕 그 자체였을 것이다. 삼손의 수치 당함은 넓은 의미로 하나님도 망신당한 꼴이 된 것이고, 그의 백성들도 매일반이기 때문이다. 하지만 삼손의 엔딩 시나리오는 여기에서 끝나지 않는다. 하나님의 일하심은

---

* 전성민,『사사기 어떻게 읽을 것인가?』, 257.

이제부터 시작된다. 삼손은 다곤 신전 한복판으로 나아와 어릿광대처럼 재주를 부렸다. 치욕의 현장이었지만 삼손은 이 재주부리는 순간을 자기의 원수를 갚을 절호의 기회로 삼는다. 누구인지는 확실하지 않지만, 자신을 이끌어 주던 자에게 한 가지 부탁을 한다. 다곤 신전을 지탱하고 있는 대들보 기둥으로 데려가 달라는 부탁이었다. 이어지는 삼손의 행적을 알 리가 없는 그 인도자는 삼손의 말을 가볍게 여기고 그를 기둥으로 인도했다. 바로 이 구절, 22절이 삼손의 머리털이 자라고 있다고 기록한 의미 있는 상징적인 말씀에 담긴 그대로 반전의 역사를 보여 주는 결정적인 텍스트가 되었다. 삼손이 하나님께 기도한다. 28절을 읽자.

> 삼손이 여호와께 부르짖어 이르되 주 여호와여 구하옵나니 나를 생각하옵소서 하나님이여 구하옵나니 이번만 나를 강하게 하사 나의 두 눈을 뺀 블레셋 사람에게 원수를 단번에 갚게 하옵소서 하고

기도를 잊고 살았던 삼손이 하나님께 마지막으로 기도한 내용이다. 블레셋 사람들에게 원수를 갚게 해달라는 기도였다. 때늦은 기도였지만 하나님은 삼손의 기도에 응답하셨다. 하나님이 삼손에게 이전에 갖고 있었던 힘을 주신 것이다. 삼손은 하나님으로부터 잃어버린 힘을 다시 회복하고 다곤 신전의 두 기둥 터를 무너뜨림으로 그곳에서 삼손의 재주를 보고 있었던 블레셋 사람 3,000명을 몰살시키고 본인도 함께 그곳에서 최후를 맞이하였음을 보고한다. 사사기 기자는 삼손의 기사를 마무리하면서 이렇게 막을 내리고 있다.

① 삼손이 그날 죽인 자가 살아있을 때 죽인 자보다 더 많았다.

② 삼손이 죽은 뒤 그의 시체를 그의 형제들이 수습하여 그의 고향인 소라와 에스다올 사이에 있는 가족묘에 안장하고 장사를 지냈다.

③ 그는 20년 동안 이스라엘의 사사직을 감당했다.

삼손의 이야기를 마치려는데 뭔가 찜찜하다. 화장실에 들어갔다가 나왔는데 후련하지 않은 느낌이다. 뒤늦게 돌아선 삼손의 행적 때문이다. 늦었다. 늦어도 많이 늦었다. 삼손의 엔딩 내레이션을 통해 우리 독자들에게 주는 교훈을 이렇게 정리해 보자.

※ 교회와 그리스도인은 세상 가운데에 있어야 하지만 세상에 속해서는 안 된다.

삼손을 오늘의 언어로 재해석한다면 교회와 그리스도인으로 확장하여 해석할 수 있다. 그러기에 삼손은 오늘 우리 그리스도인들에게 기막힌 표상이 된다. 교회, 교회 안에 있는 그리스도인들이 가장 강력한 사탄의 권세가 휘몰아치는 작금의 현실에서 어떻게 살아야 하는가를 대변해 주는 기막힌 상징이 삼손이다. 삼손은 하나님이 성별하신 나실인이었다. 그는 나실인답게 살아야 했다. 하지만 그는 불행히도 나실인으로 살아가는 영적인 부담을 내동댕이쳤다. 그는 이방적인 것들을 경계해야 했다. 하지만 유감스럽게도 도리어 가장 이방적으로 살았다. 하나님이 금하신 것을 탐했다. 블레셋에게서 이스라엘을 구원하라는 것이 그에게 주어진 명령이었는데도 도리어 그는 블레셋화 된 아쉬움을 남겼다. 삼손은 세상에 속하지 말아야 하는 나실인이었음에도 불구하고 세상에 동화되었던 사사였다. C. S. 루이스는 『스크루테이프의 편지』에서 사탄의 음모를 이렇게 고발했다.

"우리가 바라는바, 정말 간절히 바라는 바는 인간들이 기독교를 수단으로 취급하는 것이다. 물론 자기의 출세의 수단으로 이용하면 더 바랄게 없겠지만, 그게 안 된다면 다른 목적을 위한 수단으로라도─하다못해 사회 정의를 위한 수단으로라도─ 삼게 해야지. 이 경우, '사회 정의는 원수가 요구하는 것이므로 가치 있는 일'이라고 믿게 한 후, '기독교는 그 사회 정의를 실현할 수 있는 수단이므로 가치 있다'고 믿는 단계까지 밀어붙여야 한다."*

루이스는 이 땅의 주권을 한시적으로 지배하고 있는 사탄의 핵심적 목표가 교회와 그리스도인들에게 믿음을 목적이 아닌 수단이 되게 하는 것이고, 더불어 세상이 추구하는 것을 최고의 목적으로 만드는 것임을 지적한 것이다. 오늘날 교회와 성도들의 믿음이 단지 수단이 되어버린 지 오래되었다. 우리 가정의 행복을 위한 수단, 우리 교회만의 부흥을 위한 수단, 우리 가정의 행복지수를 높여주는 수단, 우리 교회의 재정 축적을 위한 수단, 내 경영 현장에 만사형통을 주는 수단으로 믿음이 변질된 지 이미 오래다. 페이스북 친구가 다음과 같은 글을 올렸다.

_____

* C. S. 루이스, 『스크루테이프의 편지』, 136.

"내 생각엔 '교회'보다 중요한 것은 '가정'이다. 가정이 모든 삶의 기초요 출발점이다. 목사들은 교회를 더 강조하려는 경향이 있는데 제발 착각하지 않았으면 한다."

맞다. 하지만 가정이 우선이라고 가르칠 때 가족주의는 사탄의 도구가 될 수 있음도 함께 가르쳐야 한다. 김두식 교수가 쓴 『교회 속의 세상, 세상 속의 교회』라는 수작이 있다. 그는 책에서 교회가 교회만을 위한 '샬롬'을 추구하고 도리어 세상이라는 영적인 권세와 싸우는 것을 포기한 끝에 나약해질 대로 나약해진 비참함을 이렇게 갈파했다.

'세상 속의 교회'를 '교회 속의 세상'으로 변질시킴으로 교회는 무력화된 것입니다. 그 오랜 무기력 속에서 교회는 이제 보험회사만도 못한 내면세계의 공동체, 최대한의 영역을 확장해 봐야 교인들끼리 싸우지 않는 것을 평화의 수준으로 이해하는 수준의 공동체로 남게 되었습니다.*

새겨야 할 고언이다. 교회와 그리스도인은 세상에 존재해야 하지만 세상에 속해서는 안 된다. 그것이 21세기라는 역사의 현장에 놓여 있는 예수 그리스도인들이 지켜야 하는 자존심이다.

---

* 김두식, 『교회 속의 세상, 세상 속의 교회』(홍성사, 2010), 280.

9부

랜덤 클라이맥스

(17-21장)

J U D G E S

어떻게 살아야 하지?

사사기 17:1-6

새길 말씀: 에브라임 산지에 미가라 이름하는 사람이 있더니 그의 어머니에게 이르되 어머니께서 은 천백을 잃어버리셨으므로 저주하시고 내 귀에도 말씀하셨더니 보소서 그 은이 내게 있나이다 내가 그것을 가졌나이다 하니 그의 어머니가 이르되 내 아들이 여호와께 복 받기를 원하노라 하니라 미가가 은 천백을 그의 어머니에게 도로 주매 그의 어머니가 이르되 내가 내 아들을 위하여 한 신상을 새기며 한 신상을 부어 만들기 위해 내 손에서 이 은을 여호와께 거룩히 드리노라 그러므로 내가 이제 이 은을 네게 도로 주리라 미가가 그 은을 그의 어머니에게 도로 주었으므로 어머니가 그 은 이백을 가져다 은장색에게 주어 한 신상을 새기고 한 신상을 부어 만들었더니 그 신상이 미가의 집에 있더라 그 사람 미가에게 신당이 있으므로 그가 에봇과 드라빔을 만들고 한 아들을 세워 그의 제사장으로 삼았더라 그 때에는 이스라엘에 왕이 없었으므로 사람마다 자기 소견에 옳은 대로 행하였더라

그 때에는 이스라엘에 왕이 없었으므로 사람마다 자기 소견에 옳은 대로 행하였더라(6절)

언뜻 보기에는 이 문구가 아주 민주적으로 보인다. 자율적인 분위기를 자아내는 행복한 발언처럼 보인다. 그럴까? 사사기 기자는 6절의 이 기록을 사사기서의 마지막 장, 마지막 절에도 동일하게 기록한다. 사사기를 읽는 독자들에게 알려주고 싶은 메시지가 있었기 때문이다.

놓쳐서는 안 되는 저자의 의도가 있었기 때문이다. 막살아 실패한 시대가 사사시대임을 강력하게 전하고 싶었기 때문이다. 1-16장에서 살펴본 6명의 사사들을 통해서 배웠던 것은 그들이 나선형 하강 구도를 그리며 사사시대를 그렸다는 점일 것이다. 기자는 점점 더 이스라엘 신앙 공동체가 야훼께 부름을 받은 공동체의 모습이 아닌 자기의 소견이 옳은 대로 막살던 시대가 사사시대임을 고발하고 싶었음이 분명하다. 첫 사사였던 옷니엘은 그런대로 모범적인 사역을 감당했다. 하지만 이어 등장하는 사사들은 점점 영적으로 하강 구도를 탄 자들이었다. 조금 양보하여 드보라와 에훗 사사까지는 선방했다고 할 수 있다. 하지만 이후 사사들의 행태는 볼썽사나운, 망가진 사사들의 점입가경을 보여준다. 기드온의 연약함, 입다의 무모함, 삼손의 참담함도 보았다. 결국 사사시대는 시간이 가면 갈수록 하나님의 뜻과는 전혀 관련이 없는 자기 멋대로의 삶을 살았던 사사들이었기에 그들의 시대는 실패한 시대였다. 이미 살핀 대로 자기 멋대로의 삶의 절정을 이룬 사사가 삼손이었다. 그러나 17장부터 전개되는 포스트 삼손 시대의 막장 드라마에 비하면 삼손의 시대는 양반이었다.

17-21장에서는 아예 사사들이 역사의 현장에서 사라져 버린다. 야훼 하나님께서 사사들을 부르지 않았다는 말이다. 여호수아와 같은 탁월한 지도자도 없었고, 사사들도 세워지지 않았던 시대가 사사 이후 시대다. 이때는 정치적인 리더였던 왕들이 있었던 시기도 아니었고, 그렇다고 해서 모세 시대처럼 하나님께서 직접 통치하시는 신정정치 시대도 아니었다. 다시 말해 17-21장까지의 시대는 하나님도 침묵하시고 이스라엘을 이끌 영적, 정치적 지도자도 없는 사실상 영적 무정부적인 리더 부재의 시대였다. 그러니 한 가지가 더 분명했던

시대였다.

사람이 각기 자기의 소견에 옳은 대로 행하였더라

말 그대로 '랜덤 시대', 즉 '맘대로 살던 시대'였다.

에브라임 산지에 '미가'라는 사람이 살고 있었다. 17장 제일 첫 번째 지명으로 거론된 '에브라임'이라는 지명은 시작부터 뭔가 개운치 않다. 적어도 에브라임 지파는 사사기 안에서는 아주 기분 나쁜 지파로 인용되었기 때문이다. 기드온이 미디안에게서 이스라엘을 구원했을 때 우리들을 부르지 않았다고 뒷북 친 지파가 에브라임 지파였다. 입다가 암몬과의 전투에서 승리하자 역시 똑같은 방법으로 입다에게 저울질하다가 멸문지화를 당할 뻔했던 기분 나쁜 지파가 에브라임이다. 이렇게 그 기분 나쁜 지파인 에브라임이 17장 서두에 등장한다. 뭔가 이상한 일이 벌어질 것 같은 불길한 예감이 든다. 아니나 다를까 그 지파에 속한 한 사람 이야기가 수면 위로 등장한다. 1, 4절에 기록된 '미가여후'(מיכיהו)였다. 미가여후의 줄임말로 기록된 이름이 5, 9, 12, 13절에 표현된 '미가'(מיכה)다. 미가여후는 "야훼와 같은 이가 누구인가?"라는 의미다. "야훼 하나님과 같은 분은 이 땅에 없다"라는 뜻의 이름은 걸출하다. 이름의 뜻이 너무 좋았던 사람이 바로 미가였다. 하지만 이 사람은 이름값을 하지 못했던 사람으로 본문에서 증언된다. 2절 이하의 줄거리는 이렇다. 미가는 자기 엄마의 재산을 도둑질하였다. 그가 도둑질한 내용은 은 1,100세겔이었다. 당시 노예의 몸값은 20~60세겔 정도였고, 노동자의 1년 수입이 5~15세겔이었으며, 제사장들도 1년 연봉이 10세겔과 옷 한 벌이었다. 그렇다면 미가가 어머니에게서 훔친 돈인 1,100세겔은 제사장이 110년을 일해야 얻을 수 있는 천문학적인 금액이었다. 이것을 전제한다면 미가의 어머니는 재력가였을 것이 분명하다. 도난 사실을 안 미가의 어머니는 극도로 신경질적인 그녀의 심리를 2절에서 토로한다.

> 그의 어머니에게 이르되 어머니께서 은 천백을 잃어버리셨으므로 저주하시고 내 귀에도 말씀하셨더니 보소서 그 은이 내게 있나이다 내가 그것을 가졌나이다 하니

돈을 잃어버린 미가의 어머니는 자제력을 잃어버리고 그 도둑을 향하여 저주를 퍼부었다. 그러자 막상 그 저주의 대상이 된 미가는 어머니의 저주가 자기에게 임할 것을 염려한 나머지 그 돈을 훔친 자가 자기임을 이실직고하고 돈을 어머니에게 토해 놓기에 이른다. 사정이 이 정도라면 미가의 어머니는 아들에게 다시는 그런 일을 하지 못하도록 눈물이 쏙 빠질 정도로 엄하게 다스려야 하는 것이 어미된 자의 상식이다. 하지만 그의 어머니가 보여 준 반응은 상식 이하였다.

① 아들에게 책망이 아니라 도리어 복을 빌었다(2절 하반절).
② 돈을 되돌려 받은 미가의 어미는 그 돈을 아들을 위하여 신상을 만드는 데 사용한다(3절 전반절).
③ 여호와께 거룩하게 헌금하겠다고 했지만 변심하였다(3절 중반절).
④ 아들에게 되돌려 받은 은 1,100세겔 중에 200세겔을 은장색에게 주어 신상을 만들게 하였다(4절).

⑤ 미가의 집에 이미 만들어져 있는 신당에 만든 신상을 두었다(4절 하반절).

⑥ 첨가하여 제사장들이 입는 에봇과 제사장들이 앞의 일을 예언하는 데 사용했던 상징적인 물건인 드라빔을 만들어 미가의 집에 있는 신당에 두었다(5절 전반절).

⑦ 손자 중의 한 명을 무작위로 따로 제사장으로 세우는 것을 묵인했다 (5절 하반절).

필자가 미가의 어머니가 행한 반응을 세부적으로 밝힌 이유는 그 어미의 죄를 지적하기 위함이다. 2절 후반절에 언급된 아들을 위해 빈 복을 분석해 보자. 어머니가 아들을 위해 복을 빈 내용은 당시 사사시대에 아주 빈번히 사용되던 주술이었다.*

"내 아들이 여호와께 복 받기를 원하노라."

이 문구는 마치 "나무아미타불 관세음보살"과도 같은 주술적 후렴구였다. 전혀 야훼 신앙과는 관계없었던 미신적 주술이었다. 미가의 어머니가 이렇게 망가진 이유는 그녀가 야훼 하나님을 불렀지만 그 하나님은 성경이 증언하는 야훼와는 전혀 관계없는 전형적인 혼합 종교에서 부르는 일개 미신과도 같은 존재였기 때문이다. 그런 잡신의 하나로 하나님을 전락시킨 미가의 어머니였기에 아주 용감하게도 아들을 위한 신상을 만들 수 있었던 것이었다. 이뿐만 아니다. 그렇게

---

* 송병현, 『엑스포지멘터리 주석   사사기』, 336.

망가진 시대는 그런 신상을 만들며 생계를 유지하던 무당과도 같은 은장색들이 즐비하였기에 신상을 만드는 것은 대수롭지 않았던 일로 치부되었을 것이다. 그들에게 신앙의 선배들이 지켰던 '예배 장소 단일화의 율법'*은 전혀 중요하지 않았다. 사설 제단을 쌓는 일은 너무 쉬운 일이었다. 사사 후기 시대의 영적 참담함은 이것만이 아니었다. 미가는 자기의 개인 신당에서 제사를 드리기 위해 레위 지파의 사람이 아닌 자기 아들 한 명에게 제사장직을 감당하도록 하는 경악할 죄악을 저지른다. 이 일을 전성민은 이렇게 고발했다.

미가는 자기 집안 종교를 완성했다.**

그렇다. 하나님께 드리는 거룩한 기도가 주술이 되어버린 비극의 시대가 사사시대 말년이었다. 하나님만이 유일신임을 거부하고 그

---

* 신명기 신학은 이스라엘 사람들은 가나안 땅에서 오직 한 곳에서만 예배를 드려야 함을 명시했다. 이것이 '예배 장소 단일화'(centralization of Worship)의 원칙이다. 이 원칙은 신앙의 순수성 문제와 직결되어 있다. 가나안 땅에 들어가서 예배를 많은 곳에서 드릴 때, 자연히 원주민 종교의 영향을 받을 위험이 있고, 따라서 신앙의 순수성이 오염될 수 있다는 것이다. 이러한 위험을 막기 위해서 예배를 한곳에서만 그리도록 했다. 신명기 12장 11-14절에 근거한 원칙이었다. "너희는 너희의 하나님 여호와께서 자기 이름을 두시려고 택하실 그곳으로 내가 명령하는 것을 모두 가지고 갈지니 곧 너희의 번제와 너희의 희생과 너희의 십일조와 너희 손의 거제와 너희가 여호와께서 원하시는 모든 아름다운 서원물을 가져가고 너희와 너희의 자녀와 노비와 함께 너희의 하나님 여호와 앞에서 즐거워할 것이요 네 성중에 있는 레위인과도 그리할지니 레위인은 너희 중에 분깃이나 기업이 없음이니라 너는 삼가서 네게 보이는 아무 곳에서나 번제를 드리지 말고 오직 너희의 한 지파 중에 여호와께서 택하실 그곳에서 번제를 드리고 또 내가 네게 명령하는 모든 것을 거기서 행할지니라." 종교교재편찬위원회, 『성서와 기독교』, 박준서 구약성서 편 (연세대학교 출판부, 1988), 68.
** 전성민, 『사사기 어떻게 읽을 것인가?』, 267.

하나님도 가나안의 신과 같은 잡신 중 하나로 여기며 하나님을 추락시킨 시대가 사사 이후 시대였다. 하나님을 잡신으로 전락시킨 뒤 그 잡신을 상징하는 우상을 만들어 생계를 유지하는 종교인들이 즐비했던 시대가 바로 사사 후기 시대였다. 설상가상으로 이제는 예루살렘이라는 장소까지 가는 번거로움을 피해서 자기 멋대로 자기 집에 신당을 만들어 놓고 종교적인 주술 행위를 하며 복 받기를 원하던 사사시대로 타락했다. 가족 일원을 제사장으로 만들어서 제사를 드리던 시대가 사사 이후 시대의 민낯이었다. 하나님이 더 이상 존재하지 않았던 시대가 사사 후기 시대의 자화상이었다.

사사 후기 시대의 영적 상태를 21세기를 살고 있는 우리에게 적용해 보면 소스라치게 놀랍다. 지금으로부터 약 3,300~3,400년 전인 사사시대 말년의 자화상이 너무 가깝고 선명하게 2024년과 흡사해 보이기 때문이다. 오늘, 교회는 세상에서 가장 아름다운 기도요 신앙고백인 주기도문, 신앙고백을 영혼의 간절함이 없이 주술처럼 외우고 있다. 오늘, 도무지 하나님만이 진리라는 그 교리를 아직도 고수하느냐고 대들며 세상 사람들이 아우성치는 대로 기독교의 배타성을 내려놓으라고 도리어 신앙의 경계선에 있는 자들이 발끈하고 있다. 오늘, 하나님을 믿지 않으면서도 하나님을 빙자하여 돈벌이에 혈안이 되어 있는 삯꾼들이 즐비하다. 거기에 편승하여 기득권을 잃지 않기 위해 아부하는 타락한 신자들이 즐비한 시대가 오늘이다.

왜 교회에 나와서 예배를 꼭 드려야 하는가? "나는 얼마든지 내 개인의 처소에서 예배를 드린다"고 항변하며 교회 공동체 예배를 통해 임하는 성도의 코이노니아를 무시하고 교회의 질서를 무너뜨리는 사탄적, 궤변적, 명목적 신자들이 우글대는 시대가 바로 2024년이다. 웬만큼 재정이 도는 조직 교회에서 목회하고 있는 것에 감사하라고 압박하면서 목사는 무조건 순종하고 고분고분 귀에 달콤한 설교만 하라고 강요하고 있는 시대가 오늘이다. 교회의 본질과는 전혀 상관이 없이 제멋대로 교회 공동체를 유린하고 맘대로 교회를 휘젓는 교회 안의 불신자들이 양산되고 있는 시대가 오늘이다. 하나님이 없다고 믿는, 아니 있을 것 같지만 없었으면 좋겠다고 생각하며 맘대로 막살고 있는 자들이 곳곳에 널려 있는 오늘이야말로 현대판 사사 후기 시대는 아닌지 공격적으로 물어야 한다.

※ 내 소견대로 살지 말고 하나님의 소견대로 살아야 한다.

내 맘과 내 소견에 옳은 대로 살지 말고 하나님의 소견에 옳은 대로 살 것을, 교회는 막살지 않기를 기대한다. 성도는 랜덤으로 살지 않아야 한다. 그러려면 세 가지에 천착해야 한다.

① 특별계시로 주어진 하나님의 말씀대로 살아야 한다.
② 성령의 능력으로 해석된 레마의 말씀대로 살아야 한다.
③ 우직하게 말씀을 통해 조명된 그 삶을 고집하며 살아내야 한다.

다시 말해 말씀에 초점을 맞추어 그 삶의 방향성을 사수하는 것이다. 시편 기자의 고백을 믿고 따르는 것이다.

주의 말씀은 내 발에 등이요 내 길에 빛이니이다(시 119:105)

어두움의 시대에는 말씀이라는 등을 보며 따라가야 넘어지지 않는다. 내 길에 비친 빛을 보고 따라가야 실패하지 않는다. 하나님의 말씀이 아니라면 아닌 거다. 하나님의 말씀이 맞는 거라면 맞는 거다. 토를 달지 말자. 내 소견대로가 아니라 하나님 말씀의 소견대로 살아야 한다. 무서울 정도로 냉정하게 하나님의 말씀대로 살아내야 한다. 그래서 일찍이 아브라함 죠수아 헤셸이 말씀의 권위를 이렇게 갈음했던 것이 아닐까 싶다.

> "당신은 단지 그릇일 뿐이며, 당신의 세계와 말은 밖으로 펼쳐진 세계, 즉 말씀의 세계임을 기억하라. 말씀의 세계란 하나님의 현현이고, 말이 발화될 때 생각의 세계로부터 무엇인가를 갈구한다. 당신은 하나님의 빛을 당신의 생각과 말에 끌어들였을 때, 생각의 세계에서 나온 상당한 풍요와 축복이 말씀의 세계에서 부어질 수 있도록 기도하라."[*]

말씀을 통해 체화된 빛에서 이탈하는 자는 야훼 하나님과 전혀 관계없는 삶을 살아가는 자이기에 경계해야 한다. 말씀이 곧 하나님이시라면, 하나님의 말씀을 통해 말씀하시는 말씀의 소견에 따라 살아가는 것은 매우 당연하다.

---

* 아브라함 죠수아 헤셸/강선보·고미숙 공역,『열계단』(대한기독교서회, 2009), 63.

말씀 갖고 장난질 치지 말라

사사기 17:7-13

새길 말씀: 유다 가족에 속한 유다 베들레헴에 한 청년이 있었으니 그는 레위인으로서 거기서 거류하였더라 그 사람이 거주할 곳을 찾고자 하여 그 성읍 유다 베들레헴을 떠나 가다가 에브라임 산지로 가서 미가의 집에 이르매 미가가 그에게 묻되 너는 어디서부터 오느냐 하니 그가 이르되 나는 유다 베들레헴의 레위인으로서 거류할 곳을 찾으러 가노라 하는지라 미가가 그에게 이르되 너가 나와 함께 거주하며 나를 위하여 아버지와 제사장이 되라 내가 해마다 은 열과 의복 한 벌과 먹을 것을 주리라 하므로 그 레위인이 들어갔더라 그 레위인이 그 사람과 함께 거주하기를 만족하게 생각했으니 이는 그 청년이 미가의 아들 중 하나 같이 됨이라 미가가 그 레위인을 거룩하게 구별하매 그 청년이 미가의 제사장이 되어 그 집에 있었더라 이에 미가가 이르되 레위인이 내 제사장이 되었으니 이제 여호와께서 내게 복 주실 줄을 아노라 하니라

유다 베들레헴에 살던 한 레위 지파 청년이 고향을 떠났다. 그는 객지인 에브라임 산지로 이주하였다.

유다 가족에 속한 유다 베들레헴에 한 청년이 있었으니 그는 레위인으로서 거기서 거류하였더라(7절)

'거류하였다'라고 번역된 히브리어 '꾸르'(גּוּר)는 '나그네'를 의미하는 단어인 것을 보면, 레위 청년은 분명 객지로 떠돌아다니는 객

신세였음이 분명하다. 레위 출신의 청년이 에브라임 산지로 들어와 그가 거주할 처소를 찾았다면, 레위 청년이 유리방황하는 신세였음을 피력한 셈이다. 갈 곳이 마땅하지 않은 신세였던 레위 청년을 미가가 만났음을 보고하는 기록은 왠지 불길하다. 레위 청년을 눈여겨보던 미가가 그에게 어디 출신인지를 물었다. 레위 출신 청년은 유다 베들레헴 출신인데 이곳에 와서 살 곳을 알아보고 있다고 답하자, 이야기를 들은 미가는 갑자기 번쩍였다. 횡재를 만난 느낌이었기에 말이다. 미가는 자기 집에 개인 신당을 만들어 놓고 자기 아들에게 그곳에서 종교적 제의를 맡긴 터라 불편한 상태였다. 미가는 이 일로 인하여 항상 마음에 켕김이 있었는데, 지금 만난 사람이 레위 지파라는 것은 미가에게는 호재였다. 미가는 절호의 기회를 잡았다는 듯이 제안을 하나 던졌다.

미가가 그에게 이르되 네가 나와 함께 거주하며 나를 위하여 아버지와 제사장이 되라 내가 해마다 은 열과 의복 한 벌과 먹을 것을 주리라 하므로 그 레위인이 들어갔더라(10절)

미가가 레위 청년에게 제안한 내용이다.

① 내 집에서 거주해 달라.
② 나와 내 집을 위해서 아버지와 제사장이 되어 달라.
③ 월급으로 은 열 세겔과 의복 한 벌을 주겠다.

유리방황하고 있는 레위 청년은 흔쾌히 그의 청을 수락하였는데,

이는 이해타산이 맞아떨어졌기 때문이다. 미가는 찝찝했던 개인 신당에서 자행했던 불법적인 제사장 문제를 해결한 것이고, 레위 청년은 일자리와 숙식 문제를 해결한 서로의 이익에 부합한 기막힌 타협에 맞장구를 친 것이다. 사사기 기자는 이 에피소드를 소개하면서 둘다 보기에 좋았던 감흥을 적나라하게 소개한다.

> 그 레위인이 그 사람과 함께 거주하기를 만족하게 생각했으니 이는 그 청년이 미가의 아들 중 하나 같이 됨이라 미가가 그 레위인을 거룩하게 구별하매 그 청년이 미가의 제사장이 되어 그 집에 있었더라(11-12절)

두 사람의 합침은 그들에게 만족스러운 일이었다. 재론하지만 두 사람의 이해타산에 맞았다. 약속의 조건은 미가가 레위 청년을 아버지로 모시겠다고 했지만, 막상 집에서 함께 거주하면서는 청년이 미가를 아버지처럼 모셨다고 기술했다. 편법의 조화가 환상적인 조합을 이룬 셈이다. 미가는 이런 흡족한 결과로 인해서 그가 제안했던 두 번째의 요소인 제사장의 신분으로 레위 청년을 거룩하게 대우했다고 보고 한다. 이런 좋은 관계를 유지하게 된 미가는 사정이 이렇게 진행되자 드디어 본색을 드러내기에 이른다. 그는 에브라임 지역의 대중들과 지인들에게 이렇게 선언하기에 이른다.

> 레위인이 내 제사장이 되었으니 이제 여호와께서 내게 복 주실 줄을 아노라 하니라 (13절)

필자는 마치 행복한 두 사람의 동행기처럼 보이는 오늘 성서 텍스트에서 하나님이 존재하지 않는 시대인 랜덤의 시대에 자행된 무시무시한 죄악을 고발해 보고자 한다. 첫째, 이 청년은 레위 지파의 사람이지만 그렇다고 제사장이 될 수 있었던 사람은 아니었다. 레위 청년은 아론의 후손이 아니었기 때문이다. 출애굽기 18장 1-3절에 의하면, 제사장직은 반드시 아론의 후손들만이 할 수 있는 고유한 권한이었다. 그런데도 무자격의 레위 사람이 제사장의 직을 감당한 것은 랜덤 시대인 사사시대에서나 볼 수 있는 율법이 무시되던 시기였기에 가능한 일이었다. 율법을 무시한 일탈은 이 시대에 다반사로 일어나던 일이었다. 둘째, 하나님의 전(殿)이 아닌 개인의 사적인 이익을 위한 전(殿)을 만든 일이다. 율법적인 관점에서 볼 때 있을 수 없는 일이 자행된 셈이다. 셋째, 개인이 사욕을 위해 돈으로 종교 고용주를 만든 죄악이다. 레위 지파는 제사장직은 아니더라도 하나님의 전을 섬기도록 임명받은 지파다. 이 일로 인하여 그들은 기업으로 한 평의 땅도 받지 못했다. 다만 이스라엘의 다른 지파들이 드리는 십일조로 생활하도록 특별하게 구별된 자들이었다. 이 말은 레위 지파에 소속된 자들은 적어도 이스라엘 신앙 공동체 안에서 지도적 그룹에서 일해야 한다는 것을 의미한다. 결코 개인의 사적인 이익이나 유익 창출을 위해서 일을 해서는 안 된다는 말이다. 이렇게 분명하고도 확고한 율법의 강령이 있음에도 불구하고 레위인은 개인의 사익을 위해 미가의 집에 개인적으로 고용되어 그를 위한 개처럼 살아야 하는 수모를 받아들였다. 또 한 사람, 미가의 일탈을 보자. 미가는 어떤 종교적 범죄를 자행했나?

① 율법에 정면으로 도전했다. 민수기 4장 3, 30절이다.

곧 삼십 세 이상으로 오십 세까지 회막의 일을 하기 위하여 그 역사에 참가할 만한 모든 자를 계수하라(3절)

삼십 세부터 오십 세까지 회막에서 복무하고 봉사할 모든 자를 계수하라(30절)

율법은 제사장으로 사역할 나이를 분명히 제한하고 있다. 회막에서 수종들 수 있는 제사장의 사역 나이는 30~50세였다. 하지만 본문에서 번역된 '청년'을 의미하는 히브리어 '나아르'(נַעַר)는 청년이 아니라 '소년'을 의미하는 약관의 나이를 지칭하는 단어다. 미가는 레위인이 제사장으로 일할 수 없는 나이임에도 불구하고 무시하고 레위 출신이라는 이유 하나만으로 이해타산에 급급하여 개인 제사장으로 임명하는 무리수를 두었다.

② 미가는 제사장을 임명할 권한이 없는 자다.

미가는 자기 멋대로 제사장을 임명하여 고용했다. 당시 제사장직은 제사장만이 임면(任免)할 수 있었다. 그런데도 일반인이 제사장을 맘대로 고용하는 일을 자행했다면, 율법에 대해 무지했든지 아니면 율법을 고의로 무시했든지 둘 중 하나다. 중요한 것은 그 어떤 것도 하나님 앞에서 범죄라는 사실이다. 이렇게 자기 멋대로 제사장이 되었던 레위 출신 청년에게 미가는 또 자기 멋대로 행한 일의 결과물을 해석하는 어처구니없는 랜덤의 일탈을 자행했다. 13절이 보고한다.

이에 미가가 이르되 레위인이 내 제사장이 되었으니 이제 여호와께서 내게 복 주실 줄을 아노라 하니라

풀어보자. 미가는 이렇게 선언하고 다녔다는 말이다.

"나와 내 가정은 고용한 제사장이 있다. 그러기에 그 제사장으로 인해 하나님께서는 나에게 복을 주셔야 한다."

13절에서 주목해야 하는 문구가 보인다.

내 제사장

개인이 개인을 위해 고용하여 개인만을 축복하는 제사장이라는 뜻이다. 전혀 신학적이지 않은 단어다.

※ 말씀을 올바른 신학적 의미로 해석할 때 신앙의 궤도에서 벗어나지 않는다.

본문에 등장하는 레위 사람과 미가의 공통적인 범죄는 하나님의 율법을 철저하게 자기들의 이익 추구의 도구로 삼았다는 점이다. 이 해석은 하나님의 말씀이 자기들에게 유익이 되지 않으면 얼마든지 자의적으로 변경하고 무시할 수 있다는 것을 말한다. 주지했다시피 미가는 자신의 개인적인 유익을 위해 자격이 없는 레위 청년을 자격이 없는 본인 스스로가 사적으로 제사장으로 고용하며 율법을 어기며 악을 행하였다. 순전히 자기의 유익을 위해 영적 매뉴얼을 무시한

셈이다. 하나님의 말씀을 올바른 신학적 함의로 해석하지 않고 자기의 이익에 맞게 해석할 때 얼마든지 가능하게 자행되는 범죄다.

일인칭 객관적으로 적용하자. 하나님의 말씀은 하나님의 말씀 자체로 그 권위를 갖는다. 하나님의 말씀을 내 멋대로 해석해서는 안 되는 이유다. 이것을 무시하고 하나님의 말씀을 내 멋대로 해석하니까 내 멋대로 사는 것이다. 내 멋대로 사는 사람은 신앙인이 아니다. 자기를 믿는 세속적인 사람이다. 이런 자들은 하나님을 얼마든지 만들 수 있다. 하나님을 만든다는 말, 13절이 기막힌 증거다. 미가는 '내 제사장'을 자기 맘대로 만들었다. 멋대로 만든 뒤에 이렇게 자신했다.

이제 여호와께서 내게 복을 주실 줄을 아노라

이 정도면 북 치고 장구 치고 다 한 거다. 헛되고 참담한 일을 자행해 놓고 하나님께서 나에게 복을 주실 것이라는 담대함은 도대체 어디에서 나오는 배짱일까? 간단하다. 적어도 미가에게 있어서 하나님은 천지를 창조하신 하나님이 아니었다. 믿음의 선진이었던 아브라함, 이삭, 야곱, 요셉으로 이어지는 열조의 하나님이 아니었다. 430년 동안 애굽에서 노예살이하던 이스라엘의 선조들을 불쌍히 여겨 모세를 통하여 구원의 은혜를 주셨던 하나님이 아니었다. 더불어 미가가 지금 살고 있었던 에브라임 산지가 여호수아가 섬겼던 바로 그 하나님이 주신 땅이라고 전혀 믿지 않았다. 도리어 조상으로부터 전해져 내려오는 그 하나님도 가나안 이방 신상 중의 하나에 불과한 잡신으로 믿었기에 미가는 그 야훼라는 존재를 얼마든지 만들 수 있는 존재라고 생각하여 존귀하신 하나님을 능멸할 수 있었다.

신앙인들의 가장 질 나쁜 범죄는 하나님을 자기 멋대로 만드는 것이다. 헌금의 액수대로 움직여 주는 하나님으로 하나님을 믿는 것이다. 봉사와 헌신의 숫자대로, 내 마음대로 움직여 주는 하나님으로 하나님을 만드는 것이다. 내가 원하는 방향성대로 하나님을 만드는 것이다. 그래서 나에게 철저히 이익이 되는 하나님으로 남아 주는 것을 바라는 것이다. 이런 종교인의 공통점은 내 인생의 결과에 하나님이라는 존재가 언제나 플러스, 즉 유익이 되는 것이 중요하지, 하나님과의 아름다운 관계라는 과정을 만드는 것이 신앙의 정점이라는 점에는 전혀 아랑곳하지 않는다는 공통점이 있다. 하지만 하나님은 결코 나에 의해서 만들어지는 하나님이 아니다. 그는 스스로 존재하는 분이시다. 그러기에 내가 만드는 하나님을 믿는다면 신앙과 아무런 관계가 없는 일이다. 일찍이 선교 신학자 레슬리 뉴비긴이 이렇게 갈파했다.

이제 나는 고대할 것이 생긴다. 부족하지만 내 모든 삶을 예수 그리스도 안에서 하나님께 드린다면 그 대부분이 그럴 가치가 없을지라도 마지막 때에 하나님의 나라에 속할 것을 믿는다는 것이다. 요한계시록에 그려지는 도시는 아름다움과 문명과 선한 질서를 이루려는 인간의 모든 수고가 완성되는 곳일 뿐 아니라 또한 하나님이 모든 눈물을 닦아 주시는 곳, 우리 모두가 하나님을 대면하여 아는 곳, 우리가 그분의 것이고 그분이 우리의 것임을 아는 곳이다. 성경은 그 비전으로 마무리된다. 그 비전이 있기에 우리는 인류 전체의 이야기와 그 속에 들어 있는 우리 각자의 이야기를 의미 있게 볼 수 있다. 더욱이 예수 그리스도로 말미암아 우리는 공공의 삶의 책임과 고뇌를 회피하지 않고, 역사 속에서 자신이 맡은 배역에 충실할 수 있다. 우리 각자는 인간 역사의 수고와 고통에 동참할 각오가 되어 있어야 하며 동시에 그리스도께 믿음으로 드린 것들은 결국 마지막 때에 그분의 나라에 속하게 될 것이라고 확신해야 한다. 그러므로 내 앞에 보이는 것은 단지 텅 빈 공간이나 나의 죽음 혹은 내가 동참하지 못할 미래의 어떤 유토피아도 아니다. 나는 예수께서 오실 그날을 사모한다. 그분의 거룩한 도시가 신랑을 위해 단장한 신부처럼 하늘에서 내려올 그날을 고대한다.*

뉴비긴의 말대로 우리가 그분의 것이며 그분이 우리의 것이라는 성경의 비전을 믿자. 하나님이 약속하신 그날을 기다리며 달려가자. 말씀으로 장난질하지 말자. 말씀을 가지고 머리 굴리지 말자. 내가 가지고 있는 얄팍한 이성으로 계산하며 살지 말자. 내가 생각하는 정도의 성경적 실천으로 하나님께서 복 주실 것이라는 착각에서 벗어나자. 하나님께서 진정으로 복 주실 하나님의 백성은 하나님의 말씀대로 사는 자다.

---

* 레슬리 뉴비긴/윤종석 역, 『성경 한 걸음』 (복 있는 사람, 2013), 106-107.

종교인의 자리를 버리라

사사기 18:1-6

새길 말씀: 그 때에 이스라엘에 왕이 없었고 단 지파는 그 때에 거주할 기업의 땅을 구하는 중이었으니 이는 그들이 이스라엘 지파 중에서 그때까지 기업을 분배받지 못하였음이라 단 자손이 소라와 에스다올에서부터 그들의 가족 가운데 용맹스런 다섯 사람을 보내어 땅을 정탐하고 살피게 하며 그들에게 이르되 너희는 가서 땅을 살펴보라 하매 그들이 에브라임 산지에 가서 미가의 집에 이르러 거기서 유숙하니라 그들이 미가의 집에 있을 때에 그 레위 청년의 음성을 알아듣고 그리로 돌아가서 그에게 이르되 누가 너를 이리로 인도하였으며 네가 여기서 무엇을 하며 여기서 무엇을 얻었느냐 하니 그가 그들에게 이르되 미가가 이러이러하게 나를 대접하고 나를 고용하여 나를 자기의 제사장으로 삼았느니라 하니라 그들이 그에게 이르되 청하건대 우리를 위하여 하나님께 물어보아서 우리가 가는 길이 형통할는지 우리에게 알게 하라 하니 그 제사장이 그들에게 이르되 평안히 가라 너희가 가는 길은 여호와 앞에 있느니라 하니라

17장에서 미가라는 에브라임 지파의 한 사람을 통해 당시 이스라엘의 영적 상태가 어느 정도로 랜덤이었는지 살폈다. 설상가상으로 사사 후기 시대가 미가 한 사람뿐만이 아니라, 그런 막된 삶을 종교적으로 지지해 준 레위 출신의 청년을 통해 더욱 절망스러운 상태였음도 주지했다. 이어지는 18장에서는 사사 말년 시대에 자행된 영적 타락이 한 개인에게서 집단적인 공동체로 옮겨가는 더 기막힌 이야기가 보고된다.

그 때에 이스라엘에 왕이 없었고

이렇게 시작되는 18장은 사사시대의 비참했던 영적 자화상을 다시 한번 노출한다. 단지 왕이 없었다는 단순한 보고가 아니라, 영적인 구심점 역할을 하는 리더가 사라진 참담함을 알려준다. 사사 후기 시대가 영적으로 랜덤 상태에 이르렀음을 고발하는 또 하나의 어처구니없는 기막힌 현상을 설명하기 위해 사사기 기자는 1절 후반절을 이렇게 시작한다.

단 지파는 그 때에 거주할 기업의 땅을 구하는 중이었으니 이는 그들이 이스라엘 지파 중에서 그 때까지 기업을 분배받지 못하였음이라

갑자기 단 지파를 등장시킨 셈이다. 랜덤의 막장이 개인에게서 지파 공동체로 옮겨질 것 같은 불길한 기운을 느끼게 하는 서늘한 대목이다. 단 지파에 대한 사사기 기자의 설명은 그들이 거주할 땅을 구하는 중이었다고 보고한다. 이스라엘의 열두 지파 중에서 사사 말년 시대까지 단은 자기들이 살아야 할 땅을 기업으로 분배받지 못했음을 간접적으로 증언한 셈이다. 이렇게 된 상황을 이해하기 위해서는 단 지파에 대한 역사적 사건들을 추적할 필요가 있다. 여호수아 19장 40-48절을 보면, 단 지파가 여호수아로부터 할당받은 지역이 소개되고 있다. 단은 베냐민 지파의 서쪽 지역을 거주지로 허락받았다. 여호수아 19장 40-41절에 의하면, 서쪽 지역은 소라, 에스다올 그리고 이르세메스라고 보고한다.

소라와 에스다올

그렇다. 삼손의 고향이다. 삼손이 단 지파 출신이었다. 이렇게 분명한 거주 지역을 할당받았는데도 불구하고 단 지파가 거주할 곳을 얻지 못해서 땅을 찾고 있다는 말은 무엇을 의미하는 것일까? 이 질문의 답은 사사기 1장 34-36절에 나와 있다.

> 아모리 족속이 단 자손을 산지로 몰아넣고 골짜기에 내려오기를 용납하지 아니하였으며 결심하고 헤레스 산과 아얄론과 사알빔에 거주하였더니 요셉의 가문의 힘이 강성하매 아모리 족속이 마침내는 노역을 하였으며 아모리 족속의 경계는 아그랍빔 비탈의 바위부터 위쪽이었더라

단 지파에게 할당된 땅, 즉 소라, 에스다올, 이르세메스라는 지경에 살고 있었던 거민은 아모리 족속이었다. 하나님께서 여호수아를 통해 기업으로 준 땅은 다른 지파들처럼 그냥 차려진 음식과 같은 땅이 아니었다. 올라가 차지해야 하는 땅이었다. 여타 다른 지파 공동체는 열악하기는 마찬가지였지만 하나님의 약속을 믿고 올라가 땅을 차지했다. 예컨대 갈렙은 유다 지파의 사람이었다. 가나안에서 가장 넓고 풍요로운 지역을 분배받은 유다 지파의 원로였다. 그런 그가 아낙이라는 엄청난 군사력으로 무장한 거주민들에게 겁에 질려 아무도 나아가지 않으려는 헤브론을 차지하기 위해 85세의 노구를 이끌고 나아가 그 땅을 차지했음을 역사서는 증언한다. 이렇게 하나님의 능력으로 나아가기만 하면 땅을 차지할 수 있었던 것이 이스라엘 신앙 공동체였다. 그런데 단은 여호수아가 준 땅을 차지한 것이 아니라, 도리어

아모리 족속에게 쫓겨나는 수모를 당한다. 하나님의 신실한 약속을 믿고 싸우러 나아갔다면 비록 철기를 갖고 있었던 강력한 아모리 거주민들이었다고 하더라도 그 땅을 차지할 수 있었을 것이다. 하나님이 이겨주신 싸움이었기 때문이다. 하지만 단은 그 싸움을 포기했다. 싸움을 포기했다는 말은 하나님이 주신 기업을 차지할 믿음이 없었다는 말로 대체할 수 있다. 그들은 하나님의 도움을 믿지 않은 유일한 지파였다. 땅을 차지하지 못한 단이었기에 어쩔 수 없이 산악 지대에서 일부가 살았고 또 일부는 에브라임 지파에 속해 있는 소렉 계곡 근처에서 빌붙어 살아야 하는 수모를 겪어야 했다.

이렇게 비겁한 불신앙을 갖고 하나님이 주신 땅을 포기한 단 지파는 사사기 18장에서 엉뚱한 짓을 꾸미게 된다. 자기들의 힘으로 차지할 수 있는 약한 동족의 땅을 호시탐탐 엿보는 짓이었다. 만에 하나 그런 곳이 있으면 그들을 물리적으로 쫓아내고 지파가 이주할 생각으로 가득 차 있었다. 이런 비겁한 모드로 단 지파 지도부는 용맹스러운 용사 5명을 선발해서 자신들이 영구히 거주할 만한 땅이 있는지 정탐하라는 명령을 한다. 지파의 명을 받고 무장한 5명의 단 지파 정탐꾼들이 제일 먼저 찾아간 곳이 공교롭게 17장에서 살핀 미가가 살고 있었던 에브라임 산지였다. 미가의 집에 머물게 된 5명의 정탐꾼은 아주 자연스럽게 미가에게 고용된 사설 제사장을 보게 된다. 도착했을 그때, 추측하기로는 아마도 종교적인 제의(祭儀)를 드리고 있었던 레위 청년을 목격한 것 같다. 5명의 정탐꾼은 청년 제사장의 행위를 보고 종교적인 호기심이 발동해 3절에서 이렇게 말문을 이어간다.

"너를 인도한 자가 누구냐? 네가 하고 있는 일이 무엇이냐? 그 대가로 무엇을

얻었느냐?"

이 질문을 받은 레위 출신의 청년이 무장한 정탐꾼들에게 신변의
위협을 느껴 자초지종을 4절에서 밝힌다.

그가 그들에게 이르되 미가가 이러이러하게 나를 대접하고 나를 고용하여 나를
자기의 제사장으로 삼았느니라 하니라

그 청년의 신분이 레위인이라는 것을 알아낸 정탐꾼들은 가뜩이나
본인들의 출정(出征)에 대하여 안전 문제로 불안하고 불확실한 상태였
는데, 이것을 빌미로 질문을 던졌다. 5절은 아연실색하게 한다.

그들이 그에게 이르되 청하건대 우리를 위하여 하나님께 물어보아서 우리가
가는 길이 형통할는지 우리에게 알게 하라 하니

인간의 가장 기본적이고 연약한 심성을 종교적으로 해결 받고
싶어 하는 전형을 정탐꾼들의 질문을 통해 엿보게 된다. 이 질문을
받은 청년 제사장은 이렇게 답했다.

그 제사장이 그들에게 이르되 평안히 가라 너희가 가는 길은 여호와 앞에 있느니
라 하니라(6절)

레위 출신의 제사장이 내뱉은 이 답변은 전혀 하나님과는 관계없는
전형적인 종교적 발언이었다. 말 그대로 요즈음 시쳇말로 영혼 없는

답변이었다. 단 지파는 열두 지파 중에 하나님이 허락하신 기업을 자신들의 안위와 안락을 위해 포기한 지파였다. 그들은 차지한 땅이 없었기에 어쩔 수 없이 다른 지파의 땅에서 기생할 수밖에 없는 기회주의적인 삶을 살아야 했다. 하나님의 약속을 믿지 않은 지파, 더 극단적으로 표현하자면 하나님의 약속을 중요하게 여기지 않았던 이스라엘 공동체의 불신앙적 대명사가 바로 단 지파였다. 그들은 영적으로 가장 사기충천했던 가나안 정복 초창기였음에도 불구하고 하나님 신앙을 파산 내버린 몰락한 지파였다.

필자는 초기 사사(옷니엘, 에훗, 드보라)들의 영적인 상태에 비해 후기 사사(기드온, 입다, 삼손)들의 영적인 상태가 소위 말하는 하강형 나선 곡선을 타면서 점점 더 엉망이 되어 갔다고 했다. 그렇다면 단 지파의 영적인 상태가 초기 사사시대에 비해 후기 사사시대에 어떠했을지 추론해 보자. 단 지파 공동체는 이스라엘 공동체의 한 지파였지만 실상은 무신론자보다 더 악한 형편이었을 것이 자명하다. 그러기에 주어진 땅이 아닌 힘이 없는 지파 공동체의 땅을 호시탐탐 노리다가 그들을 공략해 땅을 강탈하는 죄를 서슴지 않았던 것이다. 더 기막힌 것은 하나님과 전혀 관계없었던 단은 하나님의 이름으로 종교적인 행위를 빙자한 복을 아무런 가책이나 느낌 없이 힘으로 종용하고 있다는 점이다. 이것은 그들이 얼마나 형편없는 지파로 전락했는지를 여지없이 보여 준다.

그들이 그에게 이르되 청하건대 우리를 위하여 하나님께 물어보아서 우리가 가는 길이 형통할는지 우리에게 알게 하라 하니(5절)

이 정도 수준이라면 사실은 영적으로 노코멘트를 하는 게 맞다. 무자격자 청년 제사장에게 5명의 정탐꾼이 물어본 "우리들이 가는 길이 어떨지 하나님께 물어봐 달라"는 내용을 조금 더 주술적으로 적용해 보면 이렇다.

"우리들이 가는 길을 네가 종교적인 수단을 동원해서 형통하게 만들어 달라."

유구무언이다. 단이 말한 요구 조건을 오늘의 언어를 대입해서 표현해 보자. 누군가가 목사인 필자에게 이렇게 요구한 거다.

"목사님, 내가 오늘 누구를 사기 칠 터이니 잘 속아 넘어가게 기도해 주세요", "목사님, 내가 오늘 한 건을 해서 잘 되면 왕창 헌금할 터이니 기도해 주세요."

이해되는가? 이런 참담한 요구에 대해 더 엄청난 충격을 주는 글이 본문에 있다. 청년 제사장의 반응이다. 단 지파 용사들의 요구에 아멘 한 내용이다.

그 제사장이 그들에게 이르되 평안히 가라 너희가 가는 길은 여호와 앞에 있느니라 하니라(6절)

사실 청년 제사장이 단 지파 용사들에게 이렇게 말한 셈이다.

"너희들이 가는 길에 하나님이 먼저 앞서가셔서 그 싸움을 이기게 하실 터이니 걱정하지 말고 가라. 이 싸움은 이긴 싸움이니 걱정은 붙들어 매라."

이어지는 텍스트 연구에서 밝히겠지만, 단 지파는 이런 사설 제사장의 말도 안 되는 거짓 메시지를 등에 업고 아무 문제 없이 평안히 살고 있는 라이스 백성들을 무력으로 짓밟는 만행을 저지른 뒤에 그들의 땅을 차지한다. 사설 제사장의 말대로 정말로 소원을 성취한 셈이다. 레위 청년의 말대로라면 이 정복 전쟁은 하나님이 단을 위해서 이겨주신 싸움이라는 말이 그대로 성취된 것처럼 보이는 대목이다. 하지만 상식적인 독자라면 이 대목을 서늘하게 비판해야 한다. 사설 청년 제사장이 하나님과는 전혀 관계없이 단순히 종교의 이름으로 망가진 종교적 장사꾼이 주저 없이 던진 광기 섞인 망발을 통해 독자들은 경책해야 한다.

※ 하나님과 관계없이도 종교적 생활은 얼마든지 누릴 수 있다는 경책이다.

5명의 단 지파 정탐꾼들은 무자격자 청년 제사장이 던진 의미 없는 종교적 독려를 믿었다. 이런 잘못된 가르침을 신봉한 정탐꾼들은 자기들의 지파 공동체에 이 일을 알렸고, 라이스를 무력으로 점령하는 일이 하나님의 일이라는 말도 안 되는 그릇된 발언 하나에 단 지파는 열광했다. 이것이 하나님의 인도함이라는 그릇된 신념으로 무장한 단 지파는 집단적 광기를 발휘하여 한 부족을 말살하는 극악의 죄를 자행했다. 그 정도로 그들은 영적 마비 상태였다. 5명의 정탐꾼이 갖고 있었던 무감각을 총체적인 차원으로 소급해 올라가면 단 지파 전체의 영적 기상도와 그 맥을 같이한다는 것을 알게 해 준다. 하나님께서 목적하시고 축복하시기 위해 의도하신 길을 거부하고 자신들의 편안함과 안락함을 전제하여 자신들 멋대로 생각해 낸 것들을 이루기 위해서 하나님을 조연으로 출연시키는 단 지파의 5명 정탐꾼은 하나님의 이름을 빙자하여 종교적인 만족을 추구하는 전형적인 종교 사기꾼들이었다. 또 그렇게 막사는 자들을 축복한 거짓 제사장을 보면서 우리가 살고 있는 21세기의 기독교 현장에서 거울로 삼아야 한다. 오늘도 단 지파가 버젓이 존재한다. 5명의 정탐꾼이 요구한 그대로 자신들은 하나님과 전혀 관계없는 랜덤의 삶을 살면서 궁극적으로는 종교적인 행위, 예배, 제물 등등을 빌미로 하나님이 내 편 되어 주기를 기대하는 오늘의 단 정탐꾼들이 비일비재하다는 것에 동의해야 한다. 힘으로, 권력으로, 물리력으로 하나님이 보호하시고 있는 약한 자들을 짓밟는 종교인들이 여기저기 지천으로 깔려 있음을 아프지만 인정해야 한다. 더불어 이런 말도 안 되는 종교인들에게 빌붙어 살아가는 하나님과 전혀 관계없는 종교 장사꾼들도 허다하다는 것도 시인해야 한다. 하나님의 이름을 파는 자는 하나님과 전혀 관계없는 종교인이다. 한세대 차준희 교수의 지적은 오늘을 사는 그리스도인들이 뼈아프게 들어야 하는 충고이자 잠언이다.

"우리가 세상으로부터 신중하게 들어야 할 것은 '상식의 회복'이라고 할 수 있다. 하나님이 오늘 우리에게 요구하시는 윤리적 삶이란 공동체 안에서 특히 약한 자들과 공감하여 연대하고, 모든 동료에게 적극적으로 신실하게 대하며, 매사 신중하게 하나님과 대화하며 그분과 함께

걸음을 내딛는 삶을 사는 것이다."*

적어도 이렇게 살아내는 한국교회가 될 때, 산소호흡기를 달고 있는 내 사랑하는 조국 교회가 소생하게 될 것을 필자는 믿는다.

---

* 차준희, 『구약 예언서 수업』(감은사, 2024), 248.

멋대로

사사기 18:7-13

새길 말씀: 이에 다섯 사람이 떠나 라이스에 이르러 거기 있는 백성을 본즉 염려 없이 거주하며 시돈 사람들이 사는 것처럼 평온하며 안전하니 그 땅에는 부족한 것이 없으며 부를 누리며 시돈 사람들과 거리가 멀고 어떤 사람과도 상종하지 아니함이라 그들이 소라와 에스다올에 돌아가서 그들의 형제들에게 이르매 형제들이 그들에게 묻되 너희가 보기에 어떠하더냐 하니 이르되 일어나 그들을 치러 올라가자 우리가 그 땅을 본즉 매우 좋더라 너희는 가만히 있느냐 나아가서 그 땅 얻기를 게을리 하지 말라 너희가 가면 평화로운 백성을 만날 것이요 그 땅은 넓고 그 곳에는 세상에 있는 것이 하나도 부족함이 없느니라 하나님이 그 땅을 너희 손에 넘겨주셨느니라 하는지라 단 지파의 가족 중 육백 명이 무기를 지니고 소라와 에스다올에서 출발하여 올라가서 유다에 있는 기럇여아림에 진치니 그러므로 그곳 이름이 오늘까지 마하네단이며 그곳은 기럇여아림 뒤에 있더라 무리가 거기서 떠나 에브라임 산지 미가의 집에 이르니라

본 단락은 하나님께서 지명하셨던 이스라엘 신앙 공동체 중의 하나였던 단 지파가 목표 의식을 상실했거나 혹은 변질됨으로 파생된 비극들을 알려주는 말씀이다. 단 지파는 가나안 입성 초기에 하나님으로부터 가나안의 지역 중에 베냐민 지파의 서쪽 지역이었던 소라, 에스다올, 이르세메스 등 아모리 족속들이 거주하고 있었던 땅을 정복하여 차지할 것을 명받았다. 하지만 단 지파는 하나님의 이런 엄위하신 명령에 순종하지 않았다. 그들과 싸워서는 이길 공산이

없다고 생각하는 불신앙 때문이었다. 그 결과, 단 지파는 하나님이 설정하신 그 지역에서 쫓겨나 그들만의 온전한 땅을 얻지 못하고 그 근처 산악에 거주하는 산적 신세가 되었다. 더불어 극히 일부만 에브라임의 영토였던 소렉 지역에서 빌붙어 살아야 하는 참 한심한 처지가 되었다. 사정이 이렇다 보니 단 지파 공동체는 자기들만의 정착지를 찾아 나서게 된다. 단 지파 지도부는 공동체의 지체 중에 용맹스러운 사람 5명을 뽑아 에브라임의 산간 지방으로 보내 자신들이 살만한 장소를 정탐하게 했다. 이에 지파 공동체의 위임을 받은 다섯 명의 정탐꾼들은 에브라임의 산간 지방을 돌아다니다가 미가의 집을 발견했고, 그곳에서 사설 제사장으로 고용되어 일하고 있었던 레위 출신의 젊은 제사장을 만나게 된다. 마침 파견된 정탐꾼들은 단의 미래가 불안하던 차에 그 고용된 제사장에게 자신들에게 일어날 앞날의 결과를 물었는데, 그를 통해 괜찮을 것이라는 영혼 없는 위로의 메시지에 고무된다. 말도 안 되는 그릇된 망상에 사로잡힌 다섯 명의 정탐꾼은 라이스라는 지역으로 들어가서 그곳의 정황을 살피고 자기들의 신앙 공동체가 있는 소라와 에스다올로 돌아와 정탐의 결과를 보고한 내용이 오늘 단락이다. 내용을 요약해 보자.

① 우리들이 정탐한 땅은 라이스다.
② 그 땅은 우리 지파가 차지하기에는 최적의 땅이다.
③ 이제 머뭇거리지 말고 그 땅을 치기 위해 올라가자.
④ 그 땅은 하나님이 우리에게 넘겨주기 위해 준비해 놓은 땅이다.

장밋빛 청사진 일색이다. 정탐꾼들은 자기 지파에게 머뭇거리지 말 것을 강권했다. 라이스 사람들을 제거하고 그 땅을 차지하는 것은 식은 죽 먹기라는 보고였다. 이렇게 긍정의 보고를 던진 정탐꾼들이 본 라이스라는 지역은 어떤 곳이었을까? 7절을 보자.

> 이에 다섯 사람이 떠나 라이스에 이르러 거기 있는 백성을 본즉 염려 없이 거주하며 시돈 사람들이 사는 것처럼 평온하며 안전하니 그 땅에는 부족한 것이 없으며 부를 누리며 시돈 사람들과 거리가 멀고 어떤 사람과도 상종하지 아니함이라

또 한 구절을 미리 소개한다. 18절이다.

> 그들을 구원할 자가 없었으니 그 성읍이 베드르홉 가까운 골짜기에 있어서 시돈과 거리가 멀고 상종하는 사람도 없음이었더라

이 두 개의 구절은 해석할 필요가 있다. 라이스는 헬몬산 자락에 있는 요단강 발원지 중간에 있는 지역이다. 그러기에 시돈과는 거리상으로 멀리 떨어져 있기에 혹여나 인근 부족 공동체인 시돈이 라이스를 도와줄 리 없다는 것이 정탐꾼들이 라이스를 공격하자는 이유였다. 다른 하나는 라이스는 군사적으로 무방비임과 동시에 무역을 통해 부를 누리며 아주 평화롭게 살기 때문에 그 땅을 차지하게 될 경우 경제적으로 얻게 될 플러스알파 요인이 많다는 것이었다. 결국 이 땅이야말로 단이 차지하기에 최고로 좋은 땅이라는 결론이었다. 이런 철저하게 세속적인 관점으로 해석한 것 말고도 정탐꾼들이 한술 더 뜬 보고는 참담하다.

"하나님이 이 땅을 우리에게 넘겨줄 것이다."

결국 이 보고를 받은 단 지파 공동체는 출정을 결심한다. 단 지파 공동체의 무장한 지체들은 만반의 준비를 하고 에스다올과 소라 지역을 떠나 유다 지파의 땅이었던 기럇여아림이라는 곳에 진을 치고 있다가 다시 에브라임 산지로 이동하여 미가의 집에 도착하는 것으로 설명한다. 본문을 추적하다가 느낀 점은 매우 찝찝하고 참담하다. 하나님이 원하는 방향성의 목표를 상실한 자들이 얼마나 망가질 수 있는가를 보여주는 좋은 실례이기에 그렇다. 단 지파 공동체는 하나님이 원하셨던 베냐민 지파의 서쪽 지역을 포기하고 헬몬산 밑에 있는 라이스를 빼앗기로 마음먹고 출정했다. 단 지파가 결정적으로 출정하게 만든 역할을 다섯 명의 정탐꾼이 했다. 이들의 무모하고도 전혀 신앙적이지 않은 결단을 보면서 아연실색한다. 10절을 다시 집중해 보자.

너희가 가면 평화로운 백성을 만날 것이요 그 땅은 넓고 그곳에는 세상에 있는 것이 하나도 부족함이 없느니라 하나님이 그 땅을 너희 손에 넘겨주셨느니라 하는지라

이 구절에서 후반절은 경악할 만하다.

하나님이 그 땅을 너희 손에 넘겨주셨느니라 하는지라

정탐꾼들은 라이스는 하나님께서 자기 지파에게 줄 땅으로 예비해 놓으신 최적의 장소라고 확신했다는 보고가 기가 막힐 따름이다. 정탐꾼들의 이러한 확신은 엄청난 불신앙의 궤적이다. 하나님께서 단 지파에게 라이스를 주시겠다고 언급한 구절은 성경에 단 한 차례도 나오지 않는다. 그러니 단 지파의 행위 자체는 하나님과 전혀 관계가 없는 일이었다. 하나님이 단에게 주셨던 비전은 베냐민 지파가 관할하던 서쪽, 즉 지중해와 맞닿은 지역이었다. 이곳이 하나님께서 단이 차지하기를 기대했던 장소였다. 하지만 그곳에 거주하고 있었던 아모리 족속이 무서워 그들과는 싸워보지도 않고 그 땅을 포기한 뒤에 거의 무장해제 상태였던 라이스를 침공한 것은 하나님의 방향성과는 전혀 관계가 없는 순전히 단 지파의 자의적인 생각이요 입장일 뿐이다. 그런데도 단 지파 정탐꾼들은 라이스가 하나님의 비전이요 하나님의 방향성이요 하나님의 원하시는 목표라고 제멋대로 해석하여 피를 흘리는 악행을 자행한 것은 가중의 죄를 범한 것과 다를 바 없다. 단 지파 공동체는 이런 말도 안 되는 일을 단지 정탐꾼의 보고에 반색하며 출정했다. 영적으로 무감각한 자들이 선택한 횡포요 폭력이다. 하나님이 원하시는 영적인 방향성을 상실한 그들은 그렇게 자기 멋대로 해석하고 자기 임의대로 하나님의 뜻을 해석하는 이스라엘 신앙 공동체 안의 불신자 공동체로 전락한 셈이다. 단 지파 공동체의 랜덤은 오늘을 사는 21세기 그리스도인들에게도 상당히 중요한 교훈과 방향성과 가르침을 전달해 준다.

　※ 하나님의 말씀을 자기 멋대로 해석하는 교회 안의 불신자가 되지 말라.

　내 맘대로 하나님의 뜻을 거절하고도 "하나님이 그 땅을 우리에게 주실 것"이라는 말도 안 되는 해석을 하는 불 신앙인들이 되지 말아야 한다. 하나님이 한 번도 그렇게 말씀하시지 않았는데 하나님이 그렇게 하실 것이라는 랜덤의 주장은 무서운 불신앙이다. 과학자이자 신학자인 알리스터 맥그래스 박사는 로마 황제 하드리아누스가 유대의 랍비였던 여호수아 벤 하나니야와 나눈 대화 내용을 자신의 글에서 인용한다.

> "유대교 신학을 무시하는 하드리아누스 황제가 여호수아에게 그가 섬기는 하나님을 보여 달라고 요구했습니다. 랍비는 하나님을 보여 주는 것이 불가능하다고 대답했고 황제는 그의 대답에 만족하지 못했습니다. 그래서 랍비는 황제를 데리고 밖으로 나가 팔레스타인의 여름 한낮 태양을 보라고 말했습니다. 황제는 말이 되는 소리를 하라고 응했습니다. '그것이 어떻게 가능합니까?'라고 대답을 하자 랍비가 이렇게 그에게 말해 주었습니다. '당신이 대낮에 태양도 보지 못하는 수준인데 하물며 태양을 창조하신 하나님의 영광을 어떻게 볼 수 있단 말이오.'"*

이 예를 인용한 알리스터 맥그래스 박사는 어거스틴의 말을 인용하면서 이 글을 이렇게 마무리한다.

> "당신이 만일 하나님을 이해할 수 있다면 그것은 이미 하나님이 아니다."**

---

* 알리스터 맥그래스/안종희 역, 『삶을 위한 신학』(IVP, 2014), 30.
** 위의 책, 32.

기가 막힌 통찰이다. 하나님을 우리의 생각으로 해석하지 말아야 한다. 하나님을 우리의 이성으로 가늠하거나 정의하지 말아야 한다. 하나님은 인간의 이성과 생각으로 이해될 수 있는 존재가 아니기 때문이다. 우리가 하나님을 이해하고 하나님을 성찰하고 하나님을 만날 수 있는 유일한 방법은 로고스 되셔서 우리 가운데 말씀으로 오신 예수 그리스도를 통해서만 가능함을 잊지 말아야 한다. 박노해 시인의 〈삶과 나이〉라는 시를 읊어보자.

어느 가을 아침 아잔 소리 울릴 때/악세히르 마을로 들어가는 묘지 앞에/한 나그네가 서 있었다/묘비에는 3.5.8... 숫자들이 새겨져 있었다/아마도 이 마을에 돌림병이나 큰 재난이 있어/어린아이들이 떼죽음을 당했구나 싶어/나그네는 급히 발길을 돌리려 했다/그때 마을 모스크에서 기도를 마친 한 노인이/천천히 걸어 나오며 말했다/우리 마을에서는 묘비에 나이를 새기지 않는다오/사람이 얼마나 오래 살았느냐가 중요한 게 아니라오/사는 동안 진정으로 의미 있고 사랑을 하고/오늘 내가 정말 살았구나 하는/잊지 못할 삶의 경험이 있을 때마다/사람들은 자기 집 문기둥에 금을 하나씩 긋는다오/그가 이 지상을 떠날 때 문기둥의 금을 세어/이렇게 묘비에 새겨준다오/여기 묘비의 숫자가 참삶의 나이라오[*]

시를 읽다가 마치 내 삶의 산문을 읽는 것 같은 느낌을 받아 가슴을 쳤다. 우리는 참되게 산 숫자의 나이를 묘비에 기록한 무슬림의

---

[*] 박노해, 『그러니 그대 사라지지 말아라』 (느린걸음, 2010), 162.

한 사람처럼 훗날 나의 묘비에 하나님의 방향성에 맞게 하나님의 목적에 따라 살았던 횟수를 기록하게 된다면 과연 얼마의 숫자를 기록할 수 있을까 깊이 성찰해 보자. 하나님이 나에게 주신 목표를 잘 달려가고 있는가? 민감하자.

쉿!

사사기 18:14-20

새길 말씀: 전에 라이스 땅을 정탐하러 갔던 다섯 사람이 그 형제들에게 말하여 이르되 이 집에 에봇과 드라빔과 새긴 신상과 부어 만든 신상이 있는 줄을 너희가 아느냐 그런즉 이제 너희는 마땅히 행할 것을 생각하라 하고 다섯 사람이 그쪽으로 향하여 그 청년 레위 사람의 집 곧 미가의 집에 이르러 그에게 문안하고 단 자손 육백 명은 무기를 지니고 문 입구에 서니라 그 땅을 정탐하러 갔던 다섯 사람이 그리로 들어가서 새긴 신상과 에봇과 드라빔과 부어 만든 신상을 가져갈 때에 그 제사장은 무기를 지닌 육백 명과 함께 문 입구에 섰더니 그 다섯 사람이 미가의 집에 들어가서 그 새긴 신상과 에봇과 드라빔과 부어 만든 신상을 가지고 나오매 그 제사장이 그들에게 묻되 너희가 무엇을 하느냐 하니 그들이 그에게 이르되 잠잠하라 네 손을 입에 대라 우리와 함께 가서 우리의 아버지와 제사장이 되라 네가 한 사람의 집의 제사장이 되는 것과 이스라엘의 한 지파 한 족속의 제사장이 되는 것 중에서 어느 것이 낫겠느냐 하는지라 그 제사장이 마음에 기뻐하여 에봇과 드라빔과 새긴 우상을 받아가지고 그 백성 가운데로 들어가니라

단 지파는 다섯 명의 정탐꾼들이 보고한 긍정의 보고에 힘입어 출정한다. 단 지파의 중무장한 600명은 그동안 숙영하며 살고 있었던 소라와 에스다올을 떠나 라이스로 향하기 위한 전진기지로 삼았던 유다 지역의 기럇여아림에 도착한다. 그들은 그곳의 이름을 마하네단 이라고 부르고, 그곳에서 전열을 정비하여 다시 라이스로 가기에

좋은 길목인 에브라임 산지로 동선을 옮긴다. 폭력 집단으로 변한 단 지파는 정탐꾼들이 사전 정탐을 통해 알아낸 미가의 집으로 향한다. 600명의 단 지파 군사들이 미가의 집으로 옮긴 이유는 정탐꾼이 제시한 보고 때문이었다. 그곳에는 미가의 집이 있는데, 거기에는 사설 제사장이 있고 에봇과 드라빔이라는 종교적인 기구들을 통해 종교적인 행위들이 이루어지고 있다는 보고였다. 동시에 그곳에서 상주하는 제사장으로부터 라이스 출정에 대한 길 예언(吉 預言)을 듣기도 했는데, 그곳을 먼저 방문하여 접수하면 이번 전쟁에서 좋은 결과를 얻을 수 있다는 막연한 기대감과 샤머니즘적인 탐욕의 보고가 단 지파 군사들을 발동하게 한 이유였다. 이렇게 탐심으로 가득 찬 단 지파가 파송한 600명의 군사는 미가의 집에 이르러 사설 제사장을 만난다. 외형적으로는 방문이지만 사실은 침략이다. 정탐꾼 다섯 명은 미가의 집 안으로 들어가고 나머지 600명의 무장한 군사들은 그 집을 에워싼다. 다섯 명이 미가의 집 안으로 들어가 주인의 허락 없이 드라빔과 에봇을 강탈하고 종교적인 기구들을 집 밖으로 가지고 나오자 마침 그 광경을 본 제사장이 그들에게 항의한다.

"너희들이 무엇을 하느냐?"(18절 하반절)

상식적으로 마땅한 항의요 질문이었다. 남의 집에 무단으로 들어와 그 집에서 소중히 여기고 있는, 말 그대로 신줏단지와 같은 것을 강탈하고 있는 정탐꾼을 보고 그냥 있을 리 없기 때문이다. 더더군다나 그 도구들을 통해 생계를 유지하던 사람이 그대로 보고 있을 리 만무다. 당연한 항의요 질문이었다. 이 질문과 항의를 받은 다섯 명의 정탐꾼이 사설 제사장에게 반응한 내용을 본문 19절이 알려주는데 서늘하다. 19절이다.

> 그들이 그에게 이르되 잠잠하라 네 손을 입에 대라 우리와 함께 가서 우리의 아버지와 제사장이 되라 네가 한 사람의 집의 제사장이 되는 것과 이스라엘의 한 지파 한 족속의 제사장이 되는 것 중에서 어느 것이 낫겠느냐 하는지라

이 항의를 받은 단 지파 정탐꾼들은 제일 먼저 보인 반응은 이렇다.

> 그들이 그에게 이르되 잠잠하라 네 손을 입에 대라

유진 피터슨은 『메시지』에서 이 구절을 이렇게 의역했다.

> "그들은 그에게 말했다. 쉿! 아무 소리 마시오."

죄를 자행하는 이들이 죄를 지적하는 미가 집안의 청년 제사장에게 이렇게 협박한 것이다.

> "쉿, 죽기 싫으면 입 닥쳐!"

이 번역본을 읽다가 소스라치게 놀랐다. 마땅히 죄를 지적하는 소리침에 대하여 소리를 내지 말라고 강요하는 랜덤의 시대가 후기 사사시대라고 할 때, 그 그림자가 21세기의 오늘 우리 교회에도 짙게 드리워져 있다는 느낌 때문이었다. 오늘날 한국교회가 전해야

하고 선포해야 하는 메시지는 지천이다. 특히 요즈음처럼 진리가 부정되는 시대에는 더더욱 그렇다. 이사야처럼, 예레미야처럼, 미가 처럼, 아모스처럼 시대의 예언을 선포해야 하는 것이 이 땅에 존재하는 교회들의 역할이자 몫이다. 하지만 어느 때부터인지 한국교회 강단에서 금기시되며 공공연하게 선포되지 못하는 몇 가지의 설교들이 생겨나기 시작했다. 가령 예를 들자면 이런 거다. 교회가 정치적인 색깔이나 이념적인 선동을 하는 설교들을 자제하고 조심해야 한다는 점은 재론의 여지가 없다. 그러나 교회의 상황이 아무리 불리해도 중단하지 말아야 하는 마지노선 설교가 있다. 그것은 죄에 대한 단호한 정죄요 돌이킴의 설교다. 교회는 더 치열하고 강력하게 죄에서 돌아서라고 선포해야 한다. 하지만 신자들이 떨어져 나갈 것을 염려하여 목회자들이 타협하고 설상가상으로 교회 성도들은 죄를 지적하는 예민한 설교에 대하여 이구동성으로 소리치는 실정이다.

"쉿! 조용히 하라고!"

19절을 이어가자.

그들이 그에게 이르되 잠잠하라 네 손을 입에 대라 우리와 함께 가서 우리의 아버지와 제사장이 되라 네가 한 사람의 집의 제사장이 되는 것과 이스라엘의 한 지파 한 족속의 제사장이 되는 것 중에서 어느 것이 낫겠느냐 하는지라

제사장의 항의를 받은 다섯 명의 정탐꾼들은 제사장에게 경고와 더불어 당근을 주었다.

① 미가의 집을 떠나 우리와 함께 가자.
② 한 사람의 가정에 사설 제사장으로 있지 말고 이제는 단 지파의 제사
    장으로 일해 달라.

겁이 났지만, 제안 자체가 괜찮았던 사설 제사장은 20절에서 흔쾌
히 그들의 사악한 제안을 수용한다.

**그 제사장이 마음에 기뻐하여 에봇과 드라빔과 새긴 우상을 받아가지고 그 백성
가운데로 들어가니라**

청년 제사장은 죄악을 저지르고 있는 자들의 사탕발림에 기뻐했다
고 사사기 기자를 통하여 고발당했다. '기뻐하여'라고 번역된 히브리어
'야타브'(יָטַב)는 '마음에 만족함을 느끼는 희열'을 의미하는 단어다.
다시 말해 본문 제사장은 이미 단 지파의 제안에 마음이 녹았음을
의미한다. 해서 표준새번역으로 20절은 이렇게 번역했다.

**제사장은 그 제안이 마음에 들어 에봇과 드라빔과 은을 압힌 목상을 받아 들고
그 무리들 가운데로 들어갔다**

청년 제사장이 불의한 일에 마음을 빼앗겨 기뻐한 것에 대한 자괴감
은 목사로 살고 있는 필자에게 있다.

그 무리들 가운데로 들어가니라

이 대목을 영어 성경 NIV는 '그들의 길을 따라갔다'라고 단순히 번역했지만, 웹스터 영어 성경의 번역은 더 실제적이다.

그 백성들의 한복판으로 들어갔다
(went in the midst of the people)

사설 제사장이 죄악을 저지른 단 지파 공동체의 소속된 것에 대해 얼마나 만족하였는지를 고발하는 구절이다. 죄와 타협을 한다는 것은 죄의 주변을 어슬렁대는 것이 아니다. 죄의 한복판으로 주도적인 들어가는 것이다. 죄와는 용인하거나 타협하지 말아야 한다. 청년 제사장은 전술했듯이 제사장의 자격이 있는 사람이 아니었다. 상황에 따라 급조된 제사장이었다. 그러므로 그의 일탈과 종교적인 죄성에 대한 기본적인 자질을 부여하지 않는 것은 마땅하다. 그러나 그럼에도 불구하고 그를 심각하게 보는 이유는 그가 레위 출신이었다는 점 때문이다. 유대 종교적인 특권층이었다는 점 때문이다. 주목할 것은 죄라는 것은 종교적이라고 해서 덜 짓고 비종교적이라고 해서 더 짓는 것이 아님을 기억하는 것이다. 죄는 철저하게 인간의 본질적인 성향의 일탈로 인한 것임을 인정하는 것이 중요하다. 일찍이 선교 신학자인 레슬리 뉴비긴이 『죄와 구원』에서 이렇게 갈파한 것은 예리한 성찰이었다.

죄의 본질은 영적인 성격을 지니고 있기 때문에 죄는 전인, 즉 몸과 마음, 영혼 전체를 타락시키는 뿌리이다.*

이런 면에서 죄는 조금이라도 우리의 전인(全人)에서 타협의 여지를 주어서는 안 되는 철저하게 격리해야 하는 대상인 것임을 기억하자.

※ 죄와 타협하는 것은 랜덤의 절정이다.

죄를 죄라고 말하면 죄가 되는 시대가 오늘이다. 죄를 관리하는 시대가 오늘이다. 오죽하면 달라스 윌라드가 이렇게 탄식했겠는가!

"오늘 교회는 죄를 관리하는 그릇된 복음에 민감하다."*

죄를 정치적 올바름(political correctness)이라고 포장하고, 현대인들이 추구하는 선택적 기호라고 대변해 주는 시대가 바로 오늘이다. 예수께서 이렇게 말씀하셨다.

세상이 너희를 미워하지 아니하되 나를 미워하나니 이는 내가 세상의 일들을 악하다고 증언함이라(요 7:7)

전율하게 하는 주님의 선언이다. 랜덤은 죄의 창궐을 용인하는 거다. 인정하고 덮는 거다. 죄의 핵심적 내용은 주께서 세상의 죄를 지적하기에 지적하는 예수를 미워하는 거다. 변명의 여지가 없다. 실천적 무신론자들까지도 예수를 미워한다. 죄를 옹호한다. 이 랜덤의 사상과 맞서는 것이 성도요, 그리스도인이다. 물러서지 말자.

---

* 레슬리 뉴비긴/홍병룡 역, 『죄와 구원』 (복 있는 사람, 2013), 35.
* 달라스 윌라드/윤종석 역, 『하나님의 모략』 (복 있는 사람, 2012), 47-48.

무력(武力)의 무력화(無力化)

사사기 18:21-29

새길 말씀: 그들이 돌이켜서 어린아이들과 가축과 값진 물건들을 앞세우고 길을 떠나더니 그들이 미가의 집을 멀리 떠난 때에 미가의 이웃집 사람들이 모여서 단 자손을 따라붙어서 단 자손을 부르는지라 그들이 얼굴을 돌려 미가에게 이르되 네가 무슨 일로 이같이 모아가지고 왔느냐 하니 미가가 이르되 내가 만든 신들과 제사장을 빼앗아 갔으니 이제 내게 오히려 남은 것이 무엇이냐 너희가 어찌하여 나더러 무슨 일이냐고 하느냐 하는지라 단 자손이 그에게 이르되 네 목소리를 우리에게 들리게 하지 말라 노한 자들이 너희를 쳐서 네 생명과 네 가족의 생명을 잃게 할까 하노라 하고 단 자손이 자기 길을 간지라 미가가 단 자손이 자기보다 강한 것을 보고 돌이켜 집으로 돌아갔더라 단 자손이 미가가 만든 것과 그 제사장을 취하여 라이스에 이르러 한가하고 걱정 없이 사는 백성을 만나 칼날로 그들을 치며 그 성읍을 불사르되 그들을 구원할 자가 없었으니 그 성읍이 베드르홉 가까운 골짜기에 있어서 시돈과 거리가 멀고 상종하는 사람도 없음이었더라 단 자손이 성읍을 세우고 거기 거주하면서 이스라엘에게서 태어난 그들의 조상 단의 이름을 따라 그 성읍을 단이라 하니라 그 성읍의 본 이름은 라이스였더라

『무탄드 메시지』는 62명의 호주 원주민과 호주 사막을 횡단했던 미국인 의사, 말로 모건의 기행문과 같은 작품이다. 그녀는 호주 원주민으로 통칭되는 무탄드들과 동행하면서 그들로부터 전해 들은 이야기를 저서에 남겼다. 모건은 백인들로 구성된 지배자들의 시각에

서 볼 때 원주민이요 미개인이요 보호 대상자요 이 시대에 부합하지 못하는 토착민 수준으로 평가 절하하는 무탄트에게서 성경에서나 나올 법한 금언을 듣는다. 모건과 무탄트 간의 대화 중 하나다.

"당신들은 동물들과의 관계를 어떻게 생각하나요?" 그들이 대답했다. "우리와 그들은 하나입니다. 우리는 약함으로부터 강함을 배우지요. 인간처럼 약한 존재는 동물로부터 반드시 배워야 하는 법입니다."*

무탄트의 답변이 액면 그대로 이해되는가? 도리어 동물들이 우리 인간에게 도움을 받아야 한다고 항변하고 싶지 않은가? 하지만 무탄트의 메시지는 단호했다. 인간은 인간이 가지고 있는 물리적인 도구를 사용하지 않을 때 얼마나 보잘것없는 연약한 미물인지를 저들은 갈파하고 있었던 셈이다. 그런데도 인간은 기고만장하다. 도구와 힘이 있으면 군림할 수 있다고 말이다. 물리력을 갖고 쟁취한 갑의 지위가 영원하지 않고 또 그 끝이 가장 비극적 결말을 맺을 수 있다는 사실을 인간은 인정하지 않으려고 한다. 한 일간 신문에 히틀러의 집을 관리하던 노파의 추억담이 실렸다.

"히틀러는 밤마다 울었다."

그 엄청난 힘을 갖고 있었던 괴물 히틀러가 밤마다 울었던 이유가 무엇 때문일까? 답은 의외로 간단하다. 그는 갖고 있는 힘이 얼마나

---

* 말로 모건/류시화 역, 『무탄트 메시지』(정신세계사, 2010), 146.

헛되고 무력한 것인지를 알고 있었기 때문이다. 이미 이런 인간의 적나라한 민낯을 알고 있었던 바울이었기에 그는 겸손하게 이렇게 선포했던 거다.

그러므로 내가 그리스도를 위하여 약한 것들과 능욕과 궁핍과 박해와 곤고를 기뻐하노니 이는 내가 약한 그 때에 강함이라(고후 12:10)

단 지파 공동체는 에브라임 산지 미가의 집에서 우상 제사에 쓰이는 기구들을 전쟁을 위해서 도둑질하는 죄악을 자행했다. 더불어 그들은 레위 출신의 젊은 제사장을 협박 반, 회유 반으로 포섭하여 자기들의 사람이 되도록 만드는 데도 성공한다. 남아 있는 것은 탈취할 땅 라이스를 향하여 진군하는 거였다. 자기 집의 물건들을 탈취 당할 때 부재중이었던 미가는 뒤늦게 집에 도착하여 이 사실을 알고 사설 호위병들을 모집하여 단 지파 공동체를 추격한다. 정황으로 보아 무장한 단 지파 공동체는 600명으로 기록이 되어 있지만 아이들까지 포함하여 지파 공동체 전체가 이주할 땅으로 옮기는 상황이었기에 그 숫자는 당연히 많았을 것이고, 특히 기동성에 있어서 취약한 아이들 이 무리 안에 있었기에 무장한 군사 중 일부는 후면 쪽에서 아이들을 보호하며 행진하였을 것이다. 그러니 그들의 보폭은 느릴 수밖에 없었다. 그러므로 미가의 추적대가 단 지파 공동체를 따라잡는 것은 그리 어려운 일이 아니었다. 미가와 사설 호위병은 단 지파 공동체의 이동 동선까지 따라붙었다. 단 지파를 따라붙은 미가는 다짜고짜로 불의하게 도둑질을 한 일련의 일들을 거세게 항의했다. 그러자 단 지파 공동체가 미가에게 보인 반응이 참 재미있다.

단 자손이 그에게 이르되 네 목소리를 우리에게 들리게 하지 말라 노한 자들이
너희를 쳐서 네 생명과 네 가족의 생명을 잃게 할까 하노라 하고(25절)

목숨이 아까우면 입 닥치라고 협박했다. 적반하장이다. 미가는
이렇게 단호하게 힘을 갖고 밀어붙이는 단의 으름장에 침묵하며 후퇴
하는 수모를 경험한다. 미가가 돌아설 수밖에 없었던 이유는 단 지파의
물리적인 힘 때문이었다. 단 지파는 미가에 비해 월등한 물리력을
갖고 있었다. 단 지파는 힘을 갖고 있었기에 자기들의 범죄 행위를
정당화시킬 수 있었다. 여기까지만 보더라도 힘이라는 것의 매력을
느낄 수 있다. 하지만 조금만 더 나아가 보자. 27-29절을 보면,
단 지파 공동체가 라이스를 손에 넣는 장면을 보고한다. 단은 라이스를
공략하는 데 별 어려움을 느끼지 않고 아주 손쉽게 그 땅을 차지하는
데 성공한다. 단은 라이스를 힘으로 밀어붙였다. 아무런 죄가 없는
라이스 사람들을 도륙한 셈이다. 한가했던 라이스를 급습하고 침략한
것이다. 더불어 그들이 살고 있는 마을을 초토화하는 만행을 저질렀다.
결국 일반적인 소회는 힘이 있어야 한다는 결론일 가능성이 농후하다.
하지만 이렇게 결론을 맺는 것은 매우 위험하다. 사사기 18장 텍스트만
보았기 때문이다. 라이스를 점령한 뒤의 단 지파를 추적해 보자.
단 지파가 라이스를 점령한 이후에 발견되는 이상한 것이 있다. 그들은
라이스에 정착하여 아무 일도 없었다는 듯이 살아간다. 하지만 성경의
보고는 악의 형통함을 용서하지 않는다는 것을 의미 있게 고발해
준다. 단이라는 이스라엘 지파 공동체는 통일 이스라엘 초기 왕정
시대와 분열 왕국 시대를 지나면서 바벨론에 의해 멸망 당한 포로기
시대 이후부터 이스라엘이라는 지파 공동체의 역사 선상에서 사라진

다. 그토록 좋은 땅 라이스에서 잘 나아가던 단 지파가 이스라엘 역사의 정중앙 무대에서 사라졌다는 것은 미스터리다. 또 하나 단에 대해서 주목할 내용이 있다. 단 지파는 라이스를 점령한 뒤에 그곳에 자기들이 빼앗은 우상의 도구들을 모시는 우상의 단(壇)을 만든다. 더불어 그곳을 우상 숭배의 근거지로 삼는다. 단 지파가 빼앗은 라이스는 이스라엘의 가장 북쪽에 있다. 그 땅은 훗날 분열 왕국 시대가 시작되면서 자연스럽게 북 왕국 이스라엘의 통치 지역이 된다. 단 지파 공동체가 라이스를 빼앗은 뒤에 그 지역에 제단을 만들었는데, 그 단은 훗날 하나님께서 가장 싫어하시는 우상 숭배의 진원지가 된 것이다. 신명기 역사가는 열왕기상 12장 28-30절에서 북 왕국의 범죄 사실을 다음과 같이 고발한다.

> 이에 계획하고 두 금송아지를 만들고 무리에게 말하기를 너희가 다시는 예루살렘에 올라갈 것이 없도다 이스라엘아 이는 너희를 애굽 땅에서 인도하여 올린 너희의 신들이라 하고 하나는 벧엘에 두고 하나는 단에 둔지라 이 일이 죄가 되었으니 이는 백성들이 단까지 가서 그 하나에게 경배함이더라

단 지파의 악행으로 인해 이어진 범죄의 끈은 북 왕국 역사 속에서 대를 통해 이어진다. 단 지파 공동체가 빼앗아 차지한 그 땅 라이스는 북 왕국 이스라엘의 우상 숭배의 2대 근원지 중의 하나가 되는 오명을 떠안는다. 앞에서 말한 두 가지의 내용 말고 또 하나 치명적인 단의 비극을 성경이 암시하는데, 이를 추적해 보자. 요한계시록 7장은 우리들이 잘 아는 144,000명의 기사가 담겨 있는 텍스트다. 144,000 명이 과연 어떤 부류일까에 대한 설왕설래하는 논쟁이 있지만 이들에

대한 신학적, 해석학적인 논쟁은 논외로 하고, 144,000명의 부류는 구원받은 자의 수를 가리키는 것이라는 점에서는 대동소이하다. 하지만 이 환란의 시기에 구원을 받은 백성들의 상징적인 표시인 이스라엘 열두 지파에 대한 목록이 선명하게 기록된 요한계시록 7장 3-8절을 보면 단 지파 공동체는 보이지 않는다. 학자들은 단 지파의 누락은 실수가 아니라 의도적 삭제라고 말한다. 의미심장하지 않은가!

　　※ 인간의 무력(武力)을 하나님이 무력화(無力化)시키신다.

　　주군이신 예수 그리스도는 공생애 기간 철저한 비폭력을 사용하셨다. 물론 진보주의 신학자들은 예수를 당시 기득권자들과 맞서 싸운 아주 과격한 혁명주의자로 묘사하기도 한다. 그런 학자들의 의견에 어느 한 부분 동의하는 면은 있지만, 필자의 신학적인 색채는 주군이 채택하신 사역의 내용이 비폭력 평화주의였다는 쪽에 손을 들어준다. 이런 이유로 필자는 성경을 읽을 때 주군의 아나키즘적인 행동들보다는 도리어 보편적인 사랑의 궤적에 "아멘" 하고 따라간다. 인간은 철저하게 힘과 물리력에 의존한다. 그 힘이 눈에 보이는 요구를 들어준다고 믿기 때문이다. 그러나 주군께서는 그 힘을 상징하는 칼을 칼집에 다시 꽂으라고 명령하셨다. 힘이 정의가 아니라는 강력한 메시지를 선포한 것이다. 차준희 박사가 쓴 『12 예언자의 영성』을 보면 저자가 언어유희를 동원하며 스가랴 예언서를 설명한 부분이 있는데 준수한 필력이다.

武力은 武力으로 無力化되지 않는다. 武力은 無力으로 無力化될
수 있다.*

스가랴 9장 9절을 읽어보자.

**시온의 딸아 크게 기뻐할지어다 예루살렘의 딸아 즐거이 부를지어다 보라 네
왕이 네게 임하시나니 그는 공의로우시며 구원을 베푸시며 겸손하여서 나귀를
타시나니 나귀의 작은 것 곧 나귀 새끼니라**

예언자 스가랴가 말한 이 구절에 대한 구속사적인 해석은 메시아로
오신 예수 그리스도께서 예루살렘에 입성하실 일에 대한 예언으로
해제하는 것에서 크게 엇나가지 않는다. 왕으로 오셨지만 어린 나귀를
타고 입성하심으로 겸손의 극치를 보여 주신 예수님을 생각하게 하는
예언의 메시지로 종종 인용되는 것은 가히 나쁘지 않은 해석이다.
힘이 없는 나귀 새끼를 타고 아주 볼품이 없는 모습으로 예루살렘에
입성해서 사람들의 눈으로 보기에는 의미 없는 죽음을 당한 주군이셨
지만, 그분은 그 죽음으로 인해 궁극적으로 인류 구원이라는 해피엔딩
을 이루셨다. 바로 그분의 일을 알게 해 준 스가랴의 사전 시나리오가
스가랴 9장 9절이다. 차 박사는 이 구절을 다음과 같은 신학적 해제로
표현한 것이다.

武力은 武力으로 無力化되지 않는다. 武力은 無力으로 無力化될

---

* 차준희, 『12 예언자의 영성』(새물결플러스, 2014), 233.

수 있다.

첫 번째 단어 武力은 세속적인 힘을 의미한다. 그러나 그 뒤에 표현된 無力은 십자가의 능력을 상징한다. 그렇다면 이렇게 해석이 가능해진다. 나귀 새끼를 타고 예루살렘에 입성하신 주님은 십자가라는 無力으로 종교적인 기득권인 武力을 이기셨다는 말이다. 정답이다. 인간의 무력은 인간을 행복하게 해 주는 도구가 결코 아니다. 도리어 인간을 무너뜨리는 악의 요소다. 이런 이유로 교회도 힘이 강해지면 위기에 직면하게 된다. 힘은 사탄의 도구이지 하나님의 도구가 아니다.

이름은 기억된다

사사기 18:30-31

새길 말씀: 단 자손이 자기들을 위하여 그 새긴 신상을 세웠고 모세의 손자요 게르솜의 아들인 요나단과 그의 자손은 단 지파의 제사장이 되어 그 땅 백성이 사로잡히는 날까지 이르렀더라 하나님의 집이 실로에 있을 동안에 미가가 만든바 새긴 신상이 단 자손에게 있었더라

아주 가끔 말문이 막히게 만드는 일을 경험할 때 이런 표현을 쓴다. "경악할 만한 충격." 본문이 그렇다. 드디어 그동안 레위 출신 젊은 청년 제사장이라는 보편적 표현으로 이름이 숨겨져 왔던 수치스러웠던 주인공의 이름이 밝혀졌기 때문이다. 그는 모세의 손자요 게르솜의 아들 요나단이었다. 출애굽기 2장에서 말하고 있는 것처럼 게르솜은 모세의 차자였다. 연대기적으로 이 청년이 모세의 손자요 게르솜의 아들이었다면 본문의 시대적인 배경은 모세 사후 약 100년 후로 축약되어야 연대가 맞아떨어진다. 그러나 히브리어 용법으로 '아들'을 의미하는 '벤'(בֵּן)은 꼭 아들만을 말하는 것이 아니라, 몇 세대를 뛰어넘는 손자를 의미이기도 하기에 본문이 후기 사사시대라는 것을 전제할 때 적어도 200~300년이라는 시간의 갭이 필요하다. 그렇다면 전자보다는 후자의 해석이 더 적절하지 않을까 싶다. 하지만 무엇이 되었든지 충격적인 것은 레위 청년이 모세의 혈통이었다는

점이다. 모세의 혈통 출신이 지금까지 미가의 집에 사설 제사장으로 임명되어 각종 우상을 섬기며, 동시에 우상을 상징하는 거짓 성물들을 섬기면서 영적 일탈을 자행했다는 것은 심히 충격적이지 않을 수 없다. 다른 자들이라면 그럴 수 있겠지만, 모세의 혈통에서 이렇게 막산 자가 나왔다는 것은 충격이다. 더군다나 그의 이름은 '요나단'이었다. '하나님이 주셨다'라는 이름을 갖고 산 자였다. 누구든지 아버지가 아들의 이름을 지을 때는 이름대로 살기를 바라는 마음으로 이름을 지어준다. 하지만 요나단은 아주 보란 듯이 이름과는 정반대되는 삶을 살았다. '하나님이 주신 선물'로서의 삶이 아니라, 하나님이 주신 선물을 내팽개쳐 버린 자의 삶을 산 셈이다. 말 그대로 요나단은 자기의 이름을 욕되게 한 삶을 산 것은 물론, 가문의 이름에 먹칠했다. 요나단은 자기 이름과 선조의 가문에 먹칠을 한 것에 머무르지 않는다는 심각성은 아찔하게까지 한다.

> 단 자손이 자기들을 위하여 그 새긴 신상을 세웠고 모세의 손자요 게르솜의 아들인 요나단과 그의 자손은 단 지파의 제사장이 되어 그 땅 백성이 사로잡히는 날까지 이르렀더라(30절)

본 단락의 정황은 요나단이 살았던 영적 랜덤의 삶이 어떤 파급 효과를 가져왔는지를 보여 준다. 요나단의 일탈은 자기의 대(代)에서 끝나지 않았다. 그의 자손들은 우상의 소굴이었던 북이스라엘의 라이스 지역, 즉 단 지파 땅에서 계대로 우상을 섬기는 제사장들이 되었다고 고발한다. 언제까지? 그 땅 백성이 사로잡힐 때까지다. 히브리어 원문으로 해석하면 "그 땅의 사람들이 포로로 잡혀갈 때까지"다. 명확해졌다. 송병현은 이렇게 해석했다.

> 이 사건은 주전 734년에 단 지파 사람들이 앗수르의 디글랏빌레셋 2세
> 에 의해서 끌려갔던 것을 염두하고 기록한 것 같다.*

이미 역사가 보고하고 있는 것처럼 북이스라엘은 주전 722~723
년에 완전히 멸망하여 역사의 지도에서 사라졌다. 다시 말해 사사기
기자가 "그 땅 백성이 사로잡혀 갈 때"라는 표현은 광의(廣義)로 보면
북 왕국 이스라엘이 망할 때까지라고 해석해도 무방할 것으로 보인다.
요나단이 영적 랜덤을 일삼으며 이름과 가문을 더럽힌 결과, 그들
자손은 망했다. 이 메시지는 독자들에게 많은 교훈을 시사해 준다.
이제 31절에 주목해 보자.

하나님의 집이 실로에 있을 동안에 미가가 만든바 새긴 신상이 단 자손에게 있었더라

실로가 어디인가? 솔로몬 성전이 예루살렘에 건축되기 전까지
하나님의 법궤가 있었던 장소다. 사사기 기자가 실로를 하나님의
집이 있었던 곳으로 표현한 것은 적절하다. 요나단이 거주하며 우상을
섬기던 단은 하나님의 성소와는 정반대의 영적 구심점 역할을 했다는
해석을 가능하게 하기 때문이다. 하나님과는 전혀 관계없었던 우상의
땅, 하나님을 버렸던 불신앙의 땅, 가나안의 잡신들을 모아놓고 혼합하
여 하나님을 욕되게 한 땅, 결국은 북이스라엘이 멸문지화를 당하는

---

* 송병현, 『엑스포지멘터리 주석 ― 사사기』, 382.

데 결정적인 역할을 한, 저주의 땅이 바로 단이었다. 사사기 기자가 전한 18장 31절은 그 뉘앙스가 너무 슬프다.

> 하나님의 집이 실로에 있을 동안에 미가가 만든바 새긴 신상이 단 자손에게 있었더라

※ 어떤 이름으로 살고 있는가를 질문하자.

나와 그대는 크리스천이라는 이름을 갖고 살고 있다. 크리스천이라는 이름으로 살아가는 자의 삶의 모습은 어떠해야 할까? 요나단은 자신이 자행한 랜덤의 삶으로 인해 자신은 물론 가문에도 피해를 끼쳤다. 궁극적으로는 북이스라엘의 멸망을 자초하는 원인을 제공하는 부정적인 영향도 미쳤다. 라이스에서 단 지파의 터전을 형성한 젊은 제사장 요나단이라는 이름은 이렇게 오욕의 이름으로 후세에 남았다. 주목하자. 내가 산 삶의 흔적대로 하나님은 내 이름을 기억하신다는 것을. 이 땅에 하나님의 나라가 완성될 때 제2 이사야가 선언했던 감동을 반드시 경험하게 될 것이다.

> 여인이 어찌 그 젖 먹는 자식을 잊겠으며 자기 태에서 난 아들을 긍휼히 여기지 않겠느냐 그들은 혹시 잊을지라도 나는 너를 잊지 아니할 것이라 내가 너를 내 손바닥에 새겼고 너의 성벽이 항상 내 앞에 있나니(사 49:15-16)

시인의 고백도 가슴에 담아야 한다.

> 하나님이 이르시되 그가 나를 사랑한즉 내가 그를 건지리라 그가 내 이름을 안즉

내가 그를 높이리라 그가 내게 간구하리니 내가 그에게 응답하리라 그들이 환난

당할 때에 내가 그와 함께하여 그를 건지고 영화롭게 하리라(시 91:14-15)

하나님이 선물로 주신 이름을 가졌던 요나단, 그는 자기 이름의
의미와 흔적을 남기는 데 실패했다. 설상가상으로 본인으로 인하여
자손들까지 망하게 하는 원인 제공자라는 오욕을 남겼다. 나는 지금
이 땅에서 어떤 이름의 의미를 남기고 있는지 점검해야 할 이유다.
하나님 앞에서 남길만한 이름인가? 아니면 하나님이 지워버리고 싶은
이름인가? 아직 기회는 있다. 반드시 마지막 날, 내 이름을 기억하시는
하나님 앞에서 아름다운 흔적을 남기는 이름의 주인공이 되자. 그러려
면 말씀에 합당한 삶을 살아야 한다. 하나님의 마음에 합당한 말씀의
사람들이 되어야 한다. 그대의 이름은 야훼 하나님 앞에서 기억될
만한 이름인가?

점입가경(漸入佳境)

사사기 19:1-3

새길 말씀: 이스라엘에 왕이 없을 그 때에 에브라임 산지 구석에 거류하는 어떤 레위 사람이 유다 베들레헴에서 첩을 맞이하였더니 그 첩이 행음하고 남편을 떠나 유다 베들레헴 그의 아버지의 집에 돌아가서 거기서 넉 달 동안을 지내매 그의 남편이 그 여자에게 다정히 말하고 그를 데려오고자 하여 하인 한 사람과 나귀 두 마리를 데리고 그에게로 가매 여자가 그를 인도하여 아버지의 집에 들어가니 그 여자의 아버지가 그를 보고 기뻐하니라

17-18장에 나오는 미가 내레이션은 삼손 이후인 사사 후기 시대라고 정의했다. 이것을 전제한다면 19장 이야기도 마땅히 사사 후기 시대라고 생각하는 것이 자연스럽다. 하지만 19장 연대기적인 평가는 그렇지 않다는 것이 학자들의 합일된 의견이다. 19장은 사사 후기 시대가 아니라 사사기 1장의 배경이 되는 사사 이전 초기 시대로 보아야 한다고 주장한다. 다시 말해서 첫 번째 사사인 옷니엘이 활동하기 이전, 그러니까 여호수아가 죽은 뒤 이스라엘 신앙 공동체가 가나안에 들어가 여호수아가 지정해 준 땅을 점령하던 바로 그 긴박했던 시기로 시계를 돌려야 한다고 학자들은 개진한다. 그 근거는 이렇다. 19장은 에브라임 산지 구석에 거류했던 어떤 레위 사람이 자행했던 성적인 일탈과 그와 관계되었던 성읍들이 얼마나 음란했는지를 고발하는 기사가 소개된다. 사사기 저자는 레위 사람의 타락과 베냐민

지파 사람들의 타락을 동시에 고발한다. 이 해괴한 죄악을 경험한 이스라엘의 11지파는 베냐민 지파를 멸절시켜야 하는지를 야훼께 묻는다. 야훼가 허락하자 결국 11지파는 베냐민 지파와의 내전을 벌인다. 후에 살피겠지만 이 내전 기간 내내 이스라엘의 영적인 버팀목이자 신앙적 구심점이라고 볼 수 있는 야훼의 법궤를 관리하던 주인공이 엘르아살의 아들 비느하스임을 사사기 기자가 밝힌다.

> 아론의 손자인 엘르아살의 아들 비느하스가 그 앞에 모시고 섰더라 이스라엘 자손들이 여쭈기를 우리가 다시 나아가 내 형제 베냐민 자손과 싸우리이까 말리이까 하니 여호와께서 이르시되 올라가라 내일은 내가 그를 네 손에 넘겨주리라 하시는지라(삿 20:28)

민수기 25장에 등장한 비느하스는 젊은 청년 제사장이었다. 이스라엘 신앙 공동체가 40년의 광야 생활을 거의 마칠 즈음 모압의 그모스 축제에 참석한 두령들이 그 신을 섬기는 여사제들과 혼음하는 죄를 저질렀을 때, 야훼는 분노했고 그 혼음의 죄악을 자행한 족장들을 처단할 것을 모세에게 하명하셨다. 이러한 야훼의 진노에도 아랑곳하지 않고 족장 시므이가 본인의 회막으로 미디안 출신의 여인을 데리고 와서 이스라엘의 진중에서 음행을 자행하자 야훼께서는 더 분노하여 이스라엘 신앙 공동체에 염병을 보내사 24,000명이 죽는 참사가 일어났다. 이 염병은 공동체가 연대적으로 받아야 할 심판이었다. 이스라엘 신앙 공동체의 사람들이 염병으로 죽어 나갈 때 이 염병을 그치게 한 자가 바로 시므이와 여인을 창으로 찔러 죽였던 청년 제사장 비느하스였다. 광야 시대의 막바지 인물이었던 비느하스가 사사기 20장의 무대에 올라왔다. 사사기 19-21장은 사사기 마지막 부분에 삽입되어 있지만 역사적인 연대기로 보면 사사 초기 시대로 보아야 함을 알려주는 결정적 정보다. 그런데 왜 사사기 기자는 사사 후기 시대로 착각하게 만들 수 있는 여지가 충분한데도 19-21장을 사사기의 후반부에 배열했을까? 송병현은 이렇게 해제했다.

> 저자는 사사시대에 대한 자신의 평가와 관점을 확실하게 드러내기 위해 이 사건을 책의 마지막 부분에서 묘사하고 있다. 사사시대가 진행되는 동안 이스라엘의 영성은 날이 갈수록 악화되었다. 저자는 이 점을 역설 하기 위해 이 일이 일찍(사사 초기 시대) 일어난 일이었지만, 책의 결론 부분에 두어 이스라엘 부패의 정점으로 삼았던 것이다.*

에브라임 산지에 살던 레위 사람이 유다 베들레헴 출신의 한 여인을 첩으로 들였다. 첩은 행실이 별로 좋았던 것 같지 않다. 레위 사람의 첩이 결혼 생활을 하는 어간에 행음을 했다고 본문이 보고한 것을 보면 설득력이 있다. 이유야 어떻든 첩은 행음의 죄를 범했으니 남편에 게로 돌아갈 리 만무다. 남편 볼 낯이 없었던 첩은 친정으로 도피한다. 그렇게 4개월이 흐르자 레위 사람은 행음하고 나간 아내를 다시 데리고 오기 위해 처가를 방문했다. 3절을 보자.

> 그의 남편이 그 여자에게 다정히 말하고 그를 데려오고자 하여 하인 한 사람과 나귀 두 마리를 데리고 그에게로 가매 여자가 그를 인도하여 아버지의 집에 들어

---

* 송병현, 『엑스포지멘터리 주석 ─ 사사기』, 388.

가나 그 여자의 아버지가 그를 보고 기뻐하니라

3절 문맥을 주의 깊게 들여다보면 호세아가 하나님의 명령에 의해 음란한 아내였던 고멜을 데리고 오던 분위기와는 사뭇 다르다는 것을 알 수 있다. 호세아가 고멜을 데리고 온 것은 하나님의 명령 때문이었다. 그러나 본문의 레위 사람의 첩 데려오기는 본인의 지속적인 성적 욕망을 해소하기 위해서였다. 본문에 기록된 레위 사람의 여인을 '이샤'(אשׁה), 즉 '아내'라고 표기하지 않고 '필레게쉬'(פּילגשׁ), 즉 '첩'이라고 표기했다. 첩을 두었다는 것은 분명히 레위 사람에게는 아내가 있었다는 에두름의 표현이기도 하다. 히브리어 '필레게쉬'는 숨겨둔 정부나 연인을 의미하는 단어가 아니다. 사사시대에 사용되던 '필레게쉬'는 오늘날로 말하면 두 번째 부인 정도가 되는 아내의 명칭이었다.

> 첩(필레게쉬)은 몸 파는 여인을 가리키는 '창녀 혹은 음녀와는 달리 첫 아내와 결혼한 후에 사별 혹은 이혼하고 맞이하는 다른 아내를 혹은 아내가 있음에도 불구하고 함께 사는 외처(外妻)를 의미한다.*

적용해 본다면 레위 사람의 '필레게쉬'는 정당한 아내였다는 말이다. 문제는 이 아내가 행음을 한 것으로 보인다는 점이다. 둘째 아내로 등장하는 '필레게쉬'는 정당한 아내였음에도 불구하고 남편에게 죄를 범했다. 왜? 그녀가 행한 것이 '자나'(זנה)였기 때문이다. 히브리어 '자

---

* 한병수, 『사사기에 반하다』, 660.

나'는 본문에서 '행음'이라고 번역했지만, 더 정확한 의미는 '매춘'이다.* 그때나 지금이나 남편이 있음에도 불구하고 돈을 받고 다른 남자에게 몸을 판다는 것은 용서받지 못할 죄악이다. 레위인의 '필레게쉬'는 이런 죄를 범하였기에 친정으로 도피한 것이다. 어느 정도의 시간이 지나자 레위 사람, 남편은 처가로 찾아갔다. 율법에 기록된 대로 하면 그녀를 돌로 쳐 죽일 수 있는 권리가 남편에게 있었다. 하지만 본문을 숙고하면 레위 사람은 전혀 그럴 의향을 갖고 있는 것처럼 보이지 않는다. 3절이다.

그의 남편이 그 여자에게 다정하게 말하고 그를 데려오고자 하여(3:1f)

'다정하게 말하고'라는 문구에서 정죄의 의미는 찾아볼 수 없다. 표준새번역으로 이 대목을 보자.

그 여자의 마음을 달래서 데려오려고(persuade her to come back)

왜 남편이었던 레위 사람이 이렇게 수비적이었을까? 율법에 기록된 강력한 가부장적인 힘의 논리를 내세우지 않았을까? 이어지는 2-4절을 읽어보자.

---

* 전성민은 '행음하다'라고 번역한 동사 '자나'를 아카디아어로 '화를 내다'로 이해했다. 해서 필레게쉬를 베들레헴 처갓집으로 데리러 간 것도 심각한 매춘의 죄가 아니라 단지 무슨 일로 화가 나서 부부 싸움의 과정 정도로 해석했다. 전 교수의 해석학적 입장도 한 견해임을 밝힌다. 전성민, 『사사기 어떻게 읽을 것인가?』, 285.

하인 한 사람과 나귀 두 마리를 데리고 그에게로 가매 여자가 그를 인도하여 아버지의 집에 들어가니 그 여자의 아버지가 그를 보고 기뻐하니라 그의 장인 곧 그 여자의 아버지가 그를 머물게 하매 그가 삼일 동안 그와 함께 머물며 먹고 마시며 거기서 유숙하다가(3:2f-4)

두 번에 걸쳐 사사기 기자는 매춘하고 도망간 '필레게쉬'의 아버지를 표현할 때 이렇게 표현한다.

"여자의 아비"

한글 성경에는 이렇게 기록되어 있지만 히브리어 원문은 더 색채가 분명한 단어로 기록되어 있다.

"소녀의 아비"

히브리어 '나아라'(נַעֲרָה)는 '소녀'다. 영어 성경 YLT는 'The father of the young women'이라고 번역했고, 영어 성경의 고전이라고 할 수 있는 RSV는 'The girl's father'라고 번역했다. 레위 사람이 매춘하고 도망간 '필레게쉬'를 찾아간 이유는 젊은 아내였던 이 여인을 잊을 수가 없었던 것이었다. 19장 후반부에서 나누겠지만 레위 사람은 그녀를 사랑하지 않았다. 그런데도 처가로 그녀를 찾아간 이유는 순전히 본인의 정욕을 채우기 위해서였다. 사사시대라는 랜덤의 시기였기에 가능한 일이었다.

왕이신 하나님의 통치를 무시하던 사사 초기 시대는 정욕만을 위해 살던 랜덤의 시기였다. 영성 목회자 유진 피터슨의 말을 들어보자.

우리들의 몸의 오감은 믿음의 삶을 방해하는 장애물이 아니다. 우리의 감성은 여성의 길에 걸림돌이 아니라 영성에 이르는 유일한 방법이다.[*]

우리의 육체는 하나님이 선하게 사용하라고 주신 선물이다. 하나님의 백성이라면 우리들의 육체를 하나님의 뜻대로 사용해야 한다. 선물로 주신 나의 육체를 하나님을 위한 도구로 사용하지 않고 육체적인 정욕을 위한 도구로 사용할 때 나의 영성은 파괴된다. 사탄은 우리에게 육체의 쾌락을 위해 살라고 종용한다. C. S. 루이스는 이렇게 말했다.

어떤 쾌락이든 건전하고 정상적이며 충만한 형태로 취급되어지도록 허용하지 말라. 쾌락은 우리들이 수많은 영혼들을 포획하는 최고의 방법이기 때문이다.[**]

육체를 통한 모든 정상적인 만족에서 벗어나 인간을 비정상적인

---

[*] 유진 피터슨/홍병룡 역, 『거룩한 그루터기』 (포이에마, 2013), 43.
[**] C. S. 루이스, 『스크루테이프의 편지』, 58.

만족으로 일탈시키는 것이야말로 그 사람의 영혼을 차지하려는 사탄이 택하는 최고의 방법이다. 일그러진 육체의 만족으로 대변되는 성적인 일탈은 인간으로 하여금 하나님에게서 멀어지는 가장 중요한 요소다. 동서남북을 보자. 이 찬양의 가사가 그대로 적용되고 있다.

눈을 들어 하늘 보라 어두워진 세상 중에 외치는 자 많건마는 생명수는 말랐어라*

텔레비전은 텔레비전대로, 영상 매체는 영상 매체대로, 인터넷은 인터넷대로 인간을 상한 영으로 만들고 있는 시대다. 어두워진 세상을 더 어둡게 만드는 작금이다. 이런 세상은 성적인 타락에 기초한다. 이런 참담한 시대에 나를 방어할 수 있는 방법이 무엇일까? 창세기 18장 22절은 무서운 통찰을 준다.

그 사람들이 거기서 떠나 소돔으로 향하여 가고 아브라함은 여호와 앞에 그대로 섰더니

아브라함은 소돔을 향하지 않았다.

여호와 앞에 그대로 서 있었다.

하나님의 사자들이 성적인 타락이 극에 달한 소돔과 고모라를

---

* 새찬송가 515장.

향해 심판의 길을 떠난다. 조카 롯이 살고 있는 소돔의 멸망이 촌각에 달려 있었다. 아브라함은 하나님의 사자들이 떠난 뒤에도 분연히 담대하게 하나님 앞에 그대로 서 있었다. 시대의 악이 성적인 타락으로 넘실거리고 있는 때다. 아니, 더 두려운 것은 그 악이 순간적이지 않고 점입가경으로 더하면 더했지 덜하지 않았다는 사실이다. 그러나 움츠리지 말자. 더더욱 하나님 앞에서 견고히 서 있자. 결벽증적인 자세로 코람데오의 신앙을 사수하자. 점입가경의 성적 일탈의 시대를 성도는 점입가경의 코람데오 신앙으로 맞불을 놓아야 한다. 이것만이 이 랜덤의 시대를 영적으로 이길 수 있는 유일한 방법이다. 불의 사자후를 토했던 레오나드 레이븐힐은 이렇게 토했다.

> 만일 하나님께서 이 나라의 죄를 심판하지 않으신다면 하나님은 소돔과
> 고모라에게 사과하셔야 할 것이다.*

---

* 레오나드 레이븐힐/이용복 역,『소돔에는 말씀이 없었다』(규장, 2009), 128.

이름을 부르고 싶지 않았다

사사기 19:4-10

새길 말씀: 그의 장인 곧 그 여자의 아버지가 그를 머물게 하매 그가 삼일동안 그와 함께 머물며 먹고 마시며 거기서 유숙하다가 넷째 날 아침에 일찍이 일어나 떠나고자 하매 그 여자의 아버지가 그의 사위에게 이르되 떡을 조금 먹고 그대의 기력을 돋운 후에 그대의 길을 가라 하니라 두 사람이 앉아서 함께 먹고 마시매 그 여자의 아버지가 그 사람에게 이르되 청하노니 이 밤을 여기서 유숙하여 그대의 마음을 즐겁게 하라 하니 그 사람이 일어나서 가고자 하되 그의 장인의 간청으로 거기서 다시 유숙하더니 다섯째 날 아침에 일찍이 일어나 떠나고자 하매 그 여자의 아버지가 이르되 청하노니 그대의 기력을 돋우고 해가 기울도록 머물라 하므로 두 사람이 함께 먹고 그 사람이 첩과 하인과 더불어 일어나 떠나고자 하매 그의 장인 곧 그 여자의 아버지가 그에게 이르되 보라 이제 날이 저물어 가니 청하건대 이 밤도 유숙하라 보라 해가 기울었느니라 그대는 여기서 유숙하여 그대의 마음을 즐겁게 하고 내일 일찍이 그대의 길을 가서 그대의 집으로 돌아가라 하니 그 사람이 다시 밤을 자내고자 하지 아니하여 일어나서 떠나 여부스 맞은편에 이르렀으니 여부스는 곧 예루살렘이라 안장 지운 나귀 두 마리와 첩이 그와 함께 하였더라

매춘의 죄를 짓고 친정집으로 도망간 젊은 소녀였던 아내가 그리웠던 레위 사람은 베들레헴에 있는 처가를 찾았다. '필레게쉬'가 남편에게 도망 나온 지 4개월째가 되는 어느 날, 남편이 불시에 자기를 찾아온 것을 안 젊은 아내는 아무런 일이 없었던 것처럼 아주 태연하게

자기 남편을 친정아버지에게로 데리고 들어갔다. 장인은 죄를 지은 딸을 찾으러 온 사위를 보고 크게 기뻐하며 무려 5일 반나절 동안이나 사위를 극진히 대접하는 장면이 4-9절까지다. 아마도 사위의 방문을 받은 장인은 좌불안석이었을 것이다. 우리나라나 이스라엘이나 예외 없이 죄를 지은 딸 가진 부모의 공통적인 마음이 고스란히 본문 속에 담겨 있는 듯하다. 하지만 이런 일반적인 추론에도 불구하고 장인과 사위 간에 벌어진 일을 자세히 보면 참 난감하다. 4, 6절을 읽자.

> 그의 장인 곧 그 여자의 아버지가 그를 머물게 하매 그가 삼 일 동안 그와 함께 머물며 먹고 마시며 거기서 유숙하다가 (4절)

> 두 사람이 앉아서 함께 먹고 마시매 그 여자의 아버지가 그 사람에게 이르되 청하노니 이 밤을 여기서 유숙하여 그대의 마음을 즐겁게 하라 하니 (6절)

불륜을 저지른 아내를 찾아온 레위 사람이 그의 장인과 함께했던 일은 '먹고 마시고 잠자는 것'이었다. 장인과 사위가 5일 동안 행했던 일의 전부가 먹고 마시고 잠자는 것 말고는 없다. 기실, 정황이 이렇게 흘러가면 안 된다. 적어도 아내를 찾으러 온 레위 사람은 그동안 있었던 불미스러운 일에 대하여 장인과 심도 있는 대화를 나누며 따져야 하는 것이 정상이다. 아내가 절대로 하지 말아야 할 불륜을 저질렀고, 그로 인하여 심각한 가정의 문제를 일으켰기에 정상적인 가정생활을 할 수 없었던 것에 대한 정신적, 가정적 책임을 물어야 정상이다. 더불어 레위 사람은 아주 강한 어조로 죄를 지적하고 재발

방지를 약속받아야 했다. 심지어는 경우에 따라서 물리적인 부분의 압력을 가함으로써 남편의 권위를 보여 주어야 했음이 마땅했다. 한편 장인은 딸을 잘못 키운 것에 대한 일말의 도의적인 책임을 지고 정중하게 사위에게 사과하는 것이 먼저였다. 더불어 딸을 철저하고 따끔하게 교육해 이런 일이 다시는 재발하지 않도록 하겠다는 의지 표명을 했어야 정상이다. 그래야 형식적이라도 서로 간의 무너진 신뢰를 회복하는 계기가 된다. 하지만 4-9절까지의 본문을 읽고 또 읽어보아도 그런 종류의 발언이나 대화는 전혀 발견할 수 없다. 재론하지만 장인과 사위 간에 행했던 일은 먹고 마시고 잔 것이 전부다. 왜 죄를 묻고 따져서 사과하게 하고 회개하게 하는 긴장감이 전혀 없는 것일까?

※ 죄를 죄로 인정하지 않는 죄악 경홀(輕忽)의 시대였기 때문이다.

주지했듯이 레위 사람은 불륜을 저지르고 베들레헴으로 도망간 두 번째 아내 '필레게쉬', 즉 '젊은 소녀' 같은 첩을 찾으러 갔으니 추측건대 다른 아내가 더 있었던 남자였다. 그런데도 이렇게 음란한 아내를 다시 찾아가서 아무렇지 않게 5일 동안 장인과 먹고 마시고 즐길 수 있었던 결정적인 이유는 매춘이 죄라고 그리 심각하게 인정되지 않았던 사회적 통념의 시기였던 사사시대였기 때문이다. 다시 말하면 아내의 매춘 물론, 포괄적으로 여성들의 매춘이 충분히 있을 수 있는 일이라고 치부되던 시기였기 때문이다. 시대적 정서가 이러니 레위 사람은 아무런 일도 없었다는 듯이 마치 처가에 소풍 온 사람처럼 의미를 두지 않는 5일을 보낼 수 있었던 것이다. 불륜이라는 죄악을 회개의 행위가 필요한 죄로 인식하지 않고 경홀히 여기는 랜덤의 시기가 본문의 배경이다. 바로 이 대목에서 필자는 결코 간과하거나 가볍게 여기지 말아야 할 교훈이 있음을 지적하고 싶다.

"죄에 대하여 민감하라."

오늘을 사는 현대인들에게 비극적인 일이 있다. 죄에 대한 경계선이 허물어졌다는 점이다. 달라스 윌라드는 현대인들에게 '죄 관리'라는 용어를 도입하며 경계했다.[*] 좌우익의 교회가 공공연하게 이 도식에 빠져 있음을 뼈아프게 지적했다. 필자는 달라스 윌라드의 죄 경영을 목회 현장에서 이렇게 재해석하곤 한다. 죄를 죄가 아닌 것으로 미화하는 것이다. 해서 그 죄를 즐긴다. 이것이 심화(深化)되면 자기 스스로가 짓고 있는 죄를 죄라고 여기지 않는다. 최악은 죄의 목록에서 죄를 의도적으로 누락시키는 일이다. 하나님의 눈치를 적당히 보면서 죄와 동고동락하며 죄를 쌓아가는 것이다. 죄를 포기하지 않고 하나님께 철퇴를 맞지 않을 정도의 선에서 죄를 즐기고 느끼려는 시도까지 자라는 것이 죄 경영이다. 필자는 이런 시도에 저항하기에 레슬리 뉴비긴이 말한 갈파를 지지한다.

---

[*] 달라스 윌라드,『하나님의 모략』, 84. 우익 신학의 본질이 되는 유일한 것을 개인의 죄 용서임을 알 수 있다. 좌익에 경우, 사회악이나 구조 악의 제거에 있다. 그러므로 오늘의 복음은 죄 관리의 복음이 된다. 이들에게 있어서 삶과 성품의 변화는 구속적 메시지의 한 부문이 되지 못한다. 매 순간 인간 실체의 깊이는 신앙과 영생의 지평에 들지 못한다.

죄가 사람의 양심을 타락시키고 진리를 보지 못하게 하면, 스스로 선한 일이라고 확신하면서 악한 일을 저지르고 마침내 하나님의 아들을 지속적으로 살해하는 자가 되게 한다.*

죄는 나의 의지로 관리하는 대상이 아니라, 참회하고 자복하는 돌이킴의 대상이다. 예언자 이사야도 같은 맥락에서 말했다.

> 여호와의 손이 짧아 구원하지 못하심도 아니요 귀가 둔하여 듣지 못하심도 아니라 오직 너희 죄악이 너희와 너희 하나님 사이를 갈라놓았고 너희 죄가 그의 얼굴을 가리어서 너희에게서 듣지 않으시게 함이니라(사 59:1-2)

미국 교회의 전도 순회 목사인 폴 워셔의 말은 귀담아서 들어야 한다.

> 죄를 심각하게 다루어야 할 가장 큰 이유는 죄를 심각하게 다루어 민감하게 돌이키는 자에게 복음의 영광이 밝히 드러나기 때문이다.**

적확한 지적이다. 죄를 합리화하고, 타협하며, 죄를 관리하는 자가 그리스도인의 이름으로 살아가는 것은 재앙이다. 반면 죄를 민감하게 돌이키고, 회개하며, 하나님이 우리에게 주신 복음의 능력과 위력을 선포하는 자가 그리스도인으로 살아가면 그가 처해 있는 영역은 희망

---

* 레슬리 뉴비긴, 『죄와 구원』, 47-48.
** 폴 워셔/조계광 역, 『복음』(생명의 말씀사, 2013), 110-111.

이 된다. 박노해가 노래했다.

> 몸의 중심은 심장이 아니다. 몸이 아플 때 아픈 곳이 심장이 된다.*

죄 때문에 아파하고 처절하게 몸부림을 치게 되면 그곳에서부터 생명 박동의 호흡이 시작된다. 하지만 대단히 유감스럽게도 본문에 나오는 등장인물들은 그 반대였다. 등장인물들은 죄를 경홀히 여겼다. 그 결과, 그들에게 임한 심판은 무엇이었을까?

※ 하나님께서는 죄를 경홀히 여기는 자들의 이름을 삭제하셨다.

앞서 살핀 것처럼 본문의 영적인 배경은 사사 초기 시대, 즉 영적 타락의 극치 시대였다. 영적 사망의 시대였다. 필자는 이 시대를 배경으로 한 텍스트를 읽다가 대단히 의미심장한 통찰 하나를 발견했다. 무대 위에 올라온 사람들의 이름이 등장하지 않는다는 점이다. 어떤 레위 사람, 첩, 장인, 주인, 종, 한 노인, 불량배, 내 딸 등등으로 표현되었을 뿐, 본문에는 단 한 사람의 이름도 거론되지 않고 있다. 참 기괴한 현상이다. 사사기 저자는 왜 이렇게 등장인물들의 이름을 거론하지 않았을까? 음란의 시대, 패역의 시대, 랜덤의 시대를 살고 있던 자들의 이름을 야훼께서 기억하고 싶지 않으셨음을 저자가 에둘렀기 때문이다. 이름들을 잊고 싶었던 재앙의 시대였음을 암시한다. 고의로 이름을 잊고 싶었던 사람들, 이름을 들먹이면 야훼를 고통스럽

---

* 박노해, 『여기에는 아무도 없는 것 같아요』(느린 걸음, 2007), 24.

게 할 치욕적인 사람들의 이름이었기에 그들의 이름을 지우고 싶었던 하나님의 심정을 사사기 기자가 대변한 셈이다. 하나님의 시각에서 그들의 이름을 지우기 위해 삭제키(delete key)를 누른 거다. 필자는 사사기 편집자들의 마음을 충분히 이해한다. 야훼 하나님께서 반드시 이름을 삭제하는 대상이 있다. 죄를 경홀히 여기자는 자, 죄를 무시하는 자, 죄를 관리하는 자, 죄와 타협하는 자, 죄를 즐기는 자, 죄를 수용하는 자, 죄와 양다리 걸치는 자들이다. 하나님으로부터 이름이 지워지기를 원하는 자는 죄와 친하게 지내도 된다. 죄와 타협해도 된다. 죄를 관리하고 경영해도 된다. 하지만 하나님께 이름이 기억되고 싶다면 죄와 결별을 선포하자. 죄에 대하여 민감하자. 결코 죄를 가볍게 여기지 말자. 죄와 맞서자.

> "복음을 정말로 믿을 때 여러분은 자기 자신을 가장 먼저 죄인으로 바라보게 될 것이다."*

미국 써밋 교회의 담임목사인 J. D. 그리어 목사는 죄인임을 인식하는 것은 창피하고 부끄러운 일이 아니라, 복음의 능력을 믿고 믿음의 전성기를 구가하고 있는 사실임을 역설했다. 100% 동의한다. 주군에게서 떨어지지 않는 방법은 랜덤의 시대를 살고 있지만 죄를 경홀히 여기지 않는 것이다. 죄에 대하여 민감한 것이다. 그런 이는 이름을 기억하시는 야훼 하나님으로 인해 이 시대를 이기게 될 것이다.

---

* J. D. 그리어/장혜영 역, 『복음 본색』(새물결플러스, 2013), 157.

성역(聖役)이 무시당할 때

사사기 19:11-15

새길 말씀: 그들이 여부스에 가까이 갔을 때에 해가 지려 하는지라 종이 주인에게 이르되 청하건대 우리가 돌이켜 여부스 사람의 이 성읍에 들어가서 유숙하십시다 하니 주인이 그에게 이르되 우리가 돌이켜 이스라엘 자손에게 속하지 아니한 이방 사람의 성읍으로 들어갈 것이 아니라 기브아로 나아가리라 하고 또 그 종에게 이르되 우리가 기브아나 라마 중 한 곳에 가서 거기서 유숙하자 하고 모두 앞으로 나아가더니 베냐민에 속한 기브아에 가까이 이르러 해가 진지라 기브아에 가서 유숙하려고 그리로 돌아 들어가서 성읍 넓은 거리에 앉아 있으나 그를 집으로 영접하여 유숙하게 하는 자가 없었더라

정확하게 4일 하고 하루 반나절 만에 먹고 마시고 잔 것 말고는 아무 일도 한 것이 없는 레위 사람은 두 번째 아내였던 젊은 여자와 함께 베들레헴을 떠난다. 5일째 되던 날도 장인이 붙드는 바람에 오전 시간을 허비했지만, 이번에는 장인의 만류를 뿌리치고 처가를 나왔다. 그들이 베들레헴을 떠나 제일 먼저 도착한 곳은 여부스였다. 여부스는 베들레헴에서 약 10km 정도 떨어진 곳이다. 여부스에 도착한 일행 중에 레위 사람의 종이 해가 저물고 있으니 오늘은 이곳 여부스에서 하루를 머물자고 제안했는데, 레위 사람이 거절했다. 그는 여부스가 아닌 기브아로 가자고 명령한다. 기브아는 여부스에서 또 10km 정도 떨어진 곳이었기에 도보로 가야 했던 그들은 결국

늦은 저녁녘에야 그곳에 도착하게 되었다. 학자들은 레위 사람이 여부스가 아닌 기브아로 갈 것을 고집한 이유에 대하여 각자 다른 해석을 내놓고 있지만, 가장 설득력이 있는 한 가지 주장을 피력한다면, 당시 여부스는 이방인이 살고 있었던 땅이었고, 기브아는 베냐민 지파의 동족들이 살고 있는 곳이었기에 마땅히 신앙 공동체의 동족들이 살고 있었던 땅인 여부스로 가야만 좀 더 나은 대접을 받을 수 있을 거라고 레위 사람이 생각했기 때문이라는 해석이 설득력 있어 보인다. 통상적으로 레위 사람들은 지파 공동체들을 통하여 선대 받는 제사장 지파였기에 말이다. 모세의 율법에 의하면 레위 사람과 객은 대접받는 부류였기에 율법에 대하여 민감했던 레위 사람은 이것을 염두에 두었을 가능성이 있다. 이런 이유로 레위 사람은 육체적 피곤함과 날이 저물어 가고 있다는 부담감이 있었던 것이 사실이었지만 기브아 행을 고집한 것이다. 이런 얄팍한 계산으로 늦은 저녁 시간에 기브아에 도착했건만 레위 사람은 상당히 난처한 일을 당하고 만다.

기브아에 가서 유숙하려고 그리로 돌아 들어가서 성읍 넓은 거리에 앉아 있으나 그를 집으로 영접하여 유숙하게 하는 자가 없었더라(15절)

마땅히 지파 사람들이 나와서 이구동성으로 본인을 영접해 줄 것으로 믿었던 레위 사람은 기브아에서 누구의 환대도 받지 못했고, 환영해 주는 이를 만나지 못한 것이다.

성읍 넓은 거리에 앉아 있으나

레위 사람은 기브아 사람 모두가 볼 수 있는 성읍의 한복판, 넓은 거리에 앉아 있었지만, 단 한 사람도 반응을 보이지 않았다. 이대로라면 거리에서 노숙해야 하는 기막힌 신세가 될 처지에 놓인 것이다. 레위 사람이 이 지경에 몰리게 된 이유는 그때가 사사시대라는 랜덤 시대였기 때문이다. 하나님의 율법이 무시되는 시대인 랜덤 시대였기 때문이다. 출애굽기 22장 21절은 이렇게 말한다.

너는 이방 나그네를 압제하지 말며 그들을 학대하지 말라 너희도 애굽 땅에서 나그네였음이라

레위기 19장 33-34절도 주목하자.

거류민이 너희의 땅에 거류하여 함께 있거든 너희는 그를 학대하지 말고 너희와 함께 있는 거류민을 너희 중에서 낳은 자 같이 여기며 자기 같이 사랑하라 너희도 애굽 땅에서 거류민이 되었었느니라 나는 너희의 하나님 여호와이니라

레위 사람은 이스라엘 신앙 공동체가 보호하고 존중해 주어야 할 제사장 지파의 동족이었다. 이뿐만 아니라 함께 선을 베풀어 주어야 할 나그네요 거류민이었다. 하지만 이렇게 보호받아야 할 겹겹의 자격을 갖춘 레위 사람은 기브아 사람들에 의해 철저하게 냉대를 받았다. 문전박대를 당한 셈이다. 무시를 당했다. 왜? 율법이 무시되던 랜덤의 시대였기에 그랬다.

※ 성역이 성역의 역할을 감당하지 못하면 무시당하게 된다.

자업자득이었다. 레위 사람은 그들이 가르쳐야 하는 율법의 테두리 안에서 무시당했다. 레위 사람들이 율법을 무시하며 율법대로 먼저 살지 않았던 시대가 사사시대가 열리는 때였다. 전술했듯이 레위 사람은 성결하지 못했다. 그는 여러 명의 여자를 두었다. 여러 명의 여자를 두었다는 것은 가장 중요한 영성의 뒷받침이 없었다는 단적 증거다. 그는 영성 충만함이 아니라 성욕 충만함으로 살았다. 그런 그에게 하나님의 율법이 그의 인생에 좌표가 되지 않았음은 재론의 여지가 없다. 막살았던 것이 분명하다. 추후에 진단되겠지만, 사사기 20장을 보면 그는 성역을 감당해야 하는 자가 가져야 할 최소한의 인격도 갖추지 못한 인격 파탄자였다. 아내가 자신의 목전에서 강간당하고 있는데도 버젓이 잠을 잤던 사람이다. 아내가 눈앞에서 당한 윤간으로 인하여 결국은 만신창이가 되어 죽게 되었는데도 전혀 양심의 가책을 느끼지 못하고 오히려 아내의 시체를 열두 토막을 내 열두 지파 동족에게 보내는 끔찍한 일을 행함으로 피비린내 나는 동족상잔의 비극을 일으킨 극악무도한 사람이었다. 이 정도 수준의 사람이 바로 레위 사람이었다. 사정이 이 지경인데 이 사람이 율법을 가르치는 것은 고사하고 그렇게 살았겠는가를 반문하는 것은 질문 자체를 부끄럽게 한다. 그러기에 이런 수준 이하의 레위 사람이 살고 있었던 사사시대에 성역이 무시되는 것은 마땅하다.

2024년 목사라는 이름을 갖고 이 땅에서 사는 것은 괴롭고 고통스러운 일이다. '목사'라는 이름을 성직이라고 인정하는 자들이 드물기 때문이다. 왜 이 지경이 되었을까를 자문한다면 돌아올 답은 하나다. 자업자득이다. 뿌린 게 없기 때문이다. 사회에 선한 영향력을 끼친 게 없기 때문이다. 추문, 극단적 배타주의, 갈라치기, 징고이즘(열광적

애국주의)이라는 이름으로 활개치고 있는 극우적인 일부 목회자, 정치 세력 등등 열거하면 수없이 많은 혐오주의가 기독교 성직이라는 테두리 안에서 자행됨으로 혀를 내두르는 정도가 된 현실이 기독교 성직에 대한 보편적 인식이다. 그러니 기독교 목사로 살아간다는 것은 가히 상상을 뛰어넘는 혐오의 대상으로 인식되어야 하기에 수치스럽기 그지없다. 작금, 김기석의 말은 귀담아야 할 촌철살인이다.

> "신앙을 사적 욕망의 수단으로 삼으면 맛 잃은 소금처럼 밖에 버려져 오고 가는 이들의 발에 짓밟힐 수밖에 없다."*

오늘, 목사가 무시당하고 있는 현실을 외면하지 말고 숙연하게 반성해야 한다. 이 정도는 해야 회복의 가능성을 타진할 수 있다. 부끄럽지만 다시 일어서야 하는 영역은 내 사랑하는 교회의 목사들이다.

---

* 김기석, 『말씀 등불 밝히며』 (꽃자리, 2023), 354.

너희 눈에 좋은 대로

사사기 19:16-26

새길 말씀: 저녁 때에 한 노인이 밭에서 일하다가 돌아오니 그 사람은 본래 에브라임 산지 사람으로서 기브아에 거류하는 자요 그곳 사람들은 베냐민 자손이더라 노인이 눈을 들어 성읍 넓은 거리에 나그네가 있는 것을 본지라 노인이 묻되 그대는 어디로 가며 어디서 왔느냐 하니 그가 그에게 이르되 우리는 유다 베들레헴에서 에브라임 산지 구석으로 가나이다 나는 그곳 사람으로서 유다 베들레헴에 갔다가 이제 여호와의 집으로 가는 중인데 나를 자기 집으로 영접하는 사람이 없나이다 우리에게는 나귀들에게 먹일 짚과 여물이 있고 나와 당신의 여종과 당신의 종인 우리들과 함께 한 청년에게 먹을 양식과 포도주가 있어 무엇이든지 부족함이 없나이다 하는지라 그 노인이 이르되 그대는 안심하라 그대의 쓸 것은 모두 내가 담당할 것이니 거리에서는 유숙하지 말라 하고 그를 데리고 자기 집에 들어가서 나귀에게 먹이니 그들이 발을 씻고 먹고 마시니라 그들이 마음을 즐겁게 할 때에 그 성읍의 불량배들이 그 집을 에워싸고 문을 두들기며 집 주인 노인에게 말하여 이르되 네 집에 들어온 사람을 끌어내라 우리가 그와 관계하리라 하니 집 주인 그 사람이 그들에게로 나와서 이르되 아니라 내 형제들아 청하노니 이 같은 악행을 저지르지 말라 이 사람이 내 집에 들어왔으니 이런 망령된 일을 행하지 말라 보라 여기 내 처녀 딸과 이 사람의 첩이 있은즉 내가 그들을 끌어내리니 너희가 그들을 욕보이든지 너희 눈에 좋은 대로 행하되 오직 이 사람에게는 이런 망령된 일을 행하지 말라 하나 무리가 듣지 아니하므로 그 사람이 자기 첩을 붙잡아 그들에게 밖으로 끌어내매 그들이 그 여자와 관계하였고 밤새도록 그 여자를 능욕하다가 새벽 미명에 놓은지라 동틀 때에 여인이 자기의 주인이 있는 그 사람의 집 문에 이르러 엎드러져 밝기까지 거기 엎드러져 있더라

베냐민 지파가 살고 있었던 기브아에 도착한 레위 사람은 그가 생각했던 대로 일이 풀리지를 않아 당황했다. 마땅히 같은 지파 공동체였던 베냐민 사람들이 레위 지파의 신분이자 거류민 신세인 자기를 잘 영접해 줄 것이라는 생각이 보기 좋게 빗나가고 있었던 것이다. 졸지에 거리의 노숙자로 하룻밤을 거리에서 보내게 될 신세에 처한 그였지만 구세주 같은 사람이 나타났다. 그 성읍에 사는 노인이었다. 기브아에서 만난 그 노인은 레위 사람과 같은 에브라임의 한 산지 지역에 살았던 사람인데, 그도 무슨 연유인지는 모르겠지만 고향을 떠나 기브아로 내려와서 타향살이하고 있었던 객이었다. 다만 그 노인은 현재 기브아에서 정착하고 있다는 것이 레위 사람과 다른 점이었다. 그 노인이 기브아 성읍의 한 대로에서 서성이고 있는 레위 사람을 만났다. 두 사람이 통성명을 나누는 어간, 노인은 레위 사람의 딱한 처지를 듣게 되었다. 레위 사람은 자기에게 적당한 먹을 것과 신세를 지지 않을 정도의 물질적인 것을 갖고 있음을 밝히며 당신에게 피해가 가지 않도록 할 테니 하룻밤 신세를 질 것을 에둘러 노인에게 요청했다. 이 부탁을 받은 노인은 동향 사람인 레위 사람에게 적극적인 호의를 보이며 그의 청을 수락하기에 이른다. 동시에 레위 사람의 식구들을 위해 최선을 다해 섬기는 장면이 본문 20절에 소개되고 있다. 그러나 두 사람 간의 좋은 시간은 여기까지다. 추측건대 저녁 식탁 공동체를 마치고 쉬고 있던 늦은 저녁 시간, 노인의 집 대문에서 세차게 요동치는 소리가 들렸다. 22절이다.

그들이 마음을 즐겁게 할 때에 그 성읍의 불량배들이 그 집을 에워싸고 문을 두들기며 집주인 노인에게 말하여 이르되 네 집에 들어온 사람을 끌어내라 우리가

어떻게 알았는지 기브아에 살고 있었던 성읍의 불량배들이 노인의
집으로 몰려왔다. 그들은 다짜고짜로 집에 들인 그 남자를 우리에게로
끌어내라고 압박했다. 우리들이 그 사람과 관계해야 하겠다는 것이
이유였다. 노인을 찾아온 사람들을 개역개정판에는 성읍의 '불량배'로
번역했고, 개역한글판에서는 '비류'(匪類)라고 번역했다. 전성민은 히브리
어 원문에 적시된 '그 성읍의 불량배'(אַנְשֵׁי הָעִיר)를 다음과 같이 해석했다.

> 불량배들을 음역하여 번역하면 '블리야알의 아들들'인데, (중략) 구약
> 성경에서 블리야알의 아들들은 우상 숭배자, 여호와를 모르는 자, 거짓
> 증언자, 반역자로 등장한다. 이들이 레위 사람을 성폭행하려 했다.*

'블리야알의 아들들'이 노인에게 레위 사람 남자를 내놓으라고
협박을 한 셈이다. '관계(關係)하겠다'라고 번역된 히브리어 '야다'(וְנֵדָעֶנּוּ)
는 이 대목에서는 '동성 강간'(homosexual rape)을 하겠다는 의지를
표명한 것으로 보아야 한다. 이 구절은 창세기 19장 5절에 기록된
소돔의 죄악을 고발한 기사 그대로 옮겨 놓은 것 같다는 생각을
지울 수가 없다.

> 롯을 부르고 그에게 이르되 오늘 밤에 네게 온 사람들이 어디 있느냐 이끌어내라
> 우리가 그들을 상관하리라

---

* 전성민, 『사사기 어떻게 읽을 것인가』, 290-291.

당시 기브아에는 동성 강간이 상식처럼 횡행했다. 외부에서 기브아에 들어온 외지인을 대상으로 만연해 있었던 범죄 행위가 동성 강간이었다. 동성 강간이 왜 심각한 범죄인지를 알려준 김지찬 교수는 이렇게 주석했다.

'동성 강간'(homosexual rape)은 문명화된 행동 규범을 심하게 파기하는 것이다. 이스라엘 사회를 유지하는 인간 상호관계의 모드를 전복시키는 행위이다. 더욱이 기브아 거민들의 동성 강간 요구는 가족 개념을 파괴하며 가족의 연장인 이스라엘 신앙 공동체를 파괴하는 무서운 악인 것이다.[*]

기브아에 살고 있었던 블리야알의 아들들의 범죄는 이스라엘 신앙 공동체를 파괴하는 중대한 범죄 행위였다. 어떻게 이스라엘 신앙 공동체였던 베냐민 지파가 이 지경으로 망가졌을까? 추론은 어렵지 않다. 필자가 연이어 강조한 것처럼 사사시대는 랜덤 시기였기 때문이다. 동성 강간이라는 참담함만으로 본문 해석은 마무리되지 않는다. 더 기막힌 랜덤의 참상을 고발하기 때문이다. 급습(急襲)당한 노인이 불량배들이 자행한 협박에 당황하면서 내놓은 대안을 살피자.

보라 여기 내 처녀 딸과 이 사람의 첩이 있은즉 내가 그들을 끌어내리니 너희가 그들을 욕보이든지 너희 눈에 좋은 대로 행하되 오직 이 사람에게는 이런 망령된 일을 행하지 말라 하나(24절)

---

* 김지찬,『오직 여호와만이 우리의 사사』(생명의 말씀사, 2010), 457.

노인의 제안은 더 기가 막힌다. 내게 결혼하지 않은 딸이 있고 레위 사람의 첩도 있으니 이들을 너희들이 보기에 좋은 대로 하고 레위 사람만은 건들지 말라는 것이었다. 오늘의 시각으로 바라보면 도통 이해가 되지 않는 구석이다. 남자를 가까이하지 않은 처녀인 노인의 딸을 내놓을 테니 능욕하라는 것이다. 그것으로도 만족이 안 되면 이 사람의 첩을 줄 테니 이 여자도 마음대로 하라는 것이었다. 이게 가당키나 한 말인가. 노인을 찾아온 불량배(불리야알의 아들)들에게 노인이 제일 먼저 제시한 것은 그의 딸을 내놓겠다는 것이었다. 두 번째로 레위 사람의 첩이었다. 불량배들이 택한 것을 25절이 증언한다.

> 무리가 듣지 아니하므로 그 사람이 자기 첩을 붙잡아 그들에게 밖으로 끌어내매 그들이 그 여자와 관계하였고 밤새도록 그 여자를 능욕하다가 새벽 미명에 놓은지라

경악할 만한 참상이 보고된다. 노인이 먼저는 딸을 후에는 레위 사람의 첩을 주겠다고 깡패들에게 제시했다. 하지만 기브아의 깡패들은 그 제시를 거절했다. 여자들은 필요 없으니 레위 사람을 내놓으라고 협박했다. 상황이 긴박하게 돌아가자 '그 사람'(레위 사람)이 등장하여 몸소 손수 자기의 아내(첩)를 깡패들에게 내어준다. 자기 몸을 하나 건사하겠다고 깡패들에게 자기 아내를 주었다는 말이다. 25절을 유진 피터슨의 『메시지』 번역으로 읽다 보면 같은 남자의 위치에 있는 필자에게 레위 사람이 행한 엽기적 행동은 정말 치욕적으로 다가왔다.

그러나 무리들은 그의 말을 들으려 하지 않았다. 결국 레위인은 자기 첩을 문밖으로 떠밀어 그들에게 내주었다.*

마치 그 옛날 얍복 강가에서 야곱이 에서에게 화해의 메시지를 보낸 뒤 나루터에서 강을 건널 때, 몸종 아내들이었던 빌하와 실바를 제일 앞에, 그다음 줄에는 레아와 라헬을 줄 세워 보낸 뒤에 본인은 제일 마지막에 서 있었던 그 치사했던 야곱보다 더 치사한 인간이 레위 사람이다. 결국 이렇게 해서 이 치사한 인간 레위 사람은 머리털 하나 다치지 않고 자기의 몸을 보호할 수 있었지만, 그의 아내는 능욕당한 뒤에 사망한다. 이 기막힌 엽기적 행각을 사사기 기자는 끝까지 추적하여 그 결론을 샅샅이 공개하는 일에 주저하지 않는다.

그들이 그 여자와 관계하였고 밤새도록 그 여자를 능욕하다가 새벽 미명에 놓은지라 동틀 때에 여인이 자기의 주인이 있는 그 사람의 집 문에 이르러 엎드러져 밝기까지 거기 엎드러져 있더라 (25:2f-26)

레위의 아내는 불량배들에게 밤새도록 윤간을 당한 끝에 새벽녘에 풀려나 결국 그 후유증으로 사망하게 된다. 사사시대가 철저히 랜덤 시대였음을 적나라하게 고발한 것이다.

※ 하나님을 바라보는 시각이 상실되면 인간의 시각이 정답이 된다.

---

* 유진 피터슨,『메시지 구약 ― 역사서』, 154.

보라 여기 내 처녀 딸과 이 사람의 첩이 있은즉 내가 그들을 끌어내리니 너희가 그들을 욕보이든지 너희 눈에 좋은 대로 행하되 오직 이 사람에게는 이런 망령된 일을 행하지 말라 하나

24절에서 고발된 노인이 던진 메시지는 사사시대가 재앙, 절망, 비극의 시대임을 시사한다.

너희 눈에 좋은 대로 행하되

예레미야 예언자는 17장 9절에서 선포했다.

만물보다 거짓되고 심히 부패한 것은 마음이라 누가 능히 이를 알리요마는

예수께서도 마태복음 7장 21-23절에서 선언했다.

속에서 곧 사람의 마음에서 나오는 것은 악한 생각 곧 음란과 도둑질과 살인과 간음과 탐욕과 악독과 속임과 음탕과 질투와 비방과 교만과 우매함이니 이 모든 악한 것이 다 속에서 나와서 사람을 더럽게 하느니라

인간이 인간 시각이 보이는 그대로 살면 재앙이 된다. 궤도를 바꾸자. 내 시각과 내 눈이 보기 좋은 삶은 그리스도인의 삶이 아니다. 주님이 말씀하시고 날마다 나에게 조명하시는 살아계신 레마의 말씀에 비추어 하나님의 시각으로, 하나님이 보시기에 좋은 시각으로 돌아서는 것이 그리스도인이 살아내야 하는 시각이다. 내 시각은 실패의 원인이다. 쓸데없이 고집 피우지 말자. 기독교 저널리스트인 필립 얀시가 쓴 『그들이 나를 살렸다』를 보면 19세기 위대한 기독교 저술가이자 해박한 변증론자인 G. K. 체스터턴의 일화가 소개된다. 19세기 영국 기독교계의 정신적인 리더였고 걸출한 스승이자 수많은 영국인의 멘토였던 체스터턴은 당시 여론이 주목하던 당사자였다. 특별히 19세기 기독교계 안팎으로 불던 과학 이성주의 그리고 휴머니즘적인 계몽주의의 흔적들이 아직도 서슬이 시퍼렇게 교회를 공격하고 있던 때라 그의 한 마디 한 마디는 적지 않은 기독교계의 위로와 방어막이 되던 시절이었다. 상황이 이러니 당연히 여론이 그에게 주목했다. 때마침 런던 「타임스」는 자기 신문에 기고하는 여러 필자에게 영국이 지금 직면하고 있는 여러 상황 중에 가장 핵심적인 문제가 무엇인지를 묻는 기사를 요청했다. 기고 제목은 "무엇이 문제입니까?"였다. 당대의 석학들은 질문에 답하기 위해 아주 화려하고 우수한 필체로 19세 영국 사회의 문제점들을 날카롭게 분석하는 글들을 기고했다. 그중에서도 여론의 주목은 당연히 체스터턴이었다. 그는 마치 가장 성의가 없는 것 같은 가장 간단한 문체로 신문사에 이렇게 글을 써서 보냈다.

편집장 귀하, 바로 내가 문제입니다. _ G. K. 체스터턴 드림*

그렇다. 문제는 바로 나다. 아는가? 희망의 시작은 내가 문제임을 직시하는 것임을. 알고는 있는가? 이것을 아는 것부터가 진짜 문제를 해결하는 시작임을.

_____

* 필립 얀시/최종훈·홍종락 공역, 『그들이 나를 살렸다』(포이에마, 2013), 122-123.

전무(前無)했지만 후무(後無)하지 않은

사사기 19:27-30

새길 말씀: 그의 주인이 일찍이 일어나 집 문을 열고 떠나고자 하더니 그 여인이 집 문에 엎드러져 있고 그의 두 손이 문지방에 있는 것을 보고 그에게 이르되 일어나라 우리가 떠나가자 하나 아무 대답이 없는지라 이에 그의 시체를 나귀에 싣고 행하여 자기 곳에 돌아가서 그 집에 이르러서는 칼을 가지고 자기 첩의 시체를 거두어 그 마디를 찍어 열두 덩이에 나누고 그것을 이스라엘 사방에 두루 보내매 그것을 보는 자가 다 이르되 이스라엘 자손이 애굽 땅에서 올라온 날부터 오늘까지 이런 일은 일어나지도 아니하였고 보지도 못하였도다 이 일을 생각하고 상의한 후에 말하자 하니라

정말로 인간이기를 포기했던 한 시대의 남편이자, 사회적인 지도층이자, 심지어 성직 계열에 있었던 레위 사람의 천인공노할 만행이 절정을 이루고 있다. 남편에 의해 내던짐을 당함으로 기브아 불량배들에게 유린당한 레위 남자의 아내가 밤새 성폭력을 당한 뒤에 남편이 있는 곳으로 시체가 되어 돌아왔다.

동틀 때에 여인이 자기의 주인이 있는 그 사람의 집 문에 이르러 엎드러져 밝기까지 거기 엎드러져 있더라(26절)

짐승 같은 남편에 의해 내동댕이쳐진 여자의 육신이 다음날 동틀

때 레위 사람이 묵었던 장소의 문밖에 버려져 있었다고 사사기 기자는 보고한다. 이어지는 27절은 경악의 경악을 금치 못하게 한다.

> 그의 주인이 일찍이 일어나 집 문을 열고 떠나가고자 하더니 그 여인이 집 문에 엎드러 져 있고 그의 두 손이 문지방에 있는 것을 보고

"그의 주인이 일찍이 일어나"라는 구절에서 몸서리가 쳐진다. 지난 밤, 자기 몸 하나 보전하고자 자기 손으로 직접 아내를 떠밀어 불량배들에게 내어준 이후 그 아내가 밖에서 밤새도록 그들에게 윤간당하고 있었는데, 남편 레위인은 집에서 남의 일인 양, 자고 일어났다는 말이다. 자기 손으로 아내를 불량배들에게 내민 인간이니 잠을 자고 일어났다는 보고가 그리 놀라운 보고는 아니지만, 그래도 상식의 차원에서 레위 남자의 소행이 정말로 용서가 안 되는 행동을 자행했음을 사사기 기자는 연이어 보고한다. 어떻게 이런 일이 있을 수 있었을까? 무감각 때문이다. 일찍이 일어난 레위 사람은 노인의 집을 떠나고자 문을 열었는데, 문지방 위에 아내가 널브러져 있는 것을 본 것이다. 이윽고 레위 사람이 아내에게 던진 28절은 아연실색하게 한다.

> 그에게 이르되 일어나라 우리가 떠나가자 하나 아무 대답이 없는지라 이에 그의 시체를 나귀에 싣고 행하여 자기 곳에 돌아가서

레위인은 아내에게 일어나라고 종용했는데, 대답이 없자 자기 아내의 시체를 나귀에 실었다. 우여곡절 끝에 집에 도착한 레위 사람은 마지막 엽기적인 죄악을 자행한다. 자기 아내의 시체를 열두 토막을

내어 열두 지파에게 한 토막씩 보내는 괴기스러운 행동이었다(29절).
남편의 무심함으로 극악의 고통 속에서 죽어간 것도 억울한 일인데,
이 여인은 또다시 남편에 의해 시신이 무참히 훼손되는 치욕을 당한
셈이다. 20장에서 보겠지만 이 해괴망측한 일로 인해 이스라엘 공동체
는 내전에 휘말리고 불량배들이 속해 있었던 베냐민 지파는 거의
멸문지화를 당하는 비극을 맛보게 된다. 무감각이 빚은 참극이다.
열두 토막 중에 한 토막씩의 시체를 본 이스라엘 지파 공동체는
이 충격적인 사건을 접한 뒤에 다음과 같이 30절에서 반응한다.

> 그것을 보는 자가 다 이르되 이스라엘 자손이 애굽 땅에서 올라온 날부터 오늘까
> 지 이런 일은 일어나지도 아니하였고 보지도 못하였도다 이 일을 생각하고 상의한
> 후에 말하자 하니라

전무후무한 충격을 받았다는 반응이었다. 하나님께서는 이스라엘
신앙 공동체에게 약속하신 젖과 꿀이 흐르는 가나안에 정착하여 하나
님의 뜻을 이루라는 명령을 내렸건만, 사사 초기 시대의 공동체는
가나안을 진멸하기는커녕 도리어 동족의 한 지파를 멸절시키는 상황
이 되었으니 어찌 이 시대가 랜덤의 시대가 아니겠는가?

※ 무감각은 신앙적 삶에 방향성을 잃게 하는 영적인 암세포임을 고발한다.

레위 사람은 상식 제로의 인간이다. 그는 하나님의 전(殿)을 맡아
살피고 관리해야 하는 직을 위임받은 자였다. 하지만 그는 거룩함과는
전혀 관련이 없는 무감각의 삶을 살았다. 그는 남편이기에 마땅히

보호해야 할 아내를 버렸다. 일반적인 상식을 쓰레기통의 휴지처럼 버리고 아내를 능욕당하게 함으로써 마땅한 남편이 지켜야 하는 상식의 법도를 버렸다. 그는 아내가 능욕당하고 있는 동안 자기는 집안에서 편안하게 잠을 자는, 최소한의 인간적인 도리까지 버렸다. 이뿐만이 아니라 그는 죽은 아내의 시신을 나귀에 짐짝을 싣는 것처럼 취급하여 고향으로 돌아왔다. 아내의 죽음에 대하여 일말(一抹)의 가책이나 아파하는 모습은 조금도 보이지 않았다. 인간을 인간으로 대접해야 하는 상식은 고사하고 죽은 아내의 시신 앞에서 전혀 상식적이지 않게 무례함으로 일관했다. 참으로 기가 막힌 것은 마지막 자존심같아야 할 자기 아내의 시체를 훼손하여 열두 토막을 내서 열두 지파에게 보내는 엽기적 범죄를 자행했다는 점이다. 고대 근동의 사회는 사람의 죽음을 숭고하게 생각하고 시체를 존엄하게 생각하던 사회 구조임을 감안할 때, 레위 사람은 당시 사회적으로도 정상적이지 않은 비상식적 수준의 사람이었음이 틀림이 없다. 결국 이 사람의 이런 일련의 비상식적인 행태로 인해 이스라엘 공동체는 내전을 겪어야 하는 불행을 촉발하는 원인이 된다. 영적 무감각이 집단적 불행의 단초를 제공한 셈이 된 것이다. 20세기의 선지자라고 지칭되는 아이든 토저는 그의 책 『JESUS』에서 이렇게 갈파했다.

> 우리가 정직하다면 이렇게 고백해야 한다. 나는 죄에 빠졌다. 죄와 함께 놀았고, 죄를 품에 안았다. 죄가 나를 찔렀고, 죄의 바이러스가 내 인생의 강에 흘러들어왔다. 내 마음의 상태를 바꾸어 놓았고 내 판단에 영향을 주었다. 고백하건대 나는 죄와 고의적으로 협력했다.*

그는 계속해서 이렇게 선포했다.

죄는 질병 그 이상이다. 그것은 영의 기형이다. 하나님의 본성을 가장 많이 닮은 인간 본성에 생긴 비정상적인 부분이다. 죄는 사형에 해당하는 범죄요 천지를 창조하신 전능한 하나님께 대한 반역이다.[*]

이 선언은 단지 토저만의 고백이 아니라, 그리스도인이라는 이름으로 살아가는 이들의 정직한 고백이어야 한다. 사사시대에 자행된 엽기적인 신앙적 망동은 사사 훨씬 이후의 시대인 오늘의 시대에도 버젓이 자행되고 있다. 전무했지만 후무하지 않았던 레위 사람이 행했던 죄악을 단절할 수 있는 유일한 방법은 성령께서 허락하시는 민감한 죄의식을 갖고 무감각한 죄에서 벗어나는 것이다. 그리스도인은 힘들고 버겁겠지만 죄와 맞서 싸우는 민감하게 죄책을 지는 사람이 되어야 한다. 그것이 비극이 재연되지 않게 하는 방법이기에 그렇다.

[*] 아이든 토저/이용복 역, 『JESUS』 (규장, 2014), 65.
[*] 위의 책, 같은 페이지.

악수(惡手)에 악수(握手)하지 말라

사사기 20:1-11

새길 말씀: 이에 모든 이스라엘 자손이 단에서부터 브엘세바까지와 길르앗 땅에서 나와서 그 회중이 일제히 미스바에서 여호와 앞에 모였으니 온 백성의 어른 곧 이스라엘 모든 지파의 어른들은 하나님 백성의 총회에 섰고 칼을 빼는 보병은 사십만 명이었으며 이스라엘 자손이 미스바에 올라간 것을 베냐민 자손이 들었더라 이스라엘 자손이 이르되 이 악한 일이 어떻게 일어났는지 우리에게 말하라 하니 레위 사람 곧 죽임을 당한 여인의 남편이 대답하여 이르되 내가 내 첩과 더불어 베냐민에 속한 기브아에 유숙하러 갔더니 기브아 사람들이 나를 치러 일어나서 밤에 내가 묵고 있던 집을 에워싸고 나를 죽이려 하고 내 첩을 욕보여 그를 죽게 한지라 내가 내 첩의 시체를 거두어 쪼개서 이스라엘 기업의 온 땅에 보냈나니 이는 그들이 이스라엘 중에서 음행과 망령된 일을 행하였기 때문이라 이스라엘 자손들아 너희가 다 여기 있은즉 너희의 의견과 방책을 낼지니라 하니라 모든 백성이 일제히 일어나 이르되 우리가 한 사람도 자기 장막으로 돌아가지 말며 한 사람도 자기 집으로 들어가지 말고 우리가 이제 기브아 사람에게 이렇게 행하리니 곧 제비를 뽑아서 그들을 치되 우리가 이스라엘 모든 지파 중에서 백 명에 열 명, 천 명에 백 명, 만 명에 천 명을 뽑아 그 백성을 위하여 양식을 준비하고 그들에게 베냐민의 기브아에 가서 그 무리가 이스라엘 중에서 망령된 일을 행한 대로 징계하게 하리라 하니라 이와 같이 이스라엘 모든 사람이 하나 같이 합심하여 그 성읍을 치려고 모였더라

랜덤 시대의 대변인과 같았던 패륜아 레위 사람이 자기의 집에 돌아왔다. 돌아온 그가 제일 먼저 한 것은 죽은 자기 아내의 시신을

열두 토막 낸 것이었다. 그렇게 시신을 훼손한 그는 더 엽기적인 일을 자행하기에 이른다. 시신을 이스라엘의 각 지파 공동체로 보낸 것이다. 동강 난 한 토막씩의 시신을 받은 이스라엘 두령들은 미스바로 모였다. 그곳에서 그들은 그 시신에 얽힌 충격적인 연유를 듣게 되었다. 4-7절을 읽어보자.

> 레위 사람 곧 죽임을 당한 여인의 남편이 대답하여 이르되 내가 내 첩과 더불어 베냐민에 속한 기브아에 유숙하러 갔더니 기브아 사람들이 나를 치러 일어나서 밤에 내가 묵고 있던 집을 에워싸고 나를 죽이려 하고 내 첩을 욕보여 그를 죽게 한지라 내가 내 첩의 시체를 거두어 쪼개서 이스라엘 기업의 온 땅에 보냈나니 이는 그들이 이스라엘 중에서 음행과 망령된 일을 행하였기 때문이라 이스라엘 자손들아 너희가 다 여기 있은즉 너희의 의견과 방책을 낼지니라 하니라

요약하면 이렇다.

"첩과 하룻밤을 묵으러 기브아에 갔다. 기브아 성읍 사람들이 나를 죽이려고 내가 묵던 집으로 와서 포위했다. 그들이 윤간하여 내 아내가 죽었다. 음란하고 수치스러운 일을 알리고자 아내의 시체를 토막 내서 이스라엘로 보낸 것이다."

레위 사람이 밝힌 정직하지 않은 보고에 이스라엘 사람들, 즉 미스바에 모인 이스라엘 총회는 그의 말만 액면 그대로 듣고 흥분하고 분노한다. 이윽고 그들이 결의한 내용이 8-11절에 기록되어 있다. 베냐민 지파의 기브아를 치기로 결의한다. 적어도 단기간에 끝날

것 같지 않은 전쟁을 위해서 각 지파에서 군인들을 위한 10%의 군수 물자를 내기로 한다. 더불어 각 지파에서 총동원으로 모집 완료된 군사의 수가 400,000명이라고 보고한다. 이들이 맞서 싸울 베냐민의 병력 수는 26,700명이었다. 이 싸움은 물리적으로 이미 승패가 결정이 난 싸움이었다. 결국 400,000:26,700의 내전이 벌어진다. 필자는 이미 밝혔다. 본문은 사사기 역사서의 후반부에 편집되어 열거되어 있지만 20장의 배경은 사사 초기 시대였음을 나누었다. 사사 초기 시대라는 말은 그토록 염원했던 약속된 땅 가나안에 들어와서 이스라엘 신앙 공동체가 힘을 합하여 가나안 거민을 내쫓고 이스라엘의 신앙 공동체를 완수해야 하는 막중한 시기였다는 것을 전제한다. 그러나 사태는 아주 이상한 쪽으로 발전되고 있었다. 가나안 땅에 거주하는 거민을 쳐야 하는 본(本)은 사라지고 엉뚱하게 지난 40년 동안 광야에서 함께 울고 웃었던 신앙 공동체 중에 한 지파를 궤멸시키는 말(末)이 무대 위에 올라선 본말전도의 상황이 벌어진 것이다. 사사기 역사서는 보고한다. 이 불행한 사건을 통해 베냐민 지파가 궤멸(潰滅)되었음을 알려준다. 이스라엘의 자존심 지파였던 베냐민 지파가 몰락한다. 어떻게 이 지경이 되었단 말인가?

　※ 악수(惡手)에 악수(握手)했기 때문이다.

　이스라엘 총회는 영적 분별력을 갖고 레위인의 보고를 판단했어야 했다. 세상을 살다 보면 손이 안으로 굽는 것은 인지상정이다. 하지만 위험한 것은 인지상정은 상식적이지 않을 때가 많다는 점이다. 이 상식적이지 않은 것을 극복하기 위해 인간은 공부를 통해 상식이 무엇인지를 인지하는 능력을 키우고, 내공도 쌓으며, 지력을 넓혀간다. 해서 지연, 혈연, 학연이라는 악습에 얽매이지 않고 사리를 분별하기 위해서 노력하는 것이 지성인의 면모다. 이스라엘 신앙 공동체 총회에 모인 사람들이라면 나름대로 각 지파 공동체에서 뽑힌 사람일 것이다. 그 뽑힌 사람들은 분명히 앞서가는 지파의 지도자들이었을 것이다. 그런데도 이들은 한쪽의 이야기만을 듣고 감정적으로 대처함으로 일을 그르쳤다. 당시의 정황들을 좀 더 주도면밀하게 살펴야 했음에도 불구하고 그렇게 하지 않고 감정이 앞서 같은 지파 공동체 하나를 멸절시키는 불행을 키웠다. 레위 사람의 이야기를 액면 그대로 받아들이는 실수를 범했다. 레위 사람이 던진 악수(惡手)에 악수(握手) 인사를 건넨 결과물이 한 지파의 멸절로 이어졌다. 1절을 복기하자.

이에 모든 이스라엘 자손이 단에서부터 브엘세바까지와 길르앗 땅에서 나와서 그 회중이 일제히 미스바에서 여호와 앞에 모였으니

단에서부터 브엘세바까지라는 표현은 이스라엘의 전역을 표현하는 단어다. 이스라엘의 북쪽 끝인 단에서 남쪽 끝인 브엘세바까지 퍼져 있는 이스라엘의 온 지파의 두령들이 모였다는 말이다. 2절을 보면 '이스라엘 온 지파'라는 표현이 있다. 이스라엘 총회에서 예외가 된 지파는 없었다. 어떤 지파 하나 영적인 분별력에 있어서 뛰어난 지파가 없었다는 증거이기도 하다. 총체적 랜덤의 시기였기에 가능한 일이었다. 이스라엘의 온 지파들은 모두가 영적으로 둔감한 상태였다. 그러기에 모든 지파의 두령들은 이성적, 영적으로 해석하지 않고 감정적으로 접근하기에 이른 것이다. 그 결과, 피비린내 나는 동족상잔의 비극을 경험하게 된 것이다. 모름지기 하나님의 사람들이라면 기억하고 받아야 할 은혜가 있다. 하나님의 편에서 볼 때 악수(惡手)가 무엇인지를 깨어 분별해야 한다는 교훈이다.

『별들의 고향』으로 우리에게 잘 알려진 故 최인호 작가의 유고집이라고 할 수 있는 『인생』에서 일화 하나를 소개한다.

> 불교의 최고 고불(古佛)이었던 법정 스님이 죽자 수많은 사람들이 법정의 죽음을 애도하며 그의 장례 행렬에 운집하였다. 그때 법정이 살아생전 존경했던 조주 스님이 그 광경을 보고 이렇게 한탄했다. "한 사람의 산 사람을 수많은 죽은 사람이 쫓아가고 있구나."*

필자는 이 글을 만났을 때 참 부러웠다. 불교가 대한민국의 전통 신앙으로 굳건히 서 있는 이유를 어렴풋이 알게 해 준 통찰의 내용을 볼 수 있었기 때문이다. 적어도 승려 조주 같은 이판승이 시퍼렇게 살아 있는 한 불교는 흔들리지 않을 것이라는 두려움이 내게는 있다. 개신교인들이 우상이라고 핏대 높이며 비판하는 불교의 영성도 이 정도인데, 만군의 하나님을 믿는 그리스도인들이 악수(惡手)에 발 빠르게 악수(握手)하면 되겠는가? 신앙의 절개를 지키는 것은 하나님의 백성으로 악수(惡手)를 두지 않는 것은 물론, 그 악수(惡手)와 악수(握手)하지 않는 일이다. 귀담아야 할 교훈이다.

---

* 최인호, 『인생』(여백, 2013), 262.

목숨을 걸 곳에 걸어야지!

사사기 20:12-16

새길 말씀: 이스라엘 지파들이 베냐민 온 지파에 사람들을 보내어 두루 다니며 이르기를 너희 중에서 생긴 이 악행이 어찌 됨이냐 그런즉 이제 기브아 사람들 곧 그 불량배들을 우리에게 넘겨 주어서 우리가 그들을 죽여 이스라엘 중에서 악을 제거하여 버리게 하라 하나 베냐민 자손이 그들의 형제 이스라엘 자손의 말을 듣지 아니하고 도리어 성읍들로부터 기브아에 모이고 나가서 이스라엘 자손과 싸우고자 하니라 그 때에 그 성읍들로부터 나온 베냐민 자손의 수는 칼을 빼는 자가 모두 이만 육천 명이요 그 외에 기브아 주민 중 택한 자가 칠백 명인데 이 모든 백성 중에서 택한 칠백 명은 다 왼손잡이라 물매로 돌을 던지면 조금도 틀림이 없는 자들이더라

이스라엘 각 지파 공동체에게 보내진 경악할 만한 시신을 본 미스바에 모였던 두령들에게 레위 사람은 자신의 죄악은 조금도 발설하지 않고 베냐민 지파의 땅인 기브아에서 벌어진 만행을 자기에게 유리하게 각색하여 일방적으로 보고했다. 들을 귀가 없었고 영적 지각력이라고는 전혀 없었던 지파의 두령들은 기브아 사람들의 만행을 묵과하지 않고 심판하기 위해서 지파에서 갹출(醵出)된 400,000명의 보병을 모집했다. 이윽고 진행된 후속 조치를 본문이 보고한다. 기브아에 대한 분명한 심판을 결의한 이스라엘 공동체는 베냐민 지파에게 사람을 보내어 레위 사람에게 행한 악행에 대하여 설명하고, 그 천하가

공노할 만행을 저지른 기브아의 불량배들을 끌어내어 넘기라는 최후
통첩을 한다. 하지만 이스라엘 총회의 요구를 베냐민 지파 공동체가
거절했음을 13-14절이 알려준다.

> 그런즉 이제 기브아 사람들 곧 그 불량배들을 우리에게 넘겨주어서 우리가 그들
> 을 죽여 이스라엘 중에서 악을 제거하여 버리게 하라 하나 베냐민 자손이 그들의
> 형제 이스라엘 자손의 말을 듣지 아니하고 도리어 성읍들로부터 기브아에 모이고
> 나가서 이스라엘 자손과 싸우고자 하니라

베냐민 지파는 이스라엘 총회의 요구를 거절한 것은 물론, 총회와
의 일전을 각오하고 죄악이 벌어진 상징적인 장소였던 기브아에서
군사를 모집한다. 이른바 지파 보존이라는 의리가 작용한 것이었다.
이렇게 해서 기브아에 모여든 베냐민 지파 군사들의 수는 양손을
매우 잘 쓰는 훈련된 군사 700명과 일반병사 26,000명 등 총 26,700
명이었음을 본문이 보고한다. 이제 내전으로 인해 상대할 군사력이
명확해졌다. 400,000:26,700의 내전이었다. 군사 전문가들의 지론
에 의하면 현대전은 숫자의 싸움이 아니라고 하는 데 이의가 없다.
오늘의 전쟁에서 승패를 가르는 바로미터는 무기의 첨단 시스템,
고도의 사이버전 능력, 정예화된 군사들의 정신력 그리고 뒷받침이
되는 나라의 경제력 등 사위일체(四位一體)라고 말한다. 가만히 생각해
보면 설득력이 있는 해석이다. 하지만 지금으로부터 3,100~3,200년
전의 전쟁의 승패를 가늠할 능력은 간단히 정의된다. 지도자의 리더십
과 병력 숫자다. 그렇다면 이 싸움은 해보나 마나 한 전쟁이었다.
아무리 베냐민 지파의 일부 군사들이 왼손과 오른손을 자유자재로

사용할 줄 아는 능력자들이라고 해도 400,000명의 군사와의 싸움은 중과부적이며 이길 수 없는 싸움이다. 상식적인 차원으로 생각해 보면 이 전쟁은 이미 결판이 난 싸움이었다. 하지만 의외의 결과가 나타났다. 이미 결판났다고 판단된 전쟁이었지만, 이스라엘 총회는 베냐민 지파의 군사들에게 두 번이나 국지전 전투에서 패배했기 때문이다. 총회 입장에서는 어마어마한 충격이었을 것이다. 결국 세 번째 전투에서 이스라엘 총회가 대승하며 베냐민 지파와의 전쟁은 끝난다. 이스라엘 총회는 우여곡절 끝에 전쟁에서 승리했다. 하지만 그 전쟁의 대가가 참 아픈 것이었다. 이스라엘 총회 쪽에서 1차 전쟁에 패함으로써 22,000명이 목숨을 잃었고, 2차 전쟁 때는 18,000명의 목숨이 사라졌다. 40,000명의 군사가 사망한 것이다. 한편 베냐민 지파는 26,700명의 인구 중에서 25,100명이 멸절당하는 피해를 받았다. 600명만이 구사일생으로 살아남았음을 35절이 증언한다. 나머지 1,000명은 실종되었거나 아니면 죽음이 무서워 탈영한 자의 숫자일 가능성이 농후하다. 하나님의 거룩한 지파 공동체, 라헬의 소생이었던 특별한 은혜를 받았던 베냐민 지파에 남은 남자의 수는 고작 600명이라는 사실은 이 내전의 비극이 얼마나 컸는지를 보여 준다. 후에 살피겠지만 이런 비극을 양산한 이스라엘 총회는 전쟁 이후 이스라엘 신앙 공동체의 한 형제 지파인 베냐민 지파의 완전한 궤멸이라는 파국을 막기 위해 다른 이방의 여인들을 납치해서 베냐민 지파에 남은 600명의 남자에게 아내로 주는 엽기적인 또 다른 범죄를 사사기 마지막 장인 21장에서 고발하며 증언한다. 이유는 자기 지파의 여자들을 베냐민 지파에게 시집 보내기를 거부한 이기성 때문에 이렇게 극악한 방법으로라도 동족 살리기에 나서야 했던 웃지 못할 촌극이었던 셈이다. 이런 어처구니없는 비극이 가나안 입성 초기 공동체라고 할 수 있는 사사 초기 시대에 벌어진 결정적인 원인은 과연 무엇이었을까? 랜덤 시대의 절정기였기에 가능했던 일이다. 부인할 수 없는 팩트다. 하지만 이런 큰 그림을 차치하고 또 다른 이유가 없을까 두리번거리게 된다.

※ 결코 중요하지 않은 말(末)에 목숨을 걸었기 때문이다.

겉모양 신앙의 가장 심각한 아킬레스건은 본말전도(本末顚倒)다. 본(本)을 중요하게 생각하지 않아서 본(本)이 말(末)로 취급당하고, 대신 말(末)을 본(本)처럼 거꾸로 대입시키는 어처구니없는 오류를 범했기에 일어난 일이 베냐민 지파와 벌였던 내전이었다. 레위 사람이 보낸 시신에 대한 충격적인 사건을 만난 이스라엘 총회는 적어도 사안이 사안인 만큼 신중에 신중을 기하여야 했다. 신중에 신중을 기한다는 말은 분별력이 있게 행동하는 것을 의미한다. 어떤 사건이든 그 사건을 가장 지혜롭게 판단하고 분별하는 것은 사건의 쌍방을 공평하게 이해하는 것을 전제한다. 일방적인 이야기만을 듣고 그 이야기가 진짜인 양 가늠하는 것은 지성적 행동이 아니다. 더 심각한 것은 이런 종류의 행태는 영성의 혜안을 갖는 것을 방해하는 암세포라는 점이다. 목회하면서 뼈저리게 느끼는 것이 있다. 교회에서 가장 주목하여 경계해야 하는 것은 갈리치기다. 선과 악을 이분법적으로 갈라쳐서 악으로 변질시키는 것 말이다. 본을 말로 둔갑시키는 일체 사탄적인 행태 말이다. 그러기에 필자에게 직업적으로 굳어진 것이 하나 있다.

※ 목회 현장에서는 결코 한 사람의 이야기를 듣고 판단하지 않는다는 고집이다.

녹색 성자로 알려진 인도의 평화운동주의자인 사티시 쿠마르가 쓴 『끝없는 여정』이라는 책을 읽다 보면, 저자가 9살 어린 나이에 자이나교의 승려로 입적하여 승려로 살아가야 하는 계율을 받은 장면이 나온다. 자이나교의 거두인 승려 쿤단이 쿠마르에게 내리는 승려로서의 기본적인 자세를 다음과 같이 기록한다.

"오, 모든 신들의 사랑을 받는 이여, 그대 이제 승려가 되었으니 걸을 때는 반드시 앞을 자세히 살펴 살아 있는 그 어떤 생명도 밟지 않도록 하여라. 그리고 앉거나 누울 때는 반드시 바닥을 부드럽게 쓸어내어 하나의 생명이라도 다치지 않게 주의하라."[*]

적어도 이방 종교의 성직자에게도 이런 생명의 소중함을 기본으로 하는 율례들이 있는데, 하물며 하나님이 직접 임명하신 지파인 레위 지파 사람이 동물의 사체가 아닌 사람의 시체를 열두 토막 내서 지파 공동체에게 보낸 사건이라면 원인이 어디에 있든 레위 사람의 행위를 먼저 진단했어야 마땅했다. 적어도 이런 영적 신중함과 분별력을 갖고 대처했다면 동족상잔의 엄청난 비극은 겪지 않았을 것이기에 말이다. 이스라엘 총회는 이런 본(本)을 무시했다. 당연한 일이겠지만 본(本)을 무시하고 나니까 당사자인 레위 사람이 말하는 얼토당토않은

---

[*] 사티시 쿠마르/서계인 역, 『끝없는 여정』(해토, 2008), 47.

말(末)의 각설을 본(本)으로 착각하고 감정적으로 반응함으로써 씻지 못할 전쟁의 고통을 짊어져야 하는 비극을 경험하기에 이른 것이다. 이스라엘 총회는 결코 목숨을 걸지 말아야 할 일에 목숨을 건 미련한 선택을 한 것이다. 또 하나, 반면교사를 삼을 일이 있다. 베냐민 지파가 보여 준 씁쓸한 행태에 대한 유감이다. 13절의 고발에 눈을 크게 뜨자.

> 그런즉 이제 기브아 사람들 곧 그 불량배들을 우리에게 넘겨주어서 우리가 그들을 죽여 이스라엘 중에서 악을 제거하여 버리게 하라 하나 베냐민 자손이 그들의 형제 이스라엘 자손의 말을 듣지 아니하고

이스라엘 총회는 베냐민으로 사람들을 보내어 기브아에서 일어난 일에 대하여 심문하기 시작했다. 레위 사람에게 악을 행한 불량배들을 내어놓으라고 압박을 가한 것이다. 그들을 죽여 일벌백계하겠다는 의지를 천명한 셈이다. 단순히 말초적이자 세포적 감각으로 죄를 지어 신앙 공동체를 더럽히려고 했던 자들을 심판하겠다는 것은 정당성이 있는 요구였다. 하나님의 선민 공동체인 이스라엘 신앙 공동체는 당시가 랜덤 시기였다. 그럼에도 불구하고 이스라엘 공동체는 명목적 신앙 공동체였기에 11지파의 두령들은 공동체를 무너지게 한 죄에 대해 일벌백계하려는 차원에서 범죄자를 인도하라고 요구했다. 베냐민 지파는 이런 요청을 단호하게 거절했다. 깡패들의 동료 의식 때문이었다. 적어도 같은 지파 공동체의 일원이라 할지라도 악을 행하였다면 마땅히 그 악에 대하여 판결과 심판을 받도록 하는 것, 그것이 옳은 선택이요 바른 방향성이다. 그러나 죄를 인정하지 않으려는 집단적

패역함으로 몇 사람의 죽음으로 끝날 수 있었던 사건을 베냐민 지파는 공동체 전멸이라는 비극을 초래하는 원인을 제공한 셈이 되고 말았다. 이 또한 본말전도다. 목숨을 걸만한 데에 목을 걸어야 하는 것을 쓸데없고 무익한 것에 목을 걸므로 일어난 비극이었다. 심비(心碑)에 새기자.

　※ 신앙인의 결기는 겉모양 신앙인 말末이 아니라, 말씀 신앙이라는 본本에 목을 거는 것임을.

너나 잘하세요

사사기 20:17-35

새길 말씀: 베냐민 자손 외에 이스라엘 사람으로서 칼을 빼는 자의 수는 사십만 명이니 다 전사라 이스라엘 자손이 일어나 벧엘에 올라가서 하나님께 여쭈어 이르되 우리 중에 누가 먼저 올라가서 베냐민 자손과 싸우리이까 하니 여호와께서 말씀하시되 유다가 먼저 갈지니라 하시니라 이스라엘 자손이 아침에 일어나 기브아를 대하여 진을 치니라 이스라엘 사람이 나가 베냐민과 싸우려고 전열을 갖추고 기브아에서 그들과 싸우고자 하매 베냐민 자손이 기브아에서 나와서 당일에 이스라엘 사람 이만 이천 명을 땅에 엎드러뜨렸으나 이스라엘 사람들이 스스로 용기를 내어 첫날 전열을 갖추었던 곳에서 다시 전열을 갖추니라 이스라엘 자손이 올라가 여호와 앞에서 저물도록 울며 여호와께 여쭈어 이르되 내가 다시 나아가서 내 형제 베냐민 자손과 싸우리이까 하니 여호와께서 말씀하시되 올라가서 치라 하시니라 그 이튿날에 이스라엘 자손이 베냐민 자손을 치러 나아가매 베냐민도 그 이튿날에 기브아에서 그들을 치러 나와서 다시 이스라엘 자손 만 팔천 명을 땅에 엎드러뜨렸으니 다 칼을 빼는 자였더라 이에 온 이스라엘 자손 모든 백성이 올라가 벧엘에 이르러 울며 거기서 여호와 앞에 앉아서 그 날이 저물도록 금식하고 번제와 화목제를 여호와 앞에 드리고 이스라엘 자손이 여호와께 물으니라 그 때에는 하나님의 언약궤가 거기 있고 아론의 손자인 엘르아살의 아들 비느하스가 그 앞에 모시고 섰더라 이스라엘 자손들이 여쭈기를 우리가 다시 나아가 내 형제 베냐민 자손과 싸우리이까 말리이까 하니 여호와께서 이르시되 올라가라 내일은 내가 그를 네 손에 넘겨 주리라 하시는지라 이스라엘이 기브아 주위에 군사를 매복하니라 이스라엘 자손이 셋째 날에 베냐민 자손을 치러 올라가서 전과 같이 기브아에 맞서 전열을 갖추매 베냐민 자손이 나와서 백성을 맞더니 꾀임에 빠져 성읍을 떠났더라 그들이 큰 길 곧 한쪽은 벧엘로 올라가는 길이요 한쪽은 기브아의 들로 가는 길에서 백성을 쳐서 전과 같이

이스라엘 사람 삼십 명 가량을 죽이기 시작하며 베냐민 자손이 스스로 이르기를 아들이 처음과 같이 우리 앞에서 패한다 하나 이스라엘 자손은 이르기를 우리가 도망하여 그들을 성읍에서 큰 길로 꾀어내자 하고 이스라엘 사람이 모두 그들의 처소에서 일어나서 바알다말에서 전열을 갖추었고 이스라엘의 복병은 그 장소 곧 기브아 초장에서 쏟아져 나왔더라 온 이스라엘 사람 중에서 택한 사람 만 명이 기브아에 이르러 치매 싸움이 치열하나 베냐민 사람은 화가 자기에게 미친 줄을 알지 못하였더라 여호와께서 이스라엘 앞에서 베냐민을 치시매 당일에 이스라엘 자손이 베냐민 사람 이만 오천백 명을 죽였으니 다 칼을 빼는 자였더라

이스라엘 총회는 베냐민 지파에게 기브아의 깡패들을 내놓으라고 요구했지만 보기 좋게 거절당했다. 이때는 가나안 입성 초기였기에 가나안의 거주민들을 내쫓기에도 시간이 촉박하고 또 힘을 합쳐도 쉽지 않은 때였는데, 불행히도 이스라엘 총회는 베냐민이라는 형제 지파와 일전을 치러야 하는 내전의 소용돌이에 휘말리게 된다. 주지했 듯이 이스라엘 총회의 군사력은 400,000명이었고 베냐민의 군사력 은 26,700명이었기에 이 싸움은 이미 판세가 기울어져 있는 전쟁이었 다. 그러나 전쟁이 곧 숫자만으로 승패가 갈리는 것은 아니라는 생각이 들 정도로 의외의 결과가 본문에 기록되어 있다. 총회와 베냐민의 전쟁은 총 3회에 걸쳐 진행되었다.

① 17-21절: 첫 번째 전쟁 — 이스라엘 총회의 패배
② 22-25절: 두 번째 전쟁 — 이스라엘 총회의 패배
③ 26-35절: 세 번째 전쟁 — 이스라엘 총회의 승리

40만 명이나 되는 막강한 군사력을 갖고 있는 이스라엘 총회는

당시 신앙적인 구심점의 역할을 하는 벧엘로 올라갔다. 이유는 그곳에 법궤가 있었고 제사장이었던 엘르아살의 아들 비느하스가 있었기 때문이다(28절). 이들은 벧엘로 올라가서 하나님께 여쭙는 모양새를 갖춘다.

> 이스라엘 자손이 일어나 벧엘에 올라가서 하나님께 여쭈어 이르되 우리 중에 누가 먼저 올라가서 베냐민 자손과 싸우리이까 하니 여호와께서 말씀하시되 유다가 먼저 갈지니라 하시니라

하나님은 유다가 올라가라고 반응하셨다. 유다가 올라가라고 하나님이 반응하신 것은 어찌 보면 당연한 일이다. 당시 유다는 가장 큰 지파였고 기브아 깡패들에게 능욕당한 레위 사람의 아내가 유다 지파 출신이었으니까 말이다. 유다 지파는 전열을 정비하고 기브아로 올라가서 전투를 벌였는데, 반드시 이길 것이라고 믿었던 전투에서 22,000명이 전사하는 대패를 당했다. 얼마나 그들이 당한 패배의 충격이 크면 남은 자들이 돌아와 하나님 앞에서 해가 저물도록 울었겠는가! 왜 하나님도 올라가라고 하신 전투에서 패했을까? 그들은 고민했을 것이다. 이 질문에 대한 성서학자들의 답은 대체로 이렇다.

① 이 전쟁은 하나님의 의도와는 전혀 관계가 없는 전투였기 때문이라는 해석이다.

이스라엘 총회는 벧엘로 올라와서 다짜고짜로 하나님께 이렇게 질문했다.

"우리 중에 누가 먼저 올라가서 베냐민 자손과 싸우리이까?"

이 물음은 하나님을 식물 하나님을 만들어 버린 질문이었다. 동족과 싸우는 전쟁 자체도 하나님께서는 기뻐하지 않으시는 전쟁인데, 하물며 이미 전쟁의 시나리오를 결정해 놓고 야훼 하나님은 고용 사장과 같은 존재니까 순순히 결재 서류에 사인하라고 강요하니 하나님이 얼마나 기가 막혔겠는가? 적어도 이스라엘 총회가 벧엘로 올라와서 하나님께 전쟁에 대해서 질문을 하려 했다면 이렇게 질문하는 것이 맞다.

"하나님, 선은 이렇고 후가 이런데 우리가 형제 지파인 베냐민과 싸우는 것이 맞습니까? 전쟁하는 것이 맞습니까? 안 하는 것이 맞습니까?"

그런데 이스라엘 총회는 이런 하나님께 대한 예의를 상실했다. 도리어 하나님께 무례를 범하는 데 발 빨랐다.

② 하나님께서 승리를 약속하지 않으셨다.

당연한 일이겠지만 하나님은 올라가라고만 했지, 승리를 허락하겠다고 약속하지 않으셨다는 점이다. 항상 야훼께서는 하나님의 뜻에 맞는 전쟁을 할 때마다 이스라엘에게 후렴처럼 붙여주셨다는 약속이 있었다.

내가 저들을 네 손에 붙여 주리라

그러나 첫 번째 전투에서 이 약속은 전혀 보이지를 않는다. 22,000 명을 잃은 이스라엘 총회는 벧엘로 돌아와 하나님께 밤새 운 뒤에 전열을 정비했다. 이윽고 성소로 가서 하나님께 두 번째로 묻는다. 23절이다.

> 이스라엘 자손이 올라가 여호와 앞에서 저물도록 울며 여호와께 여쭈어 이르되 내가 다시 나아가서 내 형제 베냐민 자손과 싸우리이까 하니 여호와께서 말씀하시되 올라가서 치라 하시니라

된서리를 맞았던 이스라엘 총회가 이제 조금 정신을 차린 것처럼 보인다. 두 번째 전투에 나아가기에 앞서 하나님께 드리는 질문이 바뀌었다.

"내 형제 베냐민과 싸우리이까?"

맨 처음 해야 할 질문을 두 번째 드린 것이다. 성서학자들은 이렇게 진단한다. 첫 번째 전투에서 패배한 뒤 이스라엘 신앙 공동체 안에서 격론이 오고 갔을 것이라는 진단이다. 우리들이 행하는 전투가 옳은 전투인가에 대한 정체성 문제 말이다. 하지만 그들이 낸 결론은 또 스스로 관대하게 내렸다는 점이다. 옳은 전쟁일 거라고 생각해서 하나님께 다시 질문을 가려서 한 것이다.

"내 형제 베냐민과 싸우리이까?"

이렇게 질문하는 총회를 향하여 하나님은 또 냉랭하게 올라가서 싸우라고 하셨지만, 두 번째의 주님 말씀에도 유감스럽게 승리의 약속이 없었다. 그래서 그랬는지 이번에는 패배하여 18,000명이 전사했다. 모양새를 갖춘 것 같은 두 번째 전투에서도 희생자의 수가 조금 줄었을 뿐, 이스라엘 총회의 패배로 결말이 난 것이다. 이 두 번째 전투를 통해 주시는 교훈은 이 전쟁의 승패는 사람의 전술, 계획, 명분, 방법에 있지 않음을 알려주고 있다. 아마도 하나님께서는 이 전쟁을 일으키게 된 레위 사람의 소위가 악함을 깨닫게 하시려는 의도가 농후한 전쟁이었음을 알게 하고 싶었다는 해석에 정당성이 있어 보인다. 이제 너무나도 큰 충격과 사면초가에 빠진 이스라엘 총회가 소위 말하는 코마 상태였음을 26절에서 보고한다.

> 이에 온 이스라엘 자손 모든 백성이 올라가 벧엘에 이르러 울며 거기서 여호와 앞에 앉아서 그날이 저물도록 금식하고 번제와 화목제를 여호와 앞에 드리고

두 번째의 패배를 경험한 이스라엘 총회는 집단적인 절망 상태에 빠진다. 23절에 기록한 증언을 보면 첫 번째 전투에서 패배한 뒤 이스라엘 자손이 벧엘로 올라가 울었다고 표현한 것으로 보아 부분적인 충격으로 첫 번째 패배를 받아들인 것이 분명하다. 그러나 두 번째 패배 뒤에는 "모든 백성이 벧엘로 올라가 울었다"고 증언하고 있다. 두 번째의 패배는 공동체 전체의 충격이었음을 단적으로 보여준다. 이제는 도무지 패배의 이유에 대하여 하나님이 아니면 설명할 수 없다는 것을 모든 공동체의 지체들이 인정한 것이다. 하나님의 답을 요구한 이스라엘 공동체는 랜덤 시대에서 드디어 나름 여호수아

시대의 영적인 방향으로 그들의 태도가 돌아섬을 보여 준다. 26-27절
은 초기 사사시대가 보여 준 가능성의 구절이다.

> 이에 온 이스라엘 자손 모든 백성이 올라가 벧엘에 이르러 울며 거기서 여호와
> 앞에 앉아서 그날이 저물도록 금식하고 번제와 화목제를 여호와 앞에 드리고
> 이스라엘 자손이 여호와께 물으니라 그때에는 하나님의 언약궤가 거기 있고

두 번의 패배를 경험한 이스라엘 총회는 드디어 영적 돌이킴 뒤에
하나님께 번제를 드렸다고 사사기 저자는 밝힌다. 화목제를 드렸고,
하나님과의 단절에 대한 회개의 표인 번제도 드렸다고 말한다. 화목제
는 베냐민과 전쟁을 할 수밖에 없는 상황으로 급전직하한 11지파
공동체의 영적 자화상에 대한 회개였다. 드디어 패배의 원인이 자기들
에게 있다는 것을 깨달은 것이었다. 이스라엘은 베냐민과의 전투가
정의의 전쟁이라고 믿었다. 마땅히 악을 제어하는 공의의 전쟁이라고
생각했다. 그들은 심판에 대한 목소리는 높였지만, 자기들의 죄악에
대한 성찰은 배제했다. 그리고 이렇게 잘못된 전쟁에서 이길 수 있도록
해달라고 하나님을 압박한 것이다. 이스라엘 총회는 베냐민과의 전쟁
을 자신들의 입장에서 해석하고 결론까지 맺은 뒤에 하나님께 보고하
고 사인을 요청했다. 하나님은 그들이 원하는 대로 사인하셨고 패배를
당하게 하셨다. 하나님이 사인한 뜻은 하나님 없는 전투, 하나님과
관계없는 전투의 결과를 맛보게 하심이었다. 두 번째의 전투를 시작할
때만 해도 이스라엘 총회는 이것을 몰랐다. 하지만 두 번째의 전투가
쓰라린 패배로 끝나자마자 이스라엘은 드디어 하나님을 무시한 죄를
깨닫게 된 것이다. 이윽고 그들이 알게 된 결론은 번제와 화목제였다.

하나님께 번제와 화목제를 드린 총회의 다음 행보를 28절에서 이렇게
보고한다.

> 아론의 손자인 엘르아살의 아들 비느하스가 그 앞에 모시고 섰더라 이스라엘
> 자손들이 여쭈기를 우리가 다시 나아가 내 형제 베냐민 자손과 싸우리이까 말리이
> 까 하니 여호와께서 이르시되 올라가라 내일은 내가 그를 네 손에 넘겨주리라
> 하시는지라

이스라엘 총회의 질문이 180도 바뀌었다.

내 형제 베냐민과 싸우리이까 말리이까(28절 중반절)

참 유감스럽다. 이것이 제일 먼저의 질문이 되었으면 얼마나 좋았
을까? 이제 이스라엘 총회는 자기들의 죄를 깨닫고 이 전쟁의 근본에
대하여 하나님께 질문하기에 이른 셈이다.
질문에 대한 하나님의 답을 들어보자. 28절 하반절이다.

여호와께서 이르시되 올라가라 내일은 내가 그를 네 손에 넘겨주리라 하시는지라

이번에는 하나님이 약속하셨다.

내가 그를 네 손에 넘겨주리라

이것이 정답이다. 하나님께서 원하시는 뜻을 파악하는 것 말이다.

이것을 파악하는 자는 반드시 하나님이 그들을 승리하게 하신다.

※ 남이 아닌 나에게서 원인을 찾는 신앙인으로 살아가야 한다.

신앙인에게 있어서 오늘의 시대에 절실하게 필요한 것은 나에게 냉정하기다. 정말로 중요한 덕목이요 요소다. 레이크 사이드 크리스천 교회의 리드 목사인 제이미 스나이더(Jamie Snyder)가 이렇게 질문했다.

"당신은 주일이 없어도 다른 사람들이 당신이 그리스도인인 줄 알게 하는 삶을 살고 있습니까?"*

제이미 스나이더의 이 말이 어려운가? 쉽게 풀어보자.

나는 잘하고 있는가?

---

* 제이미 스나이더/배응준 역, 『리얼』 (규장, 2014), 17.

이겼지만 진 싸움

사사기 20:36-48

새길 말씀: 이에 베냐민 자손이 자기가 패한 것을 깨달았으니 이는 이스라엘 사람이 기브아에 매복한 군사를 믿고 잠깐 베냐민 사람 앞을 피하매 복병이 급히 나와 기브아로 돌격하고 나아가며 칼날로 온 성읍을 쳤음이더라 처음에 이스라엘 사람과 복병 사이에 약속하기를 성읍에서 큰 연기가 치솟는 것으로 군호를 삼자 하고 이스라엘 사람은 싸우다가 물러가고 베냐민 사람은 이스라엘 사람 삼십 명 가량을 쳐 죽이기를 시작하며 이르기를 이들이 틀림없이 처음 싸움 같이 우리에게 패한다 하다가 연기구름이 기둥같이 성읍 가운데에서 치솟을 때에 베냐민 사람이 뒤를 돌아보매 온 성읍에 연기가 하늘에 닿았고 이스라엘 사람은 돌아서는지라 베냐민 사람들이 화가 자기들에게 미친 것을 보고 심히 놀라 이스라엘 사람 앞에서 몸을 돌려 광야 길로 향하였으나 군사가 급히 추격하며 각 성읍에서 나온 자를 그 가운데에서 진멸하니라 그들이 베냐민 사람을 에워싸고 기브아 앞 동쪽까지 추격하며 그 쉬는 곳에서 짓밟으매 베냐민 중에서 엎드러진 자가 만 팔천 명이니 다 용사더라 그들이 몸을 돌려 광야로 도망하였으나 림몬 바위에 이르는 큰길에서 이스라엘이 또 오천 명을 이삭 줍듯 하고 또 급히 그 뒤를 따라 기돔에 이르러 또 이천 명을 죽였으니 이날에 베냐민 사람으로서 칼을 빼는 자가 엎드러진 것이 모두 이만 오천 명이니 다 용사였더라 베냐민 사람 육백 명이 돌이켜 광야로 도망하여 림몬 바위에 이르러 거기에서 넉 달 동안을 지냈더라 이스라엘 사람이 베냐민 자손에게로 돌아와서 온 성읍과 가축과 만나는 자를 다 칼날로 치고 닥치는 성읍은 모두 다 불살랐더라

두 번에 걸친 베냐민과의 전쟁에서 패배한 이스라엘 총회는 번제와 화목제를 드리며 하나님께 근본적인 물음을 드렸다고 했다. 벧엘에서 제사와 통곡을 마친 이스라엘 총회는 이제 세 번째 전투에 나가는 상황에서 드디어 가장 본질적인 질문을 던지기에 이른다. 28절을 다시 읽자.

> 아론의 손자인 엘르아살의 아들 비느하스가 그 앞에 모시고 섰더라 이스라엘 자손들이 여쭈기를 우리가 다시 나아가 내 형제 베냐민 자손과 싸우리이까 말리이까 하니 여호와께서 이르시되 올라가라 내일은 내가 그를 네 손에 넘겨주리라 하시는지라

첫 번째 전쟁 시작 전, 이스라엘이 하나님께 질문한 내용은 "누가 올라가리이까?"였고, 두 번째 전쟁에 나아가기에 앞서 질문한 내용은 "베냐민과 싸워야 합니까?"였다. 그러나 참패 뒤, 세 번째 하나님께 드린 이스라엘 총회의 질문은 "우리들이 형제 베냐민과 싸우는 것이 맞습니까, 틀립니까?"로 변했음을 살폈다. 이 질문들에 대한 변천은 단순히 질문 자체의 변천을 의미하는 것이 아니었다. 가장 중요한 핵심은 이 전쟁이 하나님의 뜻에 합당한 전쟁인지에 대한 근본적인 질문으로 바뀌었다는 것이었다. 하나님의 뜻을 무시했던 이스라엘 총회가 이제는 하나님께 집중하기 시작했다는 증거였다. 하나님을 철저하게 배제했던 이스라엘 총회가 하나님의 개입하심이 없이는 이 전쟁에서 이길 수 없음을 깨닫기 시작했다는 출발점이기도 했다. 드디어 이렇게 하나님께로 시선을 돌린 이스라엘 총회에게 하나님이 비로소 하신 말씀은 올라가라는 것이었다. 단순히 올라가라고 명하신 것이 아니라, 이번에는 베냐민을 너희들의 손에 넘겨줄 것이라고 확약하신 점이다.

이스라엘 총회의 군대는 첫 번째, 두 번째의 전투처럼 성문 앞으로 나아가 기브아 성읍과 맞섰다. 이에 기브아에 진을 치고 있던 베냐민 자손들은 전에도 그랬던 방법 그대로 아무런 의심을 품지 않고 성읍에서 밀려 나와 용감하게 성 밖에 있는 이스라엘 총회 군대를 향하여 공격을 시작했다. 그러자 이스라엘 군대는 미리 약속한 대로 함정을 파고 마치 베냐민 군사들의 용감한 모습에 겁을 집어먹기라도 한 것처럼 등을 돌리고 다급하게 후퇴하기 시작했다. 똑같은 방법으로 두 번이나 승리한 용기백배한 베냐민 군사들은 후퇴하는 이스라엘 총회의 군사들을 쫓아가기 위해 모두 기브아 성읍에서 빠져나왔다. 이때 매복했던 이스라엘 총회 군사들은 텅 비어 있는 기브아 성안으로 들어가 성을 점령하고 이스라엘 군대에게 성을 탈환했다는 신호를 보낸다. 혹시나 모를 베냐민 군사들의 퇴각의 장소인 기브아 성읍을 접수했다는 아군의 신호를 받은 이스라엘 군대는 이제는 갑자기 몸을 돌이켜 베냐민 군사들을 향하여 반대로 돌격한다. 이렇게 해서 퇴로가 차단된 베냐민 군사들은 그날 파놓은 함정에 빠져 25,100명이 죽임을 당했다고 사사기 기자는 증언한다. 원래 베냐민의 총인구는 26,700명 이었다. 주목할 것은 그날 세 번째 전투로 죽은 베냐민 사람이 25,100명이었다는 것이다. 사사기 역사가는 베냐민 지파의 생존자는 600명이라고 47절에서 보고한다. 나머지 1,000여 명은 실종되었거나 죽음이 무서워 탈영한 자들의 숫자로 짐작된다. 전쟁은 여기에서 끝나지 않는다. 전세가 이스라엘 총회로 완전히 기운 세 번째 전투에서 기세를 잡은 이스라엘 총회는 이렇게 이 전쟁을 마무리한다.

① 제일 먼저 추악한 범행의 온상지인 기브아를 완전히 짓밟아 유린

했다.

② 베냐민 군사 중에 퇴각할 곳을 찾지 못한 패잔병들을 완전히 진멸
했다.

③ 들판에서 도망치는 자들을 추격하여 도륙했다.

④ 집에 머물러 있던 자는 물론이고 가축들도 진멸했다.

이스라엘 총회의 통쾌한 승리였고, 누가 뭐라 해도 완벽한 승리였
다. 두 번에 걸친 패배로 인해 전사한 동료 40,000명의 원한을 갚아준
강력한 진멸이 기브아 성읍 전 지역에서 펼쳐졌으니 전술적으로 완벽
한 승리임에 틀림이 없다. 그런데 필자는 이상하게도 이스라엘 총회의
이런 완벽한 승리가 패배로 해석된다. 왜 필자는 이렇게 느끼는 것일
까? 이스라엘 총회가 씨를 말리고 있는 대상은 가나안 거민이 아닌
형제 베냐민 지파였기 때문이다. 하나님이 명령하신 것은 가나안
거주민의 진멸이었는데, 동족의 한 지파를 멸절시켰다. 가나안을
진멸하라는 하나님의 명령은 온데간데없어졌고 같은 동족의 씨를
단지 600명만을 남겨두고 진멸하는 기막힌 아이러니를 증언해 주는
사사기 보고를 보면서 필자는 이렇게 진단하는 것을 주저하지 않는다.

※ 하나님께서 인정하지 않은 승리는 승리가 아니라 실패다.

인간 삶의 시간은 특징이 있다. 지속성과 영원성이다. 이 땅에서
우리들의 코끝에서 호흡이 멈추어지고 우리들의 시간이 완전히 단절
되는 삶을 사는 것이 전부라면 세속적인 성공을 위해 목숨을 거는
삶을 살아야 한다. 그러나 그리스도인은 물론이거니와 그렇지 않은

모든 인간의 삶은 이 땅에서의 호흡이 끝나는 것과 더불어 또다시 시작되는 지속성과 영원성이라는 이후의 이력이 분명히 존재한다. 그러기에 세속적 만족만을 위해서 살아서는 안 된다. 인간이 진정으로 목적하고 살아가야 할 것은 세속적 관점에서 볼 때 진 것 같은 삶을 사는 것처럼 보이는 것은 얼마든지 괜찮지만, 하나님이 보시기에 진짜로 이기는 삶을 살지 못하면 그것이 진짜 패배임을 기억해야 한다. 그러니 하나님이 보시는 승리의 삶을 살아내는 것이 그리스도인의 목표가 되어야 한다. 출처가 기억되지 않아 소개할 수 없어 유감스럽지만 어느 책에선가 이런 글을 읽은 기억이 생생하다.

> "교회에 다니면서 가장 슬픈 것은 교회 바깥 질문과 교회 안의 질문이 다르지 않다는 것이다."

전율하게 만드는 촌철살인이다. 교회 안팎의 삶이 유리된 삶을 사는 이들은 순간은 이긴 것 같지만, 진짜로는 진 자라는 것을 잊지 말고 분투해야 하는 이유다. 이겼지만 진 싸움의 주인공이 돼서야 되겠는가!

야훼께서 침묵하시면

사사기 21:1-7

새긴 말씀: 이스라엘 사람들이 미스바에서 맹세하여 이르기를 우리 중에 누구든지 딸을 베냐민 사람에게 아내로 주지 아니하리라 하였더라 백성이 벧엘에 이르러 거기서 저녁까지 하나님 앞에 앉아서 큰 소리로 울며 이르되 이스라엘의 하나님 여호와여 어찌하여 이스라엘에 이런 일이 생겨서 오늘 이스라엘 중에 한 지파가 없어지게 하시나이까 하더니 이튿날에 백성이 일찍이 일어나 거기에 한 제단을 쌓고 번제와 화목제를 드렸더라 이스라엘 자손이 이르되 이스라엘 온 지파 중에 총회와 함께 하여 여호와 앞에 올라오지 아니한 자가 누구냐 하니 이는 그들이 크게 맹세하기를 미스바에 와서 여호와 앞에 이르지 아니하는 자는 반드시 죽일 것이라 하였음이라 이스라엘 자손이 그들의 형제 베냐민을 위하여 뉘우쳐 이르되 오늘 이스라엘 중에 한 지파가 끊어졌도다 그 남은 자들에게 우리가 어떻게 하면 아내를 얻게 하리요 우리가 전에 여호와로 맹세하여 우리의 딸을 그들의 아내로 주지 아니하리라 하였도다

교회라는 현장에서 어언 40년을 부대끼며 목회자라는 직을 갖고 살아온 필자가 느끼는 가장 견딜 수 없는 고통과 자괴감은 '신앙', '은혜'라는 단어만 들먹이면 후(後) 결과물이 어떻든 프리 패스된다는 말도 안 되는 억설이다. 마치 성공한 쿠데타는 처벌할 수 없다는 뭐 그런 어깃장인지 모르겠지만, 사사기를 마감하는 21장의 기록은 적어도 내겐 적지 않은 절망감을 느끼게 하는 사사기 저자의 치명적 고발이 담겨 있다. 이해의 폭을 넓히기 위해 조금 더 21장을 공부해

보자.

　가나안 점령 초기 이스라엘 신앙 공동체 총회는 레위 사람이 순전히 자신 입장에서 서술한 기브아 범죄를 고발한 보고를 받고 베냐민 지파와 세 번에 걸친 전쟁을 치렀다. 예상하지 못했던 두 번의 패배를 경험하고 우여곡절 끝에 세 번째 만에 극적인 승리를 거두었다. 당시 베냐민 지파의 총인구는 26,700명이었다. 3차에 걸친 전쟁에서 이스라엘 총회의 군대는 베냐민 군사 25,100명을 도륙했다. 그 결과, 실종이나 도망자 1,000명을 빼고 나면 베냐민 지파의 생존자는 600명이라고 20장 47절이 보고한다. 예기치 못한 인명 손실이라는 치명상을 입은 베냐민 지파와의 내전에서 우여곡절 끝에 대승을 거둔 이스라엘 총회 공동체는 그 분노를 삭이지 못하고 다음과 같은 합의를 했다. 21장 1절이다.

> 이스라엘 사람들이 미스바에서 맹세하여 이르기를 우리 중에 누구든지 딸을 베냐민 사람에게 아내로 주지 아니하리라 하였더라

　군사 600명이 남은 베냐민 지파를 향한 총회의 합의 내용은 어떤 경우에든 자기 지파의 딸들을 베냐민의 남은 600명에게 주지 않겠다는 것이었다. 하지만 이런 전쟁의 후과(後果)를 경험한 이스라엘 총회는 뒤늦게 후회한다. 이어지는 2-3절을 살펴보자.

> 백성이 벧엘에 이르러 거기서 저녁까지 하나님 앞에 앉아서 큰 소리로 울며 이르되 이스라엘의 하나님 여호와여 어찌하여 이스라엘에 이런 일이 생겨서 오늘 이스라엘 중에 한 지파가 없어지게 하시나이까 하더니

전쟁 승리의 쾌감을 맛본 것은 잠시였고, 이스라엘 총회가 벧엘로 돌아와 보니 하나의 지파가 소멸 직전에 있다는 것을 알고 그들은 통곡했다.

'큰 소리로 울었다'라고 번역된 히브리어 '바카 가돌'(בכי גדל)은 '대성통곡'의 의미다. 병 주고 약 주는지 25,100명을 무자비하게 살해하고 고작 600명만 남긴 이들이 이스라엘 총회의 연합군들이었다. 하지만 이들은 적반하장으로 이렇게 비참한 꼴을 만든 이가 야훼라고 강하게 시사한다. 사정이야 어떻든 이렇게 대성통곡한 총회는 급기야 그들에게 학습된 종교적 이벤트를 거행한다. 본문 4절을 주목하자.

이튿날에 백성이 일찍이 일어나 거기에 한 제단을 쌓고 번제와 화목제를 드렸더라

필자는 이스라엘 총회 행위에 대해 대단히 부정적인 해석을 할 수밖에 없다. 자기들에게 유익한 대로 전쟁에 임했고, 결과론적으로 승리했다. 이긴 전쟁이라고 여겼던 그들은 곧바로 지파 공동체 하나가 사라질 위기에 이른 줄 알고 통곡했다. 이후 이런 울음 뒤에 총회가 야훼께 제사를 드린 행위를 어떻게 이해해야 할까! 때늦은 후회에 대한 회개였을까! 비록 야훼가 베냐민 지파를 멸망하게 한 주체였지만, 미워도 다시 한번이라고 야훼께 궁극적인 해답을 제기했던 것일까! 필자의 견해로는 이스라엘 총회가 야훼께 드린 제사는 긍정적이지 않다. 이렇게 해석하는 결정적인 근거가 있다. 제사를 드린 이스라엘 총회에 대해 야훼가 전혀 반응하지 않았다는 점이다. 하나님께서 제사 행위를 통해 무언가를 요구하는 총회에 대하여 침묵하셨다. 하나님의 침묵은 대단히 두려운 일이다. 시인의 말을 인용해 보자.

시편 7편 12절이다.

사람이 회개하지 아니하면 그가 그의 칼을 가심이여 그의 활을 이미 당기어 예비하셨도다

한병수는 야훼의 침묵에 대해 이렇게 해석했다.

벧엘에 제단을 쌓고 두 종류의 제사를 드리며 하나님의 도우심을 구하였다. 이것은 내가 보기에 진심의 표현이 아니라, 마치 종교적인 통과의례 혹은 요식 행위와 같다. 역시나 하나님의 응답이 없는 제사였다. 하나님께 큰 울음으로 울고 소리를 높이며 기도를 드렸으나 응답이 없었는데 제사에도 그분의 응답이 없어서 이스라엘은 당황한다. 응답이 없음, 하나님의 침묵, 그 의미는 무엇일까?*

기브온의 극악한 범죄로 인해 야기된 이스라엘 총회와 베냐민 지파 간의 전쟁 그 자체가 틀렸다. 그 틀린 전쟁을 해놓고 그 비극적인 결과가 마치 하나님의 시나리오인 양 야훼께 표적을 돌린 이스라엘 총회의 제사를 주군이 기쁘게 받으실 리 없다. 당연히 야훼 하나님은 번제와 화목제라는 종교적 엔터테인먼트에 불과한 이스라엘 총회의 제사에 응답하지 않으셨다. 응답을 못 받은 이스라엘 총회가 이윽고 결정한 내용은 아연실색할 정도다. 단락의 마지막 구절인 5-7절에 접근해 보자.

---

* 한병수, 『사사기에 반하다』, 732.

이스라엘 자손이 이르되 이스라엘 온 지파 중에 총회와 함께하여 여호와 앞에 올라오지 아니한 자가 누구냐 하니 이는 그들이 크게 맹세하기를 미스바에 와서 여호와 앞에 이르지 아니하는 자는 반드시 죽일 것이라 하였음이라 이스라엘 자손이 그들의 형제 베냐민을 위하여 뉘우쳐 이르되 오늘 이스라엘 중에 한 지파가 끊어졌도다 그 남은 자들에게 우리가 어떻게 하면 아내를 얻게 하리요 우리가 전에 여호와로 맹세하여 우리의 딸을 그들의 아내로 주지 아니하리라 하였도다

제사를 드렸건만 야훼께서 침묵하자, 적지 않게 당황한 이스라엘 총회는 베냐민 지파 멸절이라는 위기 앞에서 자의적인 해석을 했다. 베냐민과의 전투에 참여하지 않은 총회 구성원을 파악하기로 결의한 것이다. 동시에 총회가 자의적으로 해석한 결과물을 사사기 저자가 알려 주는데, 점입가경이다.

총회가 결의한 전투에 참여하지 않는 자들은 반드시 죽일 것이라는 괴기스러운 결기였다. 이런 결의를 낸 총회는 아마도 자기들이 자행한 베냐민 지파 멸절이라는 범죄를 정당화하려는 시도로 보인다. 전성민은 6-7절을 다음과 같이 분석함으로 총회가 자기들의 죄를 호도하려는 시도가 있었다고 고발하고 있는데, 필자는 의미 있게 읽었다.

6절의 '뉘우쳤다'라는 동사 '나함'은 '회개했다'라기보다는 그저 '안타까워했다', '근심했다', '후회했다' 정도의 의미일 수 있다. 그렇다면 이스라엘 자손은 자신들이 베냐민 지파에게 행했던 과도한 폭력이 잘못된 것이라고 인정한 게 아니다. 만일 그랬다면 이들은 자신들의 맹세를 취소하고 문제를 쉽게 해결할 수 있었을 것이다. 그러나 그들은 자신의 맹세가 여전히 유효하다고 생각했다. 따라서 내레이터가 베냐민 지파를 '그들

의 형제'라고 불렀지만, 이스라엘은 '베냐민'이라는 지파의 이름 대신
'한 지파'라고만 부른다. 그들은 단지 이스라엘의 일부가 무너지게 된
것에 대해 걱정했다.*

신-사사시대를 살고 있는 그대와 내가 주목하고 민감하게 경계해
야 할 일이 있다.

※ 야훼께서 침묵하는 영적 기상도가 펼쳐지면 자기 생각이 옳은 것이 되는
치명상을 입게 된다.

랜덤의 극치는 내 생각, 내 사고, 내 말이 정답이 되는 비극의
시대다. 신앙의 길이란 내 생각의 한계를 인정하고 야훼의 생각으로
갈아타는 행위다. 언제나 내 생각이 앞서면 야훼의 생각으로 사고의
틀을 바꾸는 것이 신앙생활이다. 이런 면에서 열왕기하 5장 11절에서
보고하고 있는 나아만의 독백은 그리스도인이라면 누구든지 반면교
사 삼아야 하는 의미 있는 구절이다.

나아만이 노하여 물러가며 이르되 **내 생각에는** 그가 내게로 나와 서서 그의 하나님
여호와의 이름을 부르고 그의 손을 그 부위 위에 흔들어 나병을 고칠까 하였도다

---

* 전성민, 『사사기 어떻게 읽을 것인가』, 314-315. 전 박사는 지파들이 다 참석해야 하는
총회를 20장 1절에 기록한 미스바 총회라고 설정하고, 그 총회에서 선언했던 첫 번째
맹세는 자기들의 딸을 베냐민 남자들에게 주지 않는 것이었고, 그때 모이지 않은 자들
은 반드시 죽여야 한다는 두 번째 맹세 때문이라고 진단했다.

위험하기까지 한

사사기 21:8-15

새길 말씀: 또 이르되 이스라엘 지파 중 미스바에 올라와서 여호와께 이르지 아니한 자가 누구냐 하고 본즉 야베스 길르앗에서는 한 사람도 진영에 이르러 총회에 참여하지 아니하였으니 백성을 계수할 때에 야베스 길르앗 주민이 하나도 거기 없음을 보았음이라 화중이 큰 용사 만 이천 명을 그리로 보내며 그들에게 명령하여 이르되 가서 야베스 길르앗 주민과 부녀와 어린아이를 칼날로 치라 너희가 행할 일은 모든 남자 및 남자와 잔 여자를 진멸하여 바칠 것이니라 하였더라 그들이 야베스 길르앗 주민 중에서 젊은 처녀 사백 명을 얻었으니 이는 아직 남자와 동침한 일이 없어 남자를 알지 못하는 자라 그들을 실로 진영으로 데려오니 이곳은 가나안 땅이더라 온 화중이 림몬 바위에 있는 베냐민 자손에게 사람을 보내어 평화를 공포하게 하였더니 그 때에 베냐민이 돌아온지라 이에 이스라엘 사람이 야베스 길르앗 여자들 중에서 살려 둔 여자들을 그들에게 주었으나 아직도 부족하므로 백성들이 베냐민을 위하여 뉘우쳤으니 이는 여호와께서 이스라엘 지파들 중에 한 지파가 빠지게 하셨음이었더라

한 종교의 체제를 지키는 것은 때로 목적을 위한 수단이라기보다는 모든 수단을 정당화해 주는 목적이 되어버린다. 종교가 이렇게 타락하면 부정적인 결과가 반드시 뒤따른다.*

---

* 찰스 킴볼/김승욱 역,『종교가 사악해질 때』(현암사, 2020), 244-245.

오클라호마대학교 종교학과 교수로 재직 중인 찰스 킴볼의 말이 가슴을 덜컹 내려앉게 한다. 너무 적확한 지적이기에 그렇다. 종교는 목적이어야 하는데 수단으로 전락할 때, 그 종교는 위험한 정도가 아니라 해롭다. 이것을 증명이라도 하듯 본문 정황은 매우 염려스럽고 무섭다.

이스라엘 총회는 베냐민 지파가 소멸할지도 모른다는 뒤늦은 후회를 하고 야훼께 한 지파 소멸을 막을 방법을 묻기 위해 번제와 화목제를 드렸다고 했다. 하지만 제사를 드리는 주체인 이스라엘 총회에 대하여 하나님은 한마디도 하지 않으시고 침묵하셨다. 응답을 거절하신 셈이다. 당황한 이스라엘 총회는 야훼의 뜻과는 전혀 상관없이 그들 스스로 베냐민 전쟁으로 인해 야기된 후과를 자기들에게 유리하게 해석했다. 제일 먼저 눈여겨보아야 할 결의 사항은 총회가 베냐민과의 전투를 결의한 미스바 총회에 참석하지 않은 자들을 찾은 결과, 야베스 길르앗 주민들임을 알고 12,000명의 연합군사를 선발해 길르앗 야베스를 응징하기로 결의한 점이다. 10-11절을 읽자.

> 회중이 큰 용사 만 이천 명을 그리로 보내며 그들에게 명령하여 이르되 가서 야베스 길르앗 주민과 부녀와 어린아이를 칼날로 치라 너희가 행할 일은 모든 남자 및 남자와 잔 여자를 진멸하여 바칠 것이니라 하였더라

베냐민의 소멸을 걱정하며 그들을 살리기 위해 제시한 방법이 아이러니하게도 또 다른 이스라엘의 한 지파 공동체를 무참히 짓밟는 것이었다. 길르앗 야베스가 타깃이 된 셈이다. 한병수는 길르앗 야베스가 미스바 총회에 참여하지 않은 이유를 이렇게 해석했다.

야베스 길르앗은 비록 므낫세 반 지파에 속했지만, 기브아와 가까운 거리에 있어서 그들과 긴밀한 관계를 유지했다. 사사시대 이후에도 야베스 길르앗은 적의 위협을 받으면 기브아에 사람을 보내어 도움을 요청할 정도로 친밀했다(삼상 11:1-10)[*]

베냐민 지파의 기브아 주민들과 이런 우호적 관계를 맺고 있었다는 것이 길르앗 야베스가 또 다른 희생타가 되어야 했던 원인이었다. 이스라엘 총회는 12,000명의 정예 군사를 선발하여 야베스 길르앗으로 보내서 남자를 알지 못한 여자 400명만을 남겨둔 채로 모조리 살해하는 대학살의 만행을 저지른다. 이런 어처구니없는 아이러니가 어떻게 가능했을까? 베냐민의 살아남은 군사 600명을 위해 또 다른 동족의 한 공동체를 진멸하는 이런 아이러니가 어떻게 백주에 일어날 수 있었을까? 상식적으로 이해가 안 되는 이야기이지만, 사사기 역사가는 이런 일이 가능했던 이유를 단 한 문장으로 답한다. 마지막 장, 마지막 절이다.

> 그 때에 이스라엘에 왕이 없으므로 사람이 각기 자기의 소견에 옳은 대로 행하였더라(21:25)

그렇다. 영적 랜덤으로 막살던 영적 붕괴의 시대였기에 가능했음을 고발한다. 하지만 이런 사사기 전체에 흐르는 맥의 외연을 조금 좁혀서 보면, 이스라엘 총회가 응답하지 않으시는 야훼를 무시하고 자행한

---

[*] 한병수, 『사사기에 반하다』, 736-737.

위험하기까지 한 | 263

또 다른 엽기적 범죄를 본문이 고발한다. 이스라엘 총회는 야베스 길르앗을 전멸시키면서 살려야 하는 그룹을 지정했다. 남자와 동침한 경험이 없는 여자 400명을 살려서 생포하라고 명령했다. 이유는 간단하다. 내전에서 살아남은 베냐민 남자 600명에게 짝을 맞추기 위함이었다. 재론하지만 이스라엘 총회가 저지른 대량 학살이라는 엽기적 범죄의 와중에도 처녀 400명을 생포한 것은 자기의 딸들을 베냐민의 남은 남자들에게 주지 않겠다는 극단적 님비의 일환이었다. 님비라고 말한 이유는 미스바 총회의 결의를 기초로 한 범죄였기 때문이다. 21장 1절을 복기해 보자.

> 이스라엘 사람들이 미스바에서 맹세하여 이르기를 우리 중에 누구든지 딸을 베냐민 사람에게 아내로 주지 아니하리라 하였더라

자기들의 가족은 다른 지파는 멸절시키는 한이 있더라도 조금도 희생시키지 않고 이스라엘 총회의 틀을 지켜야 한다는 궤변적 논리에 사로잡혀 있었던 총회는 전혀 상식적이거나 야훼 신앙적이지 않은 집단 그 자체였다.

※ 야훼와 관계가 단절된 이스라엘 총회는 위험한 집단이 아니라 해로운 집단으로 변질된 종교적 괴물이었다.

다드림 교회 김병년 목사가『희망, 그 빛깔 있는 삶의 몸부림』이라는 옴니버스 편지 모음집에 남긴 문장 하나가 필자의 마음을 파헤치고 스며들었다.

"자기 부인 없이는 결코 손을 잡을 수 없습니다. 나를 포기하고 다름을 선택하고 함께 살 결심을 하지 않으면 손을 잡을 수 없습니다. 참된 연대는 자기 부인에서 나옵니다."*

자기 부인이라는 가장 위대한 종교적 가치를 쓰레기 취급한 이스라엘 총회가 자행한 일련의 범죄는 사사시대였기에 가능한 범죄였다. 하지만 신-사사시대인 오늘, 그대와 나는 우리가 너무 사랑하는 교회에서도 이런 심드렁한 그림자가 어슬렁거리는 기운을 느끼기에 바짝 긴장해야 한다.

야훼 하나님과의 관계가 단절된 교회는 위험한 것이 아니라 해롭다.

필자가 섬기는 교회와 그대가 섬기는 교회가 새겨야 할 비수다.

---

* 김병년 외, 『희망, 그 빛깔 있는 삶의 몸부림』 (꽃자리, 2016), 84.

극단의 이기주의 시대에서

사사기 21:16-25

새길 말씀: 회중의 장로들이 이르되 베냐민의 여인이 다 멸절되었으니 이제 그 남은 자들에게 어떻게 하여야 아내를 얻게 할까 하고 또 이르되 베냐민 중 도망하여 살아 남은 자에게 마땅히 기업이 있어야 하리니 그리하면 이스라엘 중에 한 지파가 사라짐이 없으리라 그러나 우리가 우리의 딸을 그들의 아내로 주지 못하리니 이는 이스라엘 자손이 맹세하여 이르기를 딸을 베냐민에게 아내로 주는 자는 저주를 받으리라 하였음이로다 하니라 또 이르되 보라 벧엘 북쪽 르보나 남쪽 벧엘에서 세겜으로 올라가는 큰길 동쪽 실로에 매년 여호와의 명절이 있도다 하고 베냐민 자손에게 명령하여 이르되 가서 포도원에 숨어 보다가 실로의 여자들이 춤을 추러 나오거든 너희는 포도원에서 나와서 실로의 딸 중에서 각각 하나를 붙들어 가지고 자기의 아내로 삼아 베냐민 땅으로 돌아가라 만일 그의 아버지나 형제가 와서 우리에게 시비하면 우리가 그에게 말하기를 청하건대 너희는 우리에게 은혜를 베풀어 그들을 우리에게 줄지니라 이는 우리가 전쟁할 때에 각 사람을 위하여 그의 아내를 얻어 주지 못하였고 너희가 자의로 그들에게 준 것이 아니니 너희에게 죄가 없을 것임이니라 하겠노라 하매 베냐민 자손이 그같이 행하여 춤추는 여자들 중에서 자기들의 숫자대로 붙들어 아내로 삼아 자기 기업에 돌아가서 성읍들을 건축하고 거기에 거주하였더라 그 때에 이스라엘 자손이 그곳에서 각기 자기의 지파, 자기의 가족에게로 돌아갔으니 곧 각기 그 곳에서 나와서 자기의 기업으로 돌아갔더라 그 때에 이스라엘에 왕이 없으므로 사람이 각기 자기의 소견에 옳은 대로 행하였더라

사사기 역사가가 남긴 21장의 마지막 악(惡)의 절정을 한 가지만

더 보자. 이스라엘 총회는 자기들의 딸들은 베냐민의 살아남은 자들에게 주지 않기로 결의했음을 살폈다. 하지만 민족의 한 지파가 완전히 전멸당하는 비극은 막아야 했기에 또 다른 비극을 안겼던 야베스 길르앗의 거민들에 대한 학살 과정에서 남자를 알지 못했던 처녀 400명은 남겨두었고, 이들을 베냐민 지파의 남자들에게 주기로 했다. 하지만 아무리 그래도 200명의 처녀가 부족했다. 딜레마에 빠진 총회는 고민의 고민을 거듭한 끝에 악의 절정이 무엇인지를 보여주는 행동에 들어간다. 에브라임 지파에 속한 실로에서 매년 여호와께 제사를 드리는 축제가 열렸는데, 베냐민 지파의 살아남은 남자 중에 짝을 찾지 못한 200명을 겁박하여 실로 포도원으로 잠입하도록 강제했다. 들어가 숨어 있다가 춤추러 나오는 실로의 처녀들이 있으면 그녀들을 붙들어 납치한 뒤에 강간하고 자기의 아내로 삼으라는 압박이었다.

> 보다가 실로의 여자들이 춤을 추러 나오거든 너희는 포도원에서 나와서 실로의 딸 중에서 각각 하나를 붙들어 가지고 자기의 아내로 삼아 베냐민 땅으로 돌아가라 (21절)

이 구절에 사용된 '붙들어 가지고'라고 번역된 히브리어 '하탑'(חטף)은 '유괴하다, 납치하다'라는 뜻이다. 여기서 유괴라는 범죄는 힘이 없는 대상을 향하여 힘이 있는 자가 가하는 물리적인 폭력의 절정인 강간을 포함하는 단어다. 정당하지 않은 방법으로 자신의 이익을 위해서 폭력을 가한다는 말이다. 이스라엘 총회가 한때 피를 흘리며 싸웠던 경험이 있었던 베냐민 지파에서 살아남은 남자 200명에게 알려준 악의 절정의 내용이다.

힘이 있는 자들의 모임인 지파 총회에서 베냐민 지파의 남자들에게는 딸을 주지 않겠다 하고, 약한 지파였던 에브라임 지파에 속해 있는 여인들을 납치하라는 총회의 결의를 어떻게 해석해야 하는가? 더 참담한 일은 이 악행에 대하여 이스라엘 총회가 에브라임 지파 공동체 사람들에게 정당화시킨 논리가 자기들이 의도적으로 베냐민 남자들에게 실로의 처녀들을 준 것이 아니라, 베냐민 남자들이 납치한 것이기에 하등의 문제가 되지 않는다는 것이었다. 21-22절은 독자인 우리들을 경악하게 한다.

> 보다가 실로의 여자들이 춤을 추러 나오거든 너희는 포도원에서 나와서 실로의 딸 중에서 각각 하나를 붙들어가지고 자기의 아내로 삼아 베냐민 땅으로 돌아가라 만일 그의 아버지나 형제가 와서 우리에게 시비하면 우리가 그에게 말하기를 청하건대 너희는 우리에게 은혜를 베풀어 그들을 우리에게 줄지니라 이는 우리가 전쟁할 때에 각 사람을 위하여 그의 아내를 얻어 주지 못하였고 너희가 자의로 그들에게 준 것이 아니니 너희에게 죄가 없을 것임이니라 하겠노라 하매

유진 피터슨은 『메시지』에서 이 구절을 이렇게 번역했다.

> 그들은 베냐민 사람들에게 말했다. "가서 포도원에 숨어 있으시오. 잘 보고 있다가 실로의 처녀들이 나와서 춤추는 것이 보이거든, 포도원에서 뛰어나와 실로의 처녀들을 하나씩 잡아 아내로 삼고 서둘러 베냐민 땅으로 돌아가시오. 그들의 아버지나 형제가 와서 우리에게 따지면 우리가 이렇게 말하겠소. 우리가 그들에게 은혜를 베푼 것이오. 우리가 그들에게 아내를 얻어 주려고 전쟁을

일으켜 사람을 죽인 것도 아니지 않소? 게다가 당신들은 동의하고 딸을 준 게 아니냐 문제될 것이 없소. 그러나 계속해서 이 일을 문제 삼으면, 화를 자초하는 꼴이 될 거요."*

실로 궤변의 극치다. 이런 말이 되지 않는 변명이 통하던 시대가 사사시대였다. 이렇게 정리해도 지나치지 않을 것 같아 용기를 내본다. 사사시대, 어떤 시대였던가? 극단적 이기주의가 절정인 시기였다. 그 증거가 사사기를 마감하는 24-25절이다.

그 때에 이스라엘 자손이 그곳에서 각기 자기의 지파, 자기의 가족에게로 돌아갔으니 곧 각기 그곳에서 나와서 자기의 기업으로 돌아갔더라 그 때에 이스라엘에 왕이 없으므로 사람이 각기 자기의 소견에 옳은 대로 행하였더라

기막히게 참담하기에 인간이라면 결코 할 수 없는 일들을 극단적인 죄를 자행했음에도 불구하고 이스라엘 총회와 베냐민 지파가 보인 마지막 행보의 흔적은 아연실색할 정도의 충격을 준다. 각각 자기의 지파, 자기의 가족에게로 돌아갔다는 보고다. 부연하자. 극악의 죄를 범하게 한 이스라엘 총회는 아무런 일이 없었던 것처럼 일상으로 돌아갔다는 말이다. 일말(一抹)의 가책이나 요동함도 없었다. 엄청나게 많은 형제와 자매들을 살해하고, 납치하고, 강간한 뒤에도 이스라엘 신앙 공동체는 아무런 일이 없었던 것처럼 일상으로 돌아갔다. 아무런 느낌이 없었다. 어떻게 이럴 수가 있단 말인가? 이 질문에 대한 답을

---

* 유진 피터슨,『메시지 구약 ― 역사서』, 160.

사사기를 마무리하는 본문 맨 마지막 절이 선명하게 제시해 준다.

> 그 때에 이스라엘에 왕이 없으므로 사람이 각기 자기의 소견에 옳은 대로 행하였더라(25절)

그렇다. 랜덤의 시대였기 때문이었다. 사사기를 접으면서 마지막으로 그대와 내게 주시는 경성의 레마를 발견해 본다.

※ 영적인 랜덤의 절정은 극단적 이기주의로 나타난다.

이스라엘 총회는 랜덤 시기 죄악의 극치를 보여 준 주인공들이었다. 내 것은 안 되고 네 것으로 하라는 극단적 이기주의의 주인공들이었다. 자기 지파의 딸들을 보호하기 위해 다른 지파의 한 부족을 멸절시키는 것을 당연시했다. 자기 지파의 딸들을 지키기 위해 다른 지파의 딸들을 강간하고 납치하는 일에 눈감았고 공범으로 도왔다. 심각한 것은 그들은 그것을 죄라고 인정하지 않았다는 점이다. "그냥 뭐", "그렇게 되는 게 무슨 문제냐"고 대드는 느낌이다. 아프지만 사사시대의 단면이요 영적 자화상이었다. 이제 끝을 맺어야 하겠다.

사사시대보다 더한 시대가 있다. 바로 나와 그대가 살고 있는 오늘이다. 한 치 앞이 보이지 않는다. 더 절망스러운 것은 그 끝이 어디인지 가늠이 안 된다는 점이다. 그렇다면 포기해야 하는가? 그럴 수는 없다. 필자는 신-사사시대를 건너고 있다. 이제 이토록 치열한 신-사사시대의 현장에서 내려올 시간도 그리 많이 남지 않았다. 『신(新)사사시대에 읽는 사사기 II』 집필을 마치면서 미친 시대인 신-사사시대를 극복할 수 있는 여백 하나를 점으로 남겨 본다.

> 그 때에 이스라엘에 왕이 없으므로 사람이 각기 자기의 소견에 옳은 대로 행하였더라(25절)

힘들고 어렵고 지난한 싸움이겠지만, 끝까지 내 소견이 아닌, 야훼의 소견 시대로 역주행하는 것이다. 무척이나 고독하고 외로운 길이겠지만, 이렇게 살도록 끝까지 달려가는 것, 이것만이 사사시대보다 더한 극단의 신-사사시대인 오늘을 극복할 수 있는 유일한 길임을 천명한다. 하나님이 없는 세상은 무엇이든지 가능한 세상이다. 무엇이든지 마음먹은 대로 할 수 있는 세상은 재앙이다. 인간은 그렇게 만들어진 존재들이다.

시인 유하는 이렇게 읊조렸다.

> 내가 인생에서 가장 소중하게 생각했던 건/지혜도 자존심도 거창한 그 무엇도 아닌, 그저 내가 나를 착하다,라고 인정할 수 있는 거였다/저 눈보라 속을 날아가는 참새 한 마리/그 시린 발을 아파할 수 있는 마음이었다.*

극단적 이기주의라는 무저갱의 블랙홀로 빠져든 신-사사시대다. 하지만 남은 자 된 신실한 그리스도인들이 시인이 읊조린 시어처럼 "저 눈보라 속을 날아가는 참새 한 마리 그 시린 발을 아파할 수

있는 마음"을 갖고 이 시대를 분별할 수 있다면, 하나님이 계획하신 새 하늘과 새 땅을 이 땅에 다시 세울 수 있음을 필자는 믿는다. 이 글을 읽는 모든 독자가 함께 걷는 글 벗이요 신앙의 길벗 되기를 확살 기도해 본다.

나오는 말

기적은 물 위를 걷는 것이 아니라, 땅 위를 걷는 것이라고 카프카가 말했던가요. 보리떡 다섯 개와 물고기 두 마리로 오천 명을 먹인 것도 기적이지만, 오늘 우리가 식탁 앞에 마주 앉아 한 그릇의 밥을 먹는 것도 기적이지요. 마종기 시인이 말한 '하루의 모든 시작은 기적'이라는 시인의 말도 살아 있음 자체가 놀라운 축복이라는 뜻을 담고 있습니다.*

나희덕 시인이 옴니버스 형식으로 엮은 유명한 시인들의 시집 안에 담겨 있는 마종기 시인의 〈기적〉을 소개한 뒤에 남긴 해제다. 시인이 남긴 글과 그것을 해제한 시인의 평(評)을 읽다가 솟구치는 감정이 들었다.

'그래, 그렇지. 내가 지금 호흡하고 있는 것 자체가 기적이 맞다.'

이런 기적을 수없이 맛보고 있는데도 도대체 답이 없는 무감각으로 나날을 보낼 때가 너무 많아 아프고 쓰리다. 무감각은 악성 종양이다. 무감각은 소리 없는 총질이다. 그렇게 그리스도인이라는 이름을 갖고 살지만 무감각한 그리스도인들은 종양에 쓰러지고, 총질에 난사 당하

---

* 나희덕, 『유리병 편지』(나라말, 2016), 191.

며 죽어간다.

작년 말, 섬기는 교회에서 정기적으로 진행하는 "담임목사와 함께 떠나는 독서 여행" 시간을 가졌다. 이때 함께 나눈 교재가 A. J. 크로닌의 『천국의 열쇠』였다. 여행에 함께 참여한 자들이 나눈 독서 후기는 참으로 뜨거웠다. 가장 많이 남긴 감동적인 후담은 무신론자 의사 셜록이 페스트에 걸려 죽어갈 때 치셤 신부가 친구인 그와 나눈 대화였다. 불신자였던 셜록이 끝까지 가톨릭 신앙적인 임종 성사를 거부했지만, 치셤 신부가 무신론자까지도 구원의 포용성을 열어놓은 기법은 당연히 논쟁거리였다. 독서 여행 참석자들이 나눈 테마는 한편으로 상당히 단순한 일이다. "무신론자에 대한 구원이 어디 가당키나 한 말인가"에 대한 지지와 그 반대의 논쟁이었으니 말이다. 하지만 필자가 아주 오래전에 『천국의 열쇠』를 처음 만났을 때 느꼈던 격정은 치셤 신부와 함께 중국 외방전교회에서 동역하던 베로니카 원장 수녀와 나누었던 치셤의 어록 때문이었다. 무신론자 셜록의 구원을 인정하지 않았던 원장 수녀에게 치셤 신부가 했던 말은 필자에게 충격이었다.

"나름의 종교를 신실하게 받아들이고 이를 참마음으로 믿으면 구원받을 수 있습니다. 그래서 하느님은 자비로우신 것입니다. 그러니까 하느님께서는 심판의 보좌에 앉으셔서 반짝이는 눈으로, 점잖은 불가지론자를 보고는 웃으면서 이렇게 말씀하실 것입니다. '봐라, 내가 여기 있다. 너는 한사코 믿으려 하지 않았지만 나는 이렇게 여기에 있다. 네가 그렇게 없다고 주장하던 천국에 들어가거라.'"*

치섭의 말을 인정하는 자를 가리켜 이단적 사상을 갖고 있는 반기독교적인 불온한 인물이라고 벌떼처럼 달려들어 공격할 것은 불을 보듯 뻔하다. 하지만 필자가 지면에서 나누고 싶은 치섭의 논리는 교리적 차원의 가부를 논하려고 하는 것이 아니다. 분명히 말하지만, 치섭이 갖고 있었던 '생각하는 믿음'에 대한 지지를 표현하고 싶었다. 21세기 랜덤은 생각하지 못하게 하는 무감각을 추앙하게 하는 랜덤이다. 그리스도인이 생각하지 않는다는 것은 자기 소견이 옳다고 확신하기에 조금도 생각하거나 고민하지 않았다는 증거이자 증언이기도 하다. 자기가 옳다고 생각하는 자의 비극은 막살아도 된다는 자충수를 둠으로써 회생 불가의 지경으로 추락한다는 점이다. 이것은 비극을 넘어선 재앙이다.

『신(新)사사시대에 읽는 사사기 II』의 집필 목적은 그리스도인이라는 이름을 갖고 사는 모든 이들이 영적 분별력을 잃지 말고 살자는 의도다. 무감각의 무저갱에서 빠져나오자는 취지를 갖고 출간의 용기를 냈다. 필자도 아주 가끔 '멍때리기'를 할 때가 있다. 때론 좋은 생활 습관의 여백이다. 하지만 멍때리기가 지속되면 그건 정신질환이지 삶을 재충전하는 활력이 아니다. 한국교회에 밀어닥친 비극을 단말마적으로 표현한다면 이렇게 피력하는 것을 주저하지 않는다.

    "질문하는 것을 막아버린 일"

질문하지 않는다는 것은 생각하지 않는다는 것이다. 질문을 원천적

---

* A. J. 크로닌/이윤기 역, 『천국의 열쇠』(섬앤섬, 2014), 383.

으로 봉쇄한 교회는 중세 가톨릭과 다르지 않다. 필자는 본서를 집필하면서 사사 후기 시대 무대 주인공 삼손에 대해 계속 불온하게 비평하며 질문했다. 동시에 사사 이후 시대의 정체성도 줄곧 질문했다. 그 질문의 결과물이 본서다. 이 책을 덮으면서 필자는 후회하지 않았다. 해야 할 일을 했기에 말이다. 프롤로그에서 밝힌 것처럼, 글이라도 쓰지 않으면 죽을 것 같아서 무식한 용기(?)를 냈다. 이 책을 읽고 난 독자들이 질문하는 것을 두려워하지 않는 용기를 얻었다면 필자는 그것으로 충분히 글 쓴 수고의 대가를 받은 것이라고 믿는다.

1권에 이어 까칠한 2권도 교정을 보기 위해 순교적 수고를 아끼지 않은 박명자 권사는 내겐 소중한 인적 자산이다. 야훼께서 지지하시는 건강의 복이 그녀에게 임하기를 중보해 본다. 출간하는 것이 맞는가를 물을 정도로 졸저인데, 기꺼이 추천의 글을 삽입하도록 귀한 원고를 보내준 서울신학대학교의 소중한 후배 조성호 교수께 감사를 드리고, 야단맞을 각오를 해야 했던 졸고를 기꺼이 읽고 추천의 글까지 담아주신 벤쿠버기독교세계관대학원장 전성민 교수께도 심심한 감사를 드린다.

허접한 글이지만 현장 목회자를 격려하기 위해 1권에 이어 2권 출간을 허락해 준 도서출판 동연 김영호 대표와 편집부 직원들에게도 머리를 숙여 인사를 드린다. 핀잔을 주는 데 일등이지만, 정서적으로 남편의 글을 믿어준 사랑하는 아내 재열, 못난 사람을 존경해 주는 아들 요한 목사, 며느리 은지가 남편과 아빠의 책을 읽고 생각하는 동역자로 서주기를 기대한다.

이 책의 밑힘은 나의 영원한 사랑의 대상이신 예수 그리스도이시다. 나는 나의 주, 나의 하나님, 예수 그리스도를 사랑한다. 그분의 사랑은 여전히 내겐 현재진행형이다. 이 땅에서 호흡이 끝나는 날까지 나는 주님을 사랑한다. 내가 영원히 부를 노래는 우리 주 예수 그리스도다.

2024년 7월, 멀리 보이는 세명대 산기슭에 멋진 운해가 긴 날,
제천세인교회 서재에서
이강덕

참고문헌

강상중/노수경 역.『악의 시대를 건너는 힘』. 사계절, 2017.

김기석.『내 영혼의 작은 흔들림』. 신앙과 지성사, 2014.

_____.『말씀 등불 밝히며』. 꽃자리, 2023.

김두식.『교회 속의 세상, 세상 속의 교회』. 홍성사, 2010.

김병년 외 다수.『희망, 그 빛깔 있는 삶의 몸부림』. 꽃자리, 2016.

김영봉.『가장 위험한 기도, 주기도』. IVP, 2013.

김지찬.『오직 여호와만이 우리의 사사』. 생명의 말씀사, 2010.

나희덕.『유리병 편지』. 나라말, 2016.

달라스 윌라드/윤종석 역.『하나님의 모략』. 복 있는 사람, 2012.

데이빗 플랫/최종훈 역.『래디컬 투게더』. 두란노, 2012.

레슬리 뉴비긴/윤종석 역.『성경 한 걸음』. 복 있는 사람, 2013.

_____./홍병룡 역.『오픈 시크릿』. 복 있는 사람, 2012.

_____.『죄와 구원』. 복 있는 사람, 2013.

_____./박삼종 역.『타당한 확신』. SFC, 2013.

레오나드 레이븐힐/이용복 역.『소돔에는 말씀이 없었다』. 규장, 2009.

말로 모건/류시화 역.『무탄트 메시지』. 정신세계사, 2010.

박노해.『그러니 그대 사라지지 말아라』. 느린걸음, 2010.

_____.『여기에는 아무도 없는 것 같아요』. 느린 걸음, 2007.

박득훈.『돈에서 해방된 교회』. 포이에마, 2014.

박완서.『세상에 예쁜 것들』. 마음산책, 2014.

본회퍼/손규태 · 이신건 공역.『나를 따르라』. 대한기독교서회, 2010.

빅터 프랭클/이시형 역.『죽음의 수용소에서』. 2012.

사티시 쿠마르/서계인 역.『끝없는 여정』. 해토, 2008.

송병현.『엑스포지멘터리 주석 — 사사기』. 국제제자훈련원, 2010.

스캇 맥나이트/박세혁 역.『배제의 시대, 포용의 은혜』. 아바서원, 2013.

신디 메스턴·데이빗 버스/정병선 역.『여자가 섹스를 하는 237가지의 이유』. 사이언
     스북스, 2012.

아브라함 죠수아 헤셸/강선보·고미숙 공역.『열계단』. 대한기독교서회, 2009.

아이든 토저/이용복 역.『JESUS』. 규장.

_____./이태복 역.『습관적 신앙에서 벗어나라』. 생명의 말씀사, 2009.

알리스터 맥그래스/안종희 역.『삶을 위한 신학』. IVP, 2014.

아우구스티누스/김종흡 역.『기독교교양』. 크리스천 다이제스트, 2019.

유진 피터슨/홍병룡 역.『거룩한 그루터기』. 포이에마, 2013.

_____./김순현 외 2인 공역.『메시지 구약 — 역사서』. 복 있는 사람, 2012.

유하.『나의 사랑은 나비처럼 가벼웠다 — 저 눈보라 속의 참새에서』. 문학동네, 2022.

은희경.『새의 선물』. 문학동네, 2013.

이재철.『사명자반』. 홍성사, 2013.

전성민.『신앙의 이름으로 포장된 욕망의 시대 — 사사기 어떻게 읽을 것인가』. 성서유
     니온, 2021.

정용섭.『목사 구원』. 새물결플러스, 2020.

정호승.『정호승의 새벽 편지, 당신이 없으면 내가 없습니다.』. 해냄, 2014.

제이미 스나이더/배웅준 역.『리얼』. 규장, 2014.

종교교재편찬위원회.『성서와 기독교』. 박준서 — 구약성서 편. 연세대학교 출판부,
     1988.

차준희.『12 예언자의 영성』. 새물결플러스, 2014.

_____.『구약 예언서 수업』. 감은사, 2024.

찰스 킴볼/김승욱 역.『종교가 사악해질 때』. 현암사, 2020.

최인호.『인생』. 여백, 2013.

트렌트 버틀러/조호진 역.『WBC 주석 — 사사기』. 솔로몬, 2011.

팀 켈러/전성호 역.『예수를 만나다』. 베가북스, 2014.

폴 워셔/조계광 역.『복음』. 생명의 말씀사, 2013.

필립 얀시/최종훈·홍종락 공역.『그들이 나를 살렸다』. 포이에마, 2013.

한병수.『사사기에 반하다』. 도서출판 다함, 2022.

황인찬.『구관조 씻기』. 민음사, 2022.

A. J. 크로닌/이윤기 역.『천국의 열쇠』. 섬앤섬, 2014.
C. S. 루이스/장경철 · 이종태 공역.『순전한 기독교』. 홍성사, 2010.
_____./김선형 역.『스크루테이프의 편지』. 홍성사, 2005.
F. W. 니체/사지원 역.『짜라투스트라는 이렇게 말했다』. 홍신문화사, 2020.
J. Clinton MaCann/오택현 역.『현대성서주석 — 사사기』. 한국장로회출판사, 2012,
        168.
J. 알베르토 소긴/한국신학연구소 학술부 역.『국제성서주석 — 판관기』. 한국신학연구소,
        2001.
J. D. 그리어/장혜영 역.『복음 본색』. 새물결플러스, 2013.
L. B. 스메디스/안교신 역.『크리스천의 성』. 두란노, 1993.